Pierre Béhar

ZENTRALEUROPA
im
BRENNPUNKT

Pierre Béhar

ZENTRALEUROPA
im
BRENNPUNKT

*Analysen
und Perspektiven
einer kontinentalen
Geopolitik*

AUS DEM
FRANZÖSISCHEN
VON
BRIGITTE UND RUDOLF
KELLERMAYR

VERLAG STYRIA

Die Titel der französischen Originalausgaben lauten:
„L'Autriche-Hongrie, idée d'avenir", Paris 1991,
und „Une géopolitique pour l'Europe", Paris 1992,
beide erschienen bei Editions Desjonquères.
Umschlagbild:
Allegorie des Feuers (Porträt Kaiser Maximilians II.)
von Giuseppe Arcimboldo,
Original im Kunsthistorischen Museum Wien.

Die Deutsche Bibliothek – CIP-Einheitsaufnahme

Béhar, Pierre:
Zentraleuropa im Brennpunkt : Analysen und Perspektiven /
Pierre Béhar. [Aus dem Franz. von Brigitte und Rudolf Kellermayr]. –
Graz ; Wien ; Köln : Verl. Styria, 1994
ISBN 3-222-12246-6

DEM ANDENKEN AN
EUGÈNE SUSINI,
DEM EHEMALIGEN FRANZÖSISCHEN
KULTURATTACHÉ IN WIEN,
DEM UNIVERSITÄTSPROFESSOR,
DER MICH AN DER SORBONNE
MIT ZENTRALEUROPA VERTRAUT MACHTE

VORWORT

Der Zusammenbruch des sowjetischen Imperiums hat sowohl Europa als auch Rußland bis in seine entlegensten Gebiete im Osten in eine Krise gestürzt, in der eine neue Ordnung zu entstehen versucht, während die alte sich allmählich auflöst.

Europa fällt somit eine doppelte Aufgabe zu. Zum einen soll es zu einer Einheit werden, die den gesamten Kontinent umfaßt und die das Westeuropa der Europäischen Union mit Zentraleuropa und Südosteuropa organisch zusammenfügt. In der Gestaltung dieses Ensembles erwächst für Österreich und Ungarn eine tragende politische Rolle.

Zum anderen kann Europa als Asiens geographische Verlängerung seine Zukunft nur durch eine Neubestimmung seiner Beziehungen zu seinen kontinentalen Nachbarn sichern. An seiner nordöstlichen Flanke zur ostslawischen Welt – Rußland, Weißrußland, Ukraine – und deren sibirischen Verlängerungen, an seiner südöstlichen Flanke zur Türkei, zugleich Europas Bollwerk und dessen Verbindung mit der turkmenischen Welt, die allmählich in Zentralasien wieder aufersteht.

Die historische Analyse erhellt die geopolitischen Gegebenheiten und die geostrategischen Erfordernisse des Kontinents. Sie gestattet auch die Vorschau auf seine politische Gestaltung – als Staatenbund – und darüber hinaus die Vorstellung der Herausbildung eines Eurasien.

N. B. Um jedes Mißverständnis zu vermeiden, wurde dem ideologisch belasteten Begriff „Mitteleuropa" die geographische Bezeichnung „Zentraleuropa" prinzipiell vorgezogen.

I

DIE ORDNUNG DES MITTELALTERS

> *Darum nannte man die Stadt Babel, denn dort hat*
> *der Herr die Sprache aller Welt verwirrt, und von*
> *dort aus hat er die Menschen über die ganze Erde*
> *zerstreut.*
>
> GENESIS XI,9

IM ANFANG WAR DAS CHAOS

Wenn sich gelegentlich über Europa ein glücklicher Schimmer legte, so geschah dies im Lauf der Zeiten stets an seinen südlichen oder westlichen Gestaden. Zentral- und Osteuropa stellen seine tragische Seite dar. Als Treffpunkt von Romanen, Germanen, Slawen, Mongolen, Balten war dieses weite Gebiet – geographisch ohne klare innere Begrenzung – Jahrhunderte hindurch ein Schauplatz gewaltiger Verflechtungen von Interessen und Leidenschaften. Nichts scheint die Geschichte dieses Raumes besser zu spiegeln als Macbeths Worte über das Leben:

> *a tale*
> *Told by an idiot, full of sound and fury,*
> *Signifying nothing.*

Auf solchem Boden konnte nur eine tragische und absurde Weltsicht entstehen. Der Rumäne Mircea Eliade bemerkte zu Recht, daß Zentral- und Osteuropas Denker wohl weit weniger als jene Westeuropas geneigt seien, die schöne Hegelsche Ordnung der Geschichte zu akzeptieren, die ein Walten der Vernunft in dieser voraussetzt.[1]

Die ethnische – besser wäre wohl zu sagen: die nationale – Konfiguration, die noch heute Zentral- und Balkaneuropa bestimmt, geht auf die großen Invasionen zurück, die man richtigerweise „Völkerwanderung" nennt, denn es handelt sich dabei ja in keiner Weise um herkömmliche Eroberungszüge, sondern um den endgültigen Ortswechsel ganzer Völkerschaften, bei dem allmählich die Darsteller der Tragödie die Bühne der Geschichte betreten.

DIE BALTEN

Im äußersten Nordosten Europas, längs den Ufern des großen, nach der Meinung der Alten von undurchdringlichen Nebeln umhüllten Meeres haben sich Völker von geheimnisvoller Herkunft niedergelassen. Dem Meer, an dessen Küste sie siedeln, geben sie den Namen „Baltische See", was im Lettischen „Weißes Meer" bedeutet. Von diesem Meer leiten sie wieder ihren Namen „Balten" ab. Obgleich die Esten eine der finnisch-ugrischen Familie zugehörige Sprache sprechen, so sind doch alle Balten von dem Gefühl durchdrungen, einer indoeuropäischen Kulturgemeinschaft anzugehören. Ihr Gebiet ist in vier große Regionen geteilt: entlang dem Finnischen Meerbusen Estland, rund um den Golf von Riga und entlang der Dwina – oder Düna – Lettland, südlich davon, dem Njemen entlang, Litauen und noch weiter im Süden, zwischen der Njemen- und der Weichselmündung, Preußen, das von den Pruthenen bewohnt wird, die auch unter dem Namen „Pruzzen" oder „Preußen" bekannt sind. Von allen Völkern, die von den Westeuropäern sehr weit entfernt sind, treten die Balten mit diesen und mit deren Form des Christentums als letzte in Verbindung. Sie bekehren sich erst am Ende des Mittelalters; bis zum 17. Jahrhundert ist bei ihnen das Fortbestehen heidnischer Kulte belegt, die im übrigen von außerordentlichem Interesse sind, weil sie eine der ältesten Formen der indoeuropäischen Religion darstellen.[2]

DIE NORDSLAWEN

Die Polen

Im Süden der Siedlungsgebiete der baltischen Stämme lassen sich die Slawen nieder. In der großen nordeuropäischen Tiefebene um das Weichsel- und das Oderbecken lebt jenes Volk, das etwa um das Jahr 1000 unter dem Namen „Polen" bekannt wird, einem Namen, der im Slawischen nichts anderes bedeutet als „Bewohner der Ebene". Im Jahr 963, ein Jahr, nachdem Otto der Große mit dem Ersten Reich das *Imperium Romanum* erneuert hatte, treten Deutsche, die bis zur Oder vorgedrungen sind, mit dem Fürsten Mieszko I. in Verbindung, der aus dem Geschlecht der Piasten stammt, in Gnesen residiert und der erste geschichtlich bezeugte Herrscher der Polen ist. Dieses Zusammentreffen der Jahreszahlen ist wie ein Symbol für die Parallelität der Schicksale von Deutschen und Polen. Im Gegensatz zu den baltischen Ländern stellt sich Polen von Anfang an unter das Zeichen des Christentums. 964 heiratet Mieszko die christliche tschechische Prinzessin Dobrawa und läßt sich selbst zwei Jahre später taufen. Es ist Mieszko also klar geworden, daß sich Otto als Vorkämpfer des Christentums betrachtet und es als seine Pflicht ansieht, der Kirche immer wieder neue Länder zuzuführen. Eben erst hat Otto die slawischen Fürsten zwischen Elbe und Oder unterworfen. Die einzige Möglichkeit, einem solchen Schicksal zu entgehen, ist, ihm entgegenzutreten und sich zu bekehren. Mieszkos Politik ist von nun an eine doppelte: nach innen Verbreitung der westlichen, katholischen Kultur und nach außen die Bewahrung der slawischen Identität. Sein Sohn Bolesław I. mit dem Beinamen *Chrobry*, der „Recke" oder der „Tapfere", setzt diese Politik fort, die bald von Erfolg gekrönt wurde. Das erste, 968 unter Mieszko in Posen errichtete Bistum unterstand Magdeburg. 999 gründete Bolesław ein Erzbistum in Gnesen, von dem wiederum die Bistümer Kolberg in Pommern, Breslau in Schlesien, Krakau in Klein-Polen und schließlich auch das Bistum Posen abhängig werden sollten. Bolesław entrichtete den Peterspfennig und stellte seine Kirche unter den unmittelbaren Schutz des Heiligen Stuhls; im Jahr 1000 enthob ihn Kaiser

Otto III. von jeglicher Tributpflicht: so wurde Polen gleichzeitig mit seiner Kirche unabhängig. Am Weihnachtsfest des Jahres 1024 ließ sich Bolesław krönen und erhob sein Land in den Rang eines Königtums.

Tschechen, Mährer, Slowaken

Die weite Ebene Nordeuropas wird im Süden von einem mächtigen Faltengebirge begrenzt. Im Westen bildet es das „böhmische Viereck", das nach den Boiern benannt ist, einem keltischen Volk, das hier mehrere Jahrhunderte vor unserer Zeitrechnung lebte. Es erstreckt sich über den Böhmerwald und das Erzgebirge, die Lausitzer Berge und das Riesengebirge, die miteinander den Großteil des Sudetenmassivs bilden. Im Osten besteht es aus dem Rücken der Karpatenkette. Seit Beginn des 6. Jahrhunderts wohnten dort slawische Völker: im „böhmischen Viereck" die Tschechen und die Mährer, in den Karpaten die Slowaken.

Ihr Problem war dem der Polen nicht unähnlich: Wie kann man die westliche Kultur samt dem Christentum annehmen, ohne sich der deutschen Vorherrschaft zu unterwerfen? Ihre Christianisierung, die von Karl dem Großen begonnen und von dessen Nachfolgern fortgeführt worden war, brachte sie in die Abhängigkeit von deutschen Bischöfen und vor allem von deutschen Grafen, welche eingesetzt wurden, um die bekehrten Herrscher zu überwachen, Recht zu sprechen und Steuern einzuheben.

Um diesem Einfluß ein Ende zu setzen, hatte der mährische Fürst Rastislaw im Jahr 862 den Einfall, den oströmischen Kaiser Michael III. um die Entsendung von Missionaren zu bitten. Dieser sandte ihm Cyrill und Method. Die beiden stammten aus Saloniki, sprachen slawisch und gründeten eine Kirche, in der die Liturgie mit päpstlicher Erlaubnis auf Slawisch gefeiert wurde. Diese slawische Nationalkirche konnte sich zwar nicht halten, hatte aber weitgehende Auswirkungen: In dieser Form sollte in der Folge das Christentum die Ostslawen gewinnen, insbesondere die Russen. Die Tschechen jedoch sollten nie den Anspruch auf eine ihrer Identität entsprechende Kirche aufgeben.

Das 9. Jahrhundert erlebte noch ein anderes wesentliches Ereignis: Rastislaws Nachfolger, sein Neffe Svatopluk, errichtete ein gewaltiges Reich mit Mähren als Kerngebiet, das neben anderen auch die Slowaken einschloß. Im Jahr 906 war dieses Reich wieder vollends zerfallen, und dieser Zerfall trennte für mehr als tausend Jahre – bis 1919 – das Schicksal der Tschechen und Mährer von dem der Slowaken. Während diese unter ungarische Herrschaft kamen, gerieten jene in Abhängigkeit vom Heiligen Römischen Reich. Fürst Wenzel, der später heiliggesprochen werden sollte, anerkannte Heinrich I. als Lehnsherrn; Prag, Ende des 10. Jahrhunderts zum Bistum erhoben, wurde dem Erzbistum Mainz unterstellt. Ganz allgemein zeichnet sich seit dem 10. Jahrhundert eine sehr wichtige demographische Entwicklung ab, die bis ins 14. Jahrhundert unter der Herrschaft der Přemysliden andauern wird: nämlich die Ansiedlung deutscher Bevölkerungsgruppen rund um das „böhmische Viereck", und in Schlesien, wo sie sogar nach und nach die Mehrheit darstellen. Auch wenn sie in Innerböhmen eine Minderheit bilden, so gründen sie nichtsdestoweniger die wichtigsten Städte, allen voran Prag.

DIE MAGYAREN

Südlich des „böhmischen Vierecks" und der Karpaten erstreckt sich die Ebene der mittleren Donau. Bis zum Ende des 9. Jahrhunderts siedelten dort slawische Stämme, deren Gebiet im Süden bis zu den Ufern der Adria reichte. Um ungefähr 895 tauchten aus den Steppen Asiens plötzlich sieben Stämme oder „Horden" von Turk-Mongolen auf und fielen über diese Ebene her. Sie nannten sich „Magyaren", und da sie in Ugrien, östlich des Mittelural, gesiedelt hatten, wurden sie von den Slawen „Hunnen-Ugrier" oder „Hungarn" genannt.

Die Magyaren begnügten sich aber nicht damit, die europäischen Slawen zu spalten, die sich von nun an in Nord- und Südslawen teilten. Von Anfang an unterhielten sie mit den Deutschen Beziehungen, die sich grundsätzlich von jenen zwischen den Slawen und den Deutschen unterschieden. Die Slawen waren ständig von der Kolonisierung durch die Deutschen bedroht, die sie ihrer Identität beraubt hätte. Die Magyaren hingegen wurden auf Anhieb zu Verbündeten der Deutschen gegen die Slawen. Zum Unterschied von den Nordslawen siedelten sie sich an der südöstlichen Flanke des deutschen Einflußbereichs an, in einem Gebiet, in dem der deutsche Druck nicht spürbar war, weil dessen Stoßrichtung hauptsächlich zur großen Ebene im Norden und zum „böhmischen Viereck" gerichtet war. Die Magyaren hatten in den Augen der Deutschen vielmehr den unschätzbaren Vorteil, daß sie im Rücken der Slawen standen. In der Politik ist eben, wie Nietzsche schon bemerkte, der Nächste nicht der Nachbar, sondern der Nachbar des Nachbarn. Daher rief Arnulf, der mit besorgtem Blick das Entstehen von Svatopluks Großmährischem Reich im Osten beobachtete, die Magyaren zu dessen Vernichtung auf den Plan. Deren Kriegszüge sollten allerdings auch in Deutschland, Frankreich und Italien Schrecken verbreiten, bis sie 955 auf dem Lechfeld bei Augsburg besiegt wurden. Tatsache ist jedoch, daß, wie Jacques le Goff feststellte[3], Deutschland erst durch die ungarische Invasion imstande war, 962 das Reich wiederherzustellen und sich als führende Macht in Europa zu behaupten. Das deutsch-magyarische Bündnis gegen die slawischen Völker wurde von nun an zu einem Hauptmerkmal der politischen Konstellation Zentraleuropas. Es sollte immer wieder eine Rolle spielen – sogar noch an der Schwelle zum 21. Jahrhundert.

Nachdem die Magyaren in ihre Donauebenen zurückgedrängt worden waren, wurden sie seßhaft. Sie verschmolzen im Laufe des Mittelalters immer mehr mit den autochthonen, vor allem slawischen Völkerschaften – allerdings nicht ohne diesen ihre Sprache und auch weitgehend ihre Kultur aufgezwungen zu haben. Gleichzeitig nahmen sie das Christentum an, ohne dafür auf ihre unbeugsame Haltung zu verzichten. Fürst Géza (972–997) bekehrte sich, ohne jedoch den Kult der alten Götter zu vernachlässigen. Den Vorhaltungen seines Bischofs entgegnete er, er sei reich genug, um zwei Gottheiten zu huldigen. Sein Sohn Stephan, der nach seinem Tod ebenso wie der Tscheche

Wenzel heiliggesprochen wurde, gründete eine Nationalkirche, deren erzbischöflicher Sitz in Gran war. Papst Sylvester II. krönte Stephan im Jahr 1001 zum König: Der Herrscher Ungarns führte von da an den Titel einer „Apostolischen Majestät". Mit seiner Gesetzgebung schuf Stephan die Grundlagen seines Königreichs, das er unter anderem in „Komitate" unterteilte.

Stießen die Ungarn unter Stephan nach Osten vor, um sich im „Land jenseits der Wälder" anzusiedeln, in *Transsylvanien,* später auch Siebenbürgen genannt, im Ostbogen der Karpaten? Oder soll man der Überlieferung glauben, derzufolge die Ungarn Transsylvaniens von den Awaren abstammen, einem turk-mongolischen Volk, das schon vor den Magyaren da war und das angeblich nach der Niederlage gegen Karl den Großen in den Bergen Transsylvaniens Zuflucht gefunden hatte? Darüber sind sich die Historiker noch nicht einig. Wie dem auch sei – wenn dieses Volk, das wir Szekler nennen und das sich selbst als *Székely* bezeichnet, die magyarische Sprache angenommen hat, dann geschah dies zu einem sehr frühen Zeitpunkt. Es betrachtete sich stets als Glied der ungarischen Nation, auch wenn es seine eigenen Traditionen pflegte.

DIE SÜDSLAWEN

Slowenen, Kroaten, Serben

Zwischen dem heutigen Ungarn und dem Adriatischen Meer hatten sich seit dem 6. und dem 7. Jahrhundert die Südslawen niedergelassen. Sie bestanden im wesentlichen aus vier Gruppen, die in zwei Wellen von Norden gekommen waren. Mit der ersten Welle waren im Westen die Slowenen und im Osten Slawen gekommen, die sich im Norden Makedoniens niederließen und unter dem Namen „Mazedonier" in die Geschichte eintraten. Mit der zweiten Welle hatten sich zwischen ihnen die Kroaten und die Serben angesiedelt. Ihr Siedlungsgebiet erstreckte sich entlang dem Save-Becken, welches im Nordwesten von den Ostalpen – den Karawanken und den Julischen Alpen – begrenzt wird und im Süden von den Dinarischen Alpen, die parallel zur Adria verlaufen und ihren höchsten Punkt in der Crna Gora haben, dem „Schwarzen Berg". Dessen italienischer Name *Montenegro* ist bekannter. Der gleichnamige Landstrich reicht bis zum Kosovo und bis nach Mazedonien.

Das Problem der westlichen Südslawengruppe, der Slowenen, war dasselbe wie jenes der Polen und Tschechen: die Verteidigung gegen die Deutschen. Im Fall der Slowenen aber war es besonders deutlich ausgeprägt. Bereits 745 werden sie von den Baiern unterworfen, deren Lehensherrschaft sie annehmen – dafür erhalten sie Schutz gegen die Awaren. Die Niederlage der Baiern gegen die Franken im Jahr 788 bringt die Slowenen unter die Herrschaft Karls des Großen, und sogleich werden sie durch die Missionare des Bischofs von Salzburg bekehrt. Die Slowenen hatten somit niemals Gelegenheit, ein unabhängiges Reich zu bilden. Die kirchliche und weltliche Verwaltung der Slowenen durch die Deutschen wurde durch die Ansiedlung deutscher Kolonisten noch drückender. Dort, wo diese vorherrschend waren, wurden viele Slowenen zur Leibeigenschaft gezwungen. Schon 828 nimmt der Begriff *sclavus*, „Slawe", die Bedeutung von „Sklave" an. Selbst in Krain, wo die Deutschen in der Minderzahl sind – und das aus diesem Grund den Kern des heutigen Slowenien darstellt –, nehmen die Slowenen weitgehend die deutsche Kultur an und behalten bloß ihre Sprache und einige Bräuche.

Weiter im Osten wuchsen hingegen die Kroaten zu einer unabhängigen Nation heran, der es zu Beginn des 10. Jahrhunderts gelingt, ein großes Reich zu errichten, das in einem nach Westen offenen Kreisbogen von der Drau bis zur dalmatinischen Küste reicht. In religiöser Hinsicht befand sich ihr Land am Schnittpunkt zwischen deutschem und byzantinischem Einfluß. Am Ende des 9. Jahrhunderts hatten sich die Kroaten für den römischen Katholizismus entschieden. Der Niedergang ihres Reiches brachte es jedoch mit sich, daß sie 1102 Koloman von Ungarn als ihren Herrscher anerkannten, um sich so vor dem deutschen Einfluß zu schützen, dem ihre slowenischen Nachbarn erlegen waren. Damit die spätere Haltung der Kroaten den Ungarn gegenüber verständlich wird, ist unbedingt festzuhalten, daß die Vereinigung der beiden Reiche ursprünglich aus freien Stücken erwuchs: Sie setzte vertraglich die Autonomie der beiden Länder fest und gründete in der Gleichheit ihrer Rechte.

Nur wenig trennte anfangs die Kroaten von den Serben, die östlich von ihnen siedelten. Sie sprachen praktisch dieselbe Sprache. Der Unterschied lag jedoch darin, daß die Kroaten gewissermaßen einen Filter zwischen der katholisch-deutschen Welt und den Serben darstellten. Sie bewirkten auf diese Weise, daß die Serben sich Byzanz zuwendeten, dessen Einfluß immer spürbarer wurde, je weiter man nach Osten kam, und daß sie die byzantinische Version des Christentums annahmen, die ihnen in ihrer slawisierten Form durch die aus Mähren vertriebenen Schüler Cyrills und Methods vermittelt wurde. Das ist auch der Grund dafür, daß die Serben ihre Unabhängigkeit bewahren konnten – im Gegensatz zu den von den Deutschen abhängig gewordenen Slowenen und den an die Ungarn angegliederten Kroaten. Diese Unabhängigkeit wurde im 11. Jahrhundert durch die Errichtung des ersten Großserbischen Reiches bestätigt, das seinen Höhepunkt in der Mitte des 14. Jahrhunderts unter der Herrschaft Dušans erreichte. Von nun an war klar, daß eine Einigung der Südslawen – sollte sie je Wirklichkeit werden – nur von Serbien ausgehen würde.

Die Bulgaren

Noch weiter im Osten, zwischen Serbien und dem Schwarzen Meer, lebten andere Slawen. Im Jahr 679 waren sie von einem turk-mongolischen Volk, den Bulgaren, unterworfen worden. Aber hier war das Gegenteil von dem eingetreten, was sich in Ungarn ereignet hatte, wo die Eindringlinge, bevor sie sich mit den unterworfenen Slawen vermischten, ihnen ihre Sprache und weitgehend auch ihre Kultur aufgezwungen hatten. Hier waren es die Slawen, die ihre Eroberer so weit assimilierten, daß diese deren Sprache und Gebräuche annahmen. Wollte man eine Analogie zu Frankreich herstellen, so könnte man *mutatis mutandis* sagen, daß die Magyaren die Völker der mittleren Donauebene besiegt und ihnen ihre Sprache und ihre Gesetze aufgezwungen hatten, so wie die Römer es mit den Galliern taten, daß hingegen die Bulgaren von den Slawen assimiliert wurden wie die Franken von den Galloromanen.

Abgesehen von einigen Fachausdrücken und einigen politischen und militärischen Gepflogenheiten hatten die Eroberer dem Land im Grunde genommen nur ihren Namen vermacht. „Bulgarien" war ebensowenig finno-ugrisch geworden wie „Frankreich" germanisch. Es versteht sich von selbst, daß die Bulgaren, welche von den Deutschen noch weiter entfernt und Byzanz noch näher waren als die Serben, nicht anders konnten, als das orthodoxe Christentum anzunehmen. So geschah es auch tatsächlich, als ihr Chan Boris 870 zum Christentum konvertierte. Um seine Unabhängigkeit vom byzantinischen Kaiser zu unterstreichen, nahm sein Sohn Symeon den Titel *Zar*, das heißt „Caesar", an.

Spaltung in der Welt der Slawen

Hier muß auch auf die zweite Spaltung der Slawen näher eingegangen werden. Die erste war eine geographische oder, wenn man will, eine geopolitische: Die Magyaren hatten in Zentraleuropa endgültig die Nordslawen von den Südslawen abgeschnitten. Die zweite Spaltung vollzog sich innerhalb des Slawentums selbst: die einen waren nun römische, die anderen orthodoxe Christen geworden. Diese Spaltung war aber nicht nur religiöser, sondern auch kultureller Natur. Mit dem westlichen Christentum übernahmen die einen zum Glauben dazu auch die römische Vorstellung von der Hierarchie und Latein als liturgische Sprache, das ihnen als Gelehrtensprache auch die Verbindung mit der gesamten westlichen Kultur brachte. Mit dem westlichen Christentum war auch der Einfluß der Deutschen gekommen und somit auch das abendländische Feudalsystem. Mit dem orthodoxen Christentum übernehmen die anderen Slawen von Byzanz außer der kirchlichen Hierarchie auch die moralischen, geistigen und politischen Auffassungen. Diese kulturelle Spaltung erfaßt schließlich nicht nur die Süd-, sondern auch die Nordslawen. Nach dem kläglichen Scheitern des von Otto dem Großen entsandten Lothringers Adalbert bekehrt sich Wladimir, Großfürst von Nowgorod und Kiew, am Ende des 10. Jahrhunderts zum byzantinischen Christentum. So werden die Russen und die Polen voneinander ebenso verschieden sein wie die Serben und die Kroaten. Die Slawen werden somit zwei geographisch deutlich voneinander getrennte Gruppen bilden, von denen jede einzelne auch noch einmal in kultureller Hinsicht gespalten ist.

DIE RUMÄNEN

Die Rumänen, damals bekannt unter dem Namen „Walachen" oder „Wlachen", den ihnen die Slawen gaben, siedelten in Transsylvanien und noch weiter im Osten, zwischen den Ausläufern der Karpaten und dem Schwarzen Meer, in dem Gebiet, das später unter den Namen Moldau, Walachei und Dobrudscha bekannt werden sollte. Trajan hatte im Jahr 105 die Donau überschritten und damit das Dakerreich endgültig erobert. Diese Eroberung war einerseits aus strategischen, andererseits aus wirtschaftlichen Überlegungen notwendig geworden. Sie stärkte die Sicherheit des Imperiums und half für eine Zeitlang, die Finanzen des Reiches mit Hilfe der Erzlager und vor allem der Goldminen, die in Dakien im Überfluß vorhanden waren, zu sanieren. Doch dauerte die Besetzung nicht lange an: Schon 274 waren die Römer wieder zur Aufgabe der Provinz gezwungen. Sie hatten dort aber so viele Kolonisten aus dem ganzen Imperium angesiedelt[4], welche die lateinische Sprache miteinander verband, daß diese Besetzung der Provinz ihr unauslöschliches Siegel aufdrückte. Die „Rumänen" erhielten ihren Namen und ihre Sprache von Rom. Spätere Invasionen, die sie erdulden mußten, änderten nichts mehr daran – außer in Transsylvanien, wo sich auch die Magyaren niederließen, ohne sich jedoch mit den Rumänen zu vermischen. Nur die benachbarten Slawen übten noch einen gewissen Einfluß auf sie aus, was sich in der Sprache, in der gesellschaftlichen Organisation und im Bekenntnis zum byzantinischen Christentum ausdrückte.

In gewissem Sinne bilden die Rumänen eine Art östliches Pendant zu Frankreich. Die beiden tiefgreifend romanisierten Kulturen hatten lediglich ein paar spätere Einflüsse zu erdulden – germanische im einen Fall, slawische im anderen. An den beiden Enden Europas behaupteten sich diese beiden Länder als Bollwerke der Latinität.

Zu bemerken wäre noch, daß die Rumänen das Bindeglied zwischen den Ungarn und dem Schwarzen Meer bildeten. Sie schlossen zur Gänze die Schranke, welche die Ungarn zwischen Nord- und Südslawen errichtet hatten. In diesem östlichen Teil Zentraleuropas verhinderten sie außerdem die Vereinigung jener slawischen Völker, die das byzantinische Christentum angenommen hatten.

DIE ALBANER

Südlich von den slawischen Siedlungsgebieten lebten verschanzt im Norden des alten Epirus, in den Bergen, die über der Adria aufragen, die Nachkommen der von den Slawen verdrängten Illyrer. In ihrer Sprache, einem abgesonderten Zweig der indoeuropäischen Idiome, nannten sie ihr Land *Shqipëria*, „das Land der schroffen Felsen"; seit Plinius und Ptolemäus wurde es allgemein „Albanien" genannt. Es lag am Schnittpunkt zweier religiöser Welten. Die Gegen im Norden des Landes nahmen das römische, die Tosker im Süden das orthodoxe Christentum an. Diese Landschaft war die unzugänglichste ganz Europas – man konnte vom Tibet Europas reden. Einflüsse von außen, vor allem griechische und römische, hatten immer nur die Küsten und die Ebenen berührt. Im Inneren konnte kein Angreifer – weder Byzantiner noch Serben noch Bulgaren – jemals seine Herrschaft auf Dauer errichten. Dieses Volk von Kriegern, das in der Antike einen Pyrrhus hervorgebracht hatte und das seine Nachbarn „Adlersöhne" nannten, hatte mit seinen in Sippen untergeteilten Stämmen in wilder Entschlossenheit seine Identität bewahren können.

DIE BYZANTINER

Im Süden der Albaner und der Slawen blieben die Spuren Ostroms bestehen. Dieses war nach und nach auf den griechischen Raum zusammengeschrumpft. Nachdem es seine Besitzungen in Italien aufgegeben hatte, verlor es im 9. Jahrhundert auch Sizilien. Bereits in der Mitte des 8. Jahrhunderts hatten die bulgarischen Einfälle es immer weiter aus Zentraleuropa zurückgedrängt. Gefahr war aber auch aus dem Osten gekommen: 678 und 717 hatten die Omajjaden-Kalifen am Bosporus das Banner des Heiligen Krieges gehißt und die kaiserliche Hauptstadt beinahe eingenommen. Von den Völkern Europas zum Meer hin gedrängt, wurde Ostrom von den Völkern Asiens nun auch noch im Rücken angegriffen.

Dieses Kaiserreich hatte außer seinem Namen nichts Römisches mehr an sich. Reduziert auf das eigentliche Griechenland, auf Mazedonien, Thrakien und Kleinasien, war es ein ägäisches, vor allem hellenisches oder eher hellenisiertes Reich. Konstantinopel, das antike Byzanz, das wie einstmals Rom „die Stadt" schlechthin genannt wurde, faszinierte mit seinem Glanz und seinem Ansehen den Westen wie den Osten, an deren Schnittpunkt es lag. Der eine wie der andere haßte und begehrte es zugleich: Wer es besaß, schien den Schlüssel zum mythischen Weltreich zu haben.

DAS MITTELALTER

Vom 9. zum 12. Jahrhundert:
Das kurze Leben slawischer Reiche

In dieser Konstellation der Völker zeigten sich Zentraleuropa und der Balkan vor dem Mittelalter. Im Laufe desselben sollten sich keine wesentlichen Änderungen mehr ergeben. Gewiß versuchten die meisten dieser Völker abwechselnd das Gleichgewicht dadurch zu verschieben, daß sie ihren Herrschaftsbereich über ihre Nachbarn ausdehnten. Doch war diesen Versuchen jedesmal nur ein kurzer Erfolg beschieden, und die

Völker fanden sich wieder in ihre ursprünglichen Grenzen zurückgedrängt.

Der erste, schon früher erwähnte Versuch einer ausgedehnteren Herrschaft war Großmähren gewesen, das von Svatopluk (871–894) errichtet worden war. Mit dem mährischen Fürstentum als Kern erstreckte es sich über die Lausitz, Böhmen, Teile Nieder- und Oberösterreichs, die Slowakei und sogar Südpolen – ein Imperium, das Svatopluks Nachfolger nicht halten konnten und das schon in den ersten Jahren des 10. Jahrhunderts wieder zerbrach.

Dem zeitlich ungefähr parallelen Unternehmen des Zaren Symeon von Bulgarien (892–927) war auch keine größere Zukunft beschieden. Er richtete seine Herrschaft fast über den ganzen Balkan auf, vor allem über Serbien, und sogar über einen Teil Ungarns und der Walachei. Mehrmals war er nahe daran, selbst Konstantinopel zu erobern. Durch die Gründung eines Patriarchats in seiner Hauptstadt Preslav löste er seine Kirche vom byzantinischen Patriarchat. Doch sogleich nach seinem Tod erfolgte der Niedergang dieses Reiches, das allein auf seiner Person beruhte. Die Verwalter der großen Lehen, die Bojaren, nützten die Gunst der Stunde, um ihre Macht zu festigen. Sie zerstückelten das Land und schwächten es somit gegenüber seinen Nachbarn.

Am Ende des 10. Jahrhunderts und am Beginn des folgenden ist es Bolesław Chrobry – wir haben bereits gesehen, wie er die polnische Kirche von der deutschen Schutzherrschaft befreite –, der ein riesiges Reich gründete, das sich von der Ostsee im Norden bis nach Mähren im Süden und vom Milzenerland und der Lausitz im Westen bis Kiew (das 1018 besetzt wurde) im Osten erstreckte. Unter seiner Herrschaft kommen die Polen erstmals mit den Russen in Berührung. Damit eröffnen sie einen Konflikt, der bis ins 20. Jahrhundert hinein nicht mehr enden sollte. Dieses Großpolen erlebte dasselbe Schicksal wie Großmähren: Bolesławs Nachfolger waren unfähig, das weite Reich zu beherrschen, so daß es bereits 1033 wieder zerfallen war. Trotz dieses Mißerfolges blieben den Polen Träume von Größe und Macht, die sie nicht mehr losließen – zumindest nicht bis zum 17. Jahrhundert. Vor allem aber hatte der Fehlschlag zugleich auch – wie in Serbien – die Festigung der Macht des lokalen Adels zur Folge, die dem polnischen Staat später zum Verhängnis werden sollte.[5]

Das 13. Jahrhundert in Ungarn

Zwei Jahrhunderte später schlägt die Stunde des Ruhms für das mit Bulgarien verbündete Ungarn. 1204 setzt sich Johannitsa, auch Kalojan genannt, die Krone eines walacho-bulgarischen Reiches aufs Haupt. Im Laufe der Jahre verlieren jedoch die Walachen ihren Vorrang, und ihr Reich wird immer mehr bulgarisiert.[6]

Von größerer Dauer waren die Eroberungen der Ungarn. Schon zu Beginn des 10. Jahrhunderts führte sie der Zusammenbruch Großmährens dazu, die slowakischen Gebiete in den Karpaten und in der Pannonischen Tiefebene zu annektieren: Diese wurden von nun an als Oberungarn bezeichnet. Außerdem lassen sich die Ungarn, wie wir bereits gesehen haben, spätestens zu Anfang des 11. Jahrhunderts unter der Herrschaft des heiligen Stephan in Transsylvanien nieder. Am Ende desselben Jahrhunderts überfällt Ladislaus I., der Heilige, Kroatien und besetzt es bis zur dalmatinischen Küste; Kroatien wird, wie schon erwähnt, zu Beginn des nächsten Jahrhunderts in das Königreich eingegliedert. Diese Annexionen gingen langsamer vor sich als die Eroberungen der Mährer oder der Polen: Die Magyaren verfügten über mehr Zeit zur Assimilierung. Daher konnten sie die annektierten Gebiete auch bis zum Beginn des 20. Jahrhunderts halten.

Die Entstehung des mährischen und des polnischen Reiches vollzog sich nach dem entgegengesetzten Muster des ungarischen Staatsgebildes – ein ähnlicher Unterschied besteht auch zwischen der Entstehung des Deutschen Reiches und der des französischen Königtums. Im einen Fall handelt es sich um die beinahe plötzliche Entstehung eines großen Staatsgebildes, die gerade dadurch für eine Einigung und Konsolidierung ungeeignet ist; im anderen Fall geht es um die schrittweise vollzogene

Assimilierung der Peripherie durch das Zentrum, was offenbar eine gewisse Dauer gewährleistet. Nur ist den Staaten Zentraleuropas nicht jene Beständigkeit beschieden, die für Westeuropa eigentümlich ist. Die slawischen Reiche brechen schneller zusammen als das Deutsche Reich. Der ungarische Staat wird seine Völker nicht so eng aneinander binden wie der französische. Trotzdem bleibt ein Faktum bestehen: Die ungarischen Annexionen werden nie in Frage gestellt, weder durch die Schwächung der Königsmacht – als der Adel mit der Goldenen Bulle von 1222 die feierliche Anerkennung seiner Privilegien erwirkt, ja sogar des Rechtes, sich dem Herrscher im Falle einer Vertragsverletzung mit Waffengewalt zu widersetzen[7] – noch durch den Einfall der „Goldenen Horde", der Nachkommen des Dschingis Chan, in der Mitte des 13. Jahrhunderts. Im Gegenteil: Die slowakischen und kroatischen Berge wurden zum Zufluchtsort während der Mongoleninvasion – König Béla IV. flüchtete nach Dalmatien –, und so konnten die Ungarn danach wieder von ihren verwüsteten Ebenen Besitz ergreifen. Die Peripherie war in genügendem Maße vom Zentrum assimiliert worden, um wiederum dieses Zentrum zu retten.

Das 13. Jahrhundert auf dem Balkan

Die Balkanhalbinsel ist im 13. Jahrhundert Schauplatz zweier großer Ereignisse. Bulgarien wird durch den Zaren Iwan Asen II. (1218–1241) wiedererrichtet und ist eine Zeitlang das mächtigste Reich in diesem Teil Europas, bevor es nach dessen Tod im Chaos versinkt. Zur gleichen Zeit fällt das Byzantinische Reich unter dem Ansturm der von Venedig umgeleiteten Kreuzfahrer. Als Balduin, Graf von Flandern, am 9. Mai 1204 vom Thron der Komnenen Besitz ergreift und in Byzanz ein lateinisches Kaisertum errichtet, das bis 1261 dauert, bilden sich aus den restlichen Teilen des Byzantinischen Reiches, die sich seiner Macht entziehen, in Trapezunt, in Nikaia, in Epirus griechische Kleinstaaten, deren Bedeutungslosigkeit sie von vornherein zur Ohnmacht verurteilt. Als sie später von Nikaia aus Michael VIII. Palaiologos wieder vereint und das Byzantinische Reich wiederherstellt, entziehen sich gerade die Reste des lateinischen Kaisertums der Kreuzfahrer – so etwa das Herzogtum Athen, das Fürstentum Achaia sowie die venezianischen und genuesischen Besitzungen – seiner Macht. Die Kreuzritter, die ursprünglich ausgezogen waren, das Heilige Land zu befreien, hatten es vorgezogen, das reiche Byzanz zu erobern – und richteten es zugrunde. So entblößten sie endgültig die südöstliche Flanke Europas. Byzanz wird sich nicht mehr verteidigen, wie dies im 7. und 8. Jahrhundert noch geschehen war, wenn nun zum dritten Mal die Fahne des Propheten vor seinen Mauern weht.

Das 13. Jahrhundert in Preußen

Ebenfalls im 13. Jahrhundert ereignen sich im deutschen Bereich zwei große Dinge: die Gründung Preußens durch den Deutschen Orden und die Bildung der habsburgischen Hausmacht in Österreich. Auch wenn beides die Rückkehr deutscher Kräfte auf den zentraleuropäischen Schauplatz bezeichnet, so war doch ursprünglich weder das eine noch das andere dem Willen der Deutschen entsprungen.

Die Polen hatten die Methoden der Eroberungs- und Bekehrungspolitik der Deutschen gegenüber den Slawen zwischen Elbe und Oder übernommen und versucht, die baltischen Preußen im Nordosten zu unterwerfen und zu evangelisieren. Diese waren immer erbitterte Feinde des Christentums gewesen; sie hatten am Ende des 10. Jahrhunderts den heiligen Adalbert grausam getötet, dessen Heiligtum in Gnesen zur Keimzelle der polnischen Kirche wurde. Dieser Politik der Polen war kein Erfolg beschieden. Die Preußen waren so aufgebracht, daß sie sich nicht damit begnügten, die polnischen Angriffe abzuwehren, sondern darangingen, Polen zu erobern. Derart in die Enge getrieben, sah sich Herzog Konrad von Masowien im Jahr 1224 gezwungen, die Deutschordensritter – genauer: die Ritter des „Ordens des Spitals S. Mariens vom Deutschen Hause" – zu Hilfe zu rufen, die nach dem Scheitern der Kreuzzüge im Heiligen Land wieder nach Europa zurückgekehrt waren. Nach langen Geheimverhandlungen, in denen es ihm schließlich gelungen war, sowohl vom Papst als auch vom Kaiser das Kulmerland für den Orden zum Lehen zu erhalten, kam der Hochmeister Hermann von Salza 1226 der Bitte des Herzogs von Masowien nach, dessen ursprüngliche Absichten damit aber weit überschritten wurden. Doch die Polen hatten keine Wahl mehr. Von 1230 bis 1283 vollzog sich der Kreuzzug gegen die „Sarazenen des Nordens" und endete mit deren totaler Unterwerfung, die praktisch einer fast völligen Auslöschung gleichkam; die wenigen Überlebenden, die die Taufe angenommen hatten, gingen in der Masse der Kolonisten auf.[8] Preußen sollte künftig deutsch sein.

Das war aber noch nicht alles. 1202 hatte der Bremer Domherr Albert von Buxhoeveden, Bischof des von ihm selbst ein Jahr zuvor gegründeten Riga, den Schwertbrüderorden zur Bekehrung der Esten und Letten, deren Land damals „Livland" hieß, ins Leben gerufen. 37 Jahre später führte der siegreiche Widerstand der Balten einerseits und das Vordringen der Deutschordensritter in Preußen andererseits die Schwertbrüder dazu, die Vereinigung beider Orden anzustreben, die ihnen auch durch päpstliches Dekret bewilligt wurde. Dieser Zusammenschluß ließ ein gewaltiges deutsch-baltisches Reich entstehen, das, vergrößert durch ständigen Zuwachs im Laufe des 13. Jahrhunderts, sich im Jahr 1402 von der Odermündung bis zum Finnischen Meerbusen erstrecken sollte.

Das 13. Jahrhundert in Österreich

Das zweite große Ereignis des 13. Jahrhunderts im deutschen Bereich, die Begründung der habsburgischen Hausmacht in Österreich, hat ihre Ursache in der böhmischen Expansion, die ihrerseits wieder durch den Verfall des Reiches bedingt wird. Die „Ostmark", dieses Österreich, das im Mittelhochdeutschen *Osterrîche* heißt, gehörte zu dem Markengürtel, mit dem Otto I. um die Mitte des 10. Jahrhunderts das Reich gegen die Einfälle der Slawen eingefriedet hatte. Das Schicksal dieser Mark war verbunden mit dem ganzen *regnum teutonicum*. Nun hatte unter der Herrschaft Friedrichs II., des römischen Kaisers, Königs von Sizilien und Jerusalem, der riesige Herrschaftsbereich, der sich

von den Ufern der Ostsee bis zu jenen des Toten Meeres erstreckte, seine Vollendung erreicht – Vollendung im doppelten
Wortsinn: Gipfel- und Endpunkt. Mit dem Tod dieses außerge-
wöhnlichen Herrschers schlug im Jahr 1250 auch dem Reich die
Totenglocke. Das Papsttum, dem er so übel mitgespielt hatte, war
praktisch mehr als ein Jahrhundert lang ängstlich darauf bedacht,
keinen Kaiser mehr zu krönen.[9] Die Vorbedingung für die
Kaiserwürde war ja, daß der Betreffende zuerst zum deutschen
König gewählt wurde. Die Kurfürsten des Reiches zeigten sich
nur allzu bereit, den Papst hierin zu unterstützen. Nach dem Tod
Friedrichs brauchen sie mehr als zwanzig Jahre, um einen Nachfolger zu finden.[10] Deutschland versinkt im Chaos des „Inter-
regnums“. Für seine Bewohner ist dies einer der düstersten
Abschnitte der Geschichte, nicht aber für seine Fürsten. Diese
können nun endlich ihre partikularistischen Alleinherrschaften
festigen, ein Vorgang, der in die Geschichte unter der Bezeichnung „Territorialsieg“ eingegangen ist. Das Reich war nach dem
Gesetz des Stärkeren gewissermaßen zur Versteigerung ausge-
schrieben.

Einer seiner mächtigsten Fürsten ist der König von Böhmen
Ottokar II., aus der Dynastie der Přemysliden. Böhmen war seit
der Regentschaft des heiligen Wenzel dem Reich eingegliedert.
Seine Fürsten waren 1114 zu Kurfürsten des Reiches aufgestie-
gen, und Friedrich I. Barbarossa hatte 1158 ihre Treue damit
belohnt, daß er ihnen die Königskrone als erblich zuerkannte.
Nun, in der Mitte des 13. Jahrhunderts, war Ottokar – diesmal
von Prag aus – auf dem besten Weg, das Großmährische Reich
des 9. Jahrhunderts wiederherzustellen. Zu Böhmen und Mähren,
welches durch Barbarossa im vorhergegangenen Jahrhundert zur
Markgrafschaft mit eigenem Wappen und eigenen Verwaltungs-
einrichtungen erhoben worden war, zu Böhmen und Mähren also
hatte Ottokar 1260 noch die Steiermark vom ungarischen König
dazugewonnen, ferner Kärnten und Krain, die er 1269 erbte. Im
Gefolge der Wirrnisse nach dem Aussterben der Babenberger
(1246), die Österreich seit dem 10. Jahrhundert besaßen, hatte er
1251 auch von diesem Herzogtum Besitz ergriffen. Diesmal war
die Errichtung eines großen tschechischen Reiches von einem

Reichsfürsten verwirklicht worden, noch dazu von dem ersten unter ihnen. Er war der einzige, der den Königstitel besaß – den von Böhmen –, und war unbestritten von allen der mächtigste. Es lag in der Natur der Sache, daß er den freigewordenen Titel eines deutschen Königs beanspruchte, der ihm später die Kaiserwürde eingebracht hätte. Der Papst hatte sich nach Befragen nicht dagegen ausgesprochen: Ein Nicht-Deutscher auf dem Kaiserthron würde vielleicht nicht daran denken, den Krieg des Reiches gegen das Papsttum wiederaufzunehmen, der ja nichts anderes war als die mittelalterliche Version des antiken Konflikts zwischen den Germanen und Rom.

Aber die deutschen Fürsten dachten zunächst noch nicht daran, sich einen Herrn zu geben – schon gar nicht einen Slawen. Im Jahr 1273 übertrugen sie die Königswürde Rudolf von Habsburg, einem einfachen Adeligen aus dem Südwesten des Reiches, dessen Familie seit dem 11. Jahrhundert den Titel der Grafen von der Habichtsburg, einer ihrer Besitzungen im Aargau, trug. Seine zwar durchaus ansehnliche Hausmacht in Schwaben, im Oberelsaß und in der alemannischen Schweiz bedeutete nicht die mindeste Bedrohung für die Kurfürsten: Ihm standen nicht genug Mittel zur Verfügung, um die Ordnung im Reich und die kaiserliche Autorität wiederherzustellen. Bei seiner Wahl waren alle anwesend, ausgenommen Ottokar, der durch eine Auseinandersetzung mit den Ungarn abgehalten war. Von allem Anfang an protestierte dieser und weigerte sich, die Wahl des „armen kleinen Grafen" anzuerkennen. Die Zustimmung der Kirche zu dieser Wahl, ein Aufstand seines Adels und Schwierigkeiten in den magyarischen Grenzgebieten führten Ottokar zunächst zu einem Vergleich. Aber es dauerte nicht lange, bis er sich wieder erhob; er wandte sich im Namen der slawischen Solidarität gegen die „unersättliche deutsche Herrschgier" an die schlesischen Piastenherzöge, gewann den Herzog von Niederbayern und den Markgrafen von Brandenburg dazu und entschloß sich, wieder zu den Waffen zu greifen. Zur selben Zeit ließen die Reichsfürsten Rudolf im Stich, weil sie dessen eventueller Sieg beunruhigte, der seine Macht zu sehr vergrößert hätte. Mutig entschloß sich Rudolf dennoch, Ottokar an der Spitze eines bescheidenen Heeres entgegenzuziehen. Als er am 26. August 1278 bei Dürnkrut im Marchfeld den Böhmenkönig in einer Schlacht, in der dieser sein Leben verlor, vernichtend schlug, gelang dies auch besonders wegen der entscheidenden Unterstützung, die ihm der ungarische König Ladislaus IV. gab.

Dieser letzte Gesichtspunkt wird gewöhnlich zu wenig beachtet, ist aber wesentlich. Er läßt einen Grundzug der politischen Konstellation Zentraleuropas von seinen Anfängen an erkennen. So wie sie im 9. Jahrhundert Arnulf geholfen hatten, das Großmährische Reich zu zerschlagen, so ermöglichten die Ungarn nun Rudolf, das Böhmenreich Ottokars II. zu vernichten. Sie waren die Geburtshelfer des habsburgischen Österreich.

Wenn Rudolf auch als weiser Herrscher Böhmen dem Sohn Ottokars überließ und diesem später sogar noch Mähren gab, so behielt er für sich und seine Nachkommen Österreich, die Steiermark, Kärnten und Krain. Mit seinen ererbten Ländern bildeten diese Gebiete eine beachtliche Hausmacht am Ost- und Südostrand Deutschlands; in der Mitte des 14. Jahrhunderts wurde sie dann noch um Tirol vergrößert. Die wichtigste der Städte, Wien, sollte zur Hauptstadt der Habsburgerdynastie werden.

Für Deutschland endet das 13. Jahrhundert mit einem zweifachen Phänomen: zum einen mit der tatsächlichen, wenn nicht offiziellen Zerrüttung des Reiches, das im Verlauf der Zeit immer mehr zum Staat als Sammelbecken der deutschen Völker geworden war; zum anderen mit der Bildung zweier Grenzmarken an der nordöstlichen und der südöstlichen Seite dieses Reiches, nämlich Preußens und Österreichs, die in diesem Wirrwarr die beiden einzigen organisierten deutschen Mächte sein sollten. Von da ab war der Kampf zwischen den beiden unvermeidlich. Es war klar, daß es entweder der einen oder der anderen zukommen würde, von sich aus die politische Einheit der deutschen Nation durch eine Staatsbildung herzustellen.

Für Zentraleuropa als ganzes genommen kennzeichneten zwei wesentliche Fakten das 13. Jahrhundert: die Festigung der magyarischen Herrschaft in seiner Mitte; das Wiedererstehen und die Etablierung der deutschen Macht unter einem doppelten Aspekt: dem preußischen an der Ostsee und dem österreichischen im Ostalpenraum.

Das 14. und 15. Jahrhundert:
Polen und Ungarn im Zenit ihrer Macht

Die letzten Jahrhunderte des Mittelalters erlebten noch die Bildung einiger Mächte, deren plötzliche Größe jedoch bei weitem keine Garantie für ihre Lebensdauer war. Das gilt unter anderem für Serbien, das den Höhepunkt seiner Entwicklung in der Mitte des 14. Jahrhunderts unter dem Zaren Stephan Dušan (1331 bis 1355) erreichte, um bald danach wieder zu zerfallen, was wiederum die Emanzipation seiner Großvasallen mit sich brachte.

Das dauerhafteste politische Phänomen des 14. Jahrhunderts war wohl die Errichtung des Großlitauischen Reiches. Im Westen ans Meer gedrängt, im Nordosten von den Schwertbrüdern und im Südwesten von den Deutschordensrittern in die Zange genommen, hatten sich die heidnischen Litauer im 13. Jahrhundert unter der Oberhoheit ihres Fürsten Rimgaudas (1204–1239) zusammengeschlossen und sich in der Kriegskunst geübt. Der Südosten bot ihnen noch ein Feld für ihre Eroberungsambitionen. Wie alle Ebenen waren auch jene Osteuropas günstig für die Bildung von Staaten sowie für deren plötzliches Verschwinden. Noch 1920 lieferten die Offensiven und Gegenoffensiven Piłsudskis und Tuchatschewskijs ein berühmtes Beispiel für ein solches Phänomen. Am Beginn des 14. Jahrhunderts schafft sich dort der Großfürst Gediminas einen gewaltigen Machtbereich. Vom Flußlauf der Beresina und des Dnjepr zieht er hinab zum Bug und zum Dnjestr und schließt Samogitien, Weißrußland (Bjelorußland), Ruthenien und Podolien zu einem großen Reich – sein Sohn Olgierd vermehrt es noch um Wolhynien und Kiew – zusammen, das sich von der Ostsee bis zum Schwarzen Meer erstreckt und Osteuropa diagonal durchschneidet. Einfacher ausgedrückt: Dieses neue Großreich vereinigt die Litauer mit den West- und den Südrussen, das heißt mit den Weißrussen und den Ruthenen oder Ukrainern. Diese sind dadurch von den

Ostrussen, den Moskowitern, abgeschnitten, die ihrerseits noch Untertanen der Chans sind. Gediminas nimmt den Titel eines „Königs der Ruthenen und der Litauer" an. Dem Papst bietet er seine Bekehrung zum Christentum an, wenn im Gegenzug der Deutsche Orden sich von den Grenzen Litauens zurückzieht. Dessen Anwesenheit, die offiziell durch den Auftrag zur Evangelisierung gerechtfertigt war, hätte dann tatsächlich ihre Begründung verloren. Das Scheitern der Verhandlungen mit dem Heiligen Stuhl führte zur Fortsetzung des Konflikts mit den Deutschordensherren.

Seit geraumer Zeit verfolgten die Ordensritter nur noch eine Politik territorialer Eroberung. Ihr Konflikt mit den schon seit Jahrhunderten bekehrten Polen flammte immer wieder auf. Es lag im gemeinsamen Interesse Polens und Litauens, den Übergriffen des Ordens ein Ende zu setzen. Dies war beiden klar geworden – ganz besonders aber dem litauischen Großfürsten Władisław II. Jagiełło. 1386 bekehrt er sich zum Katholizismus und vereinigt durch seine Heirat mit der polnischen Prinzessin Hedwig das Königreich Polen und das Großfürstentum Litauen unter seiner Oberherrschaft. Dieses neue Staatengebilde ist nun stark genug, sich mit den Deutschordensrittern zu messen; diese werden am 15. Juli 1410 in der Schlacht bei Tannenberg, das die Polen Grunwald nennen, besiegt. Jedoch wird sich das Ordensland erst 1466 dem polnischen König unterwerfen und ihn als Lehnsherrn anerkennen, nachdem es im zweiten Thorner Frieden seine östlichen Gebiete verloren hat.

Dieses polnisch-litauische Königreich war jedoch wie ein Koloß auf tönernen Füßen. Zunächst einmal aus äußeren Gründen. Das Königreich erstreckte sich von Brandenburg bis zum Großfürstentum Moskau und von der Ostsee bis zum Schwarzen Meer. Allein seine riesige Ausdehnung schuf ihm zahlreiche Feinde und machte es äußerst verwundbar. Hatte die Union mit Litauen es Polen ermöglicht, für eine Weile die deutsche Bedrohung fernzuhalten, so schuf sie ihm jedoch einen Konflikt mit Moskau. Ebenso aber aus inneren Gründen: Polen und Litauer vertrugen sich nicht miteinander. Allein der gemeinsame deutsche Feind hatte sie einander näher gebracht. Und noch dazu war der Großteil des litauischen Reiches von Weißrussen und Ukrainern bevölkert, die selbst voneinander sehr verschieden waren, und die noch viel weniger irgendeine kulturelle Gemeinsamkeit mit den Balten aufwiesen, die sie erobert hatten. Mehr noch: Die Bekehrung der Balten zum römischen Katholizismus vergrößerte das Mißtrauen, das diese orthodoxen Völker gegen sie hegten. Die nicht vorhandene nationale und kulturelle Einheit wurde noch durch das Fehlen der politischen Einheit verschlimmert. Seit langem hatte der polnische Adel, die *Szlachta,* eine Oligarchie errichtet, die die königliche Macht einschränkte. Ähnlich war die Situation im litauischen Reichsteil, der nach dem Prinzip des Lehnsrechtes organisiert war. Dieses politische System hatte zwar die Eroberungen begünstigt, verhinderte jedoch das Entstehen einer echten politischen Einheit. Das riesige Feudalreich war in gleichem Maße ebenso von außen wie von innen bedroht. Es sollte nur so lange bestehen, als seine Feinde, insbesondere die Deutschen und die Moskowiter, nicht in der Lage waren, es anzugreifen – die einen, weil sie mit der Anarchie, die anderen, weil sie mit den Tataren zu kämpfen hatten.

Ebenfalls im 14. Jahrhundert entfaltet sich die Macht Ungarns, das sich auf die ein Jahrhundert zuvor geschaffene Grundlage stützt, während sich an seinen östlichen Grenzen jenseits der Karpaten zwei rumänische Staaten bilden: die Walachei im Süden und die Moldau im Norden. Die Bedeutung Ungarns erreicht ihren Höhepunkt im 15. Jahrhundert während der Herrschaft von Matthias Corvinus (1458–1490), der seine Ländereien im Norden um Mähren, Schlesien und die Lausitz vergrößert und im Westen für eine Zeitlang auch Teile von Österreich und die Steiermark hinzugewinnt. Die königliche Macht, die er gegen die Ansprüche der Magnaten wiederherstellte und die sich im Prunk seiner Hofhaltung in Buda widerspiegelt, wo der geistige und künstlerische Glanz der italienischen Renaissance herrscht, überdauert ihn jedoch nicht. Der Tarpejische Felsen ist nicht weit vom Kapitol entfernt. Da Matthias Corvinus sich der Vergrößerung seines Reiches nach Norden und Westen zu sehr widmete, vernachlässigte er den Südosten, wo seit Jahren eine neue Gefahr heranwuchs: die große türkische Flut, die alles überschwemmen sollte.

Hatte das 13. Jahrhundert die massive Rückkehr des deutschen Elements in Zentraleuropa erlebt, so gebieten die nächsten 200 Jahre diesem Vorgang wieder Einhalt. In den letzten beiden Jahrhunderten des Mittelalters gelangen Polen, das im Norden Preußen hält, und Ungarn, das in der Mitte die Expansion Österreichs verhindert, auf den Höhepunkt ihrer Macht. Die Entwicklung Rußlands, die Union zwischen Preußen und Brandenburg im Norden sowie die türkische Invasion im Süden werden diese Ordnung allerdings zerstören.

Das Erbe des Mittelalters

Das Mittelalter ist für Zentraleuropa der entscheidende Abschnitt: Erst in dieser Zeit wird Europa tatsächlich geboren. Seine Völker treten heraus aus dem Dunkel, in das sie verbannt waren, so lange sie den Gebrauch der Schrift nicht kannten. Polen etwa wird durch die erste Erwähnung eines seiner Herrscher, Mieszko, in einer Chronik des Jahres 963 von einer Legende zu einem Faktum. Die Geschichte ist für ein Volk, was das Gedächtnis für den einzelnen Menschen ist. Aus dem Gedächtnis entsteht das Selbstverständnis, aus der Geschichte das nationale Bewußtsein. So wurde die immer wieder neu bearbeitete Chronik des Krakauer Bischofs Kadłubek (1160?–1223) auf Jahrhunderte hinaus zum fundamentalen Werk der polnischen Schulen. Im Mittelalter bekommen die Völker Zentraleuropas ein eigenes Profil. Nicht nur in den Augen der anderen, auch in den eigenen. Deshalb sind jene Nationen, die außerhalb des Römischen Reiches und seiner überlieferten langen Geschichte gelebt haben, ihrem Bewußtsein nach ungefähr um ein ganzes Jahrtausend jünger als die, welche Rom erobert hatte.

Aus der Schriftlichkeit entsteht nicht nur die Geschichte der Völker. Sie fixiert auch deren Sprache und Literatur, die beide wiederum das Nationalgefühl kräftig steigern. In ihrer epischen Form ist die Literatur übrigens häufig nur eine poetische Variante der Chronik, deren Lücken sie füllt. Sie hält die legendären Heldentaten und die Urmythen fest.

Außerdem setzt die Schriftlichkeit diese Völker in die Lage, Normen für ihre Gemeinschaft zu erstellen. Wenn gewisse Herrscher im kollektiven Gedächtnis eine herausragende Erinnerung hinterließen, so deshalb, weil sie – wie etwa der heilige Stephan in Ungarn – vor allem als Gesetzgeber gewirkt hatten. Im Laufe des Mittelalters werden die Dekrete, Gesetze, Edikte und Charten erarbeitet; sie präzisieren und fixieren die politischen Gebräuche, die bei den einzelnen Völkern, bei ihren Regierungen und ihren Volksvertretungen gelten. In gleicher Weise wie die Chronik trug die fortschreitende Kodifizierung der Regeln des Gemeinschaftslebens zur Festigung des kollektiven Bewußtseins bei. Für die meisten Völker sollten ihre Gesetzessammlungen wahre Denkmäler darstellen, die für die Definition ihrer nationalen Identität eine wesentliche Rolle spielten. Das ging allerdings so weit, daß der Respekt davor notwendige und heilsame Reformen oftmals verhinderte. In den meisten Ländern Zentraleuropas spielte diese Ehrfurcht eine schwerwiegende Rolle bei der Aufrechterhaltung einer sozialen Ordnung, die noch bis ins 20. Jahrhundert hinein weitgehend mittelalterlich blieb.

Darüber hinaus hatten die Völker Zentraleuropas von jenen des Westens und des Mittelmeerraumes mit ihrer Schriftlichkeit auch ihre Religion erhalten. Im Laufe des Mittelalters hatte die Religion ihre Sitten und ihre Weltsicht tiefgreifend verändert. So etwa stellten die Polen, die die Entstehung ihres Staates und die ihrer Kirche nicht voneinander trennten, bewußt einen engen Zusammenhang zwischen ihrer politischen Unabhängigkeit und der Treue zu Rom her. Die meisten dieser Völker hatten jedoch den Christenglauben nicht ohne Widerstand angenommen. Der heilige Adalbert, Bischof von Prag, beklagt sich am Ende des 10. Jahrhunderts darüber, daß die Tschechen wieder zum Heidentum und zur Polygamie zurückgekehrt seien. Zur selben Zeit opfert der Magyarenfürst Géza weiter den alten Göttern, obgleich er zum Christentum übergetreten ist. Vielerorts blieben die Menschen lange Zeit bei einem „Mischglauben". Wenn sie schließlich das Christentum annahmen, so wurde dieses teilweise zurechtgebogen. Auf diese Weise behaupteten sie ihre kulturelle Eigenheit.

Die Tschechen unterstrichen diese mit dem Hussitismus, dem ersten echten Versuch, die katholische Kirche zu reformieren – mehr als hundert Jahre vor Luther. Wie dieser später, so verkündeten die Hussiten den Vorrang der Heiligen Schrift vor der kirchlichen Hierarchie, widersetzten sich der Ablaßpraxis und forderten die Kommunion in beiderlei Gestalt. Aber diese Forderungen allein erklären keineswegs die schreckliche Verbissenheit der Kriege, die sie scheinbar hervorgerufen hatten; in Wirklichkeit waren diese Aufstände und Kriege nur der Spiegel der nationalen – vor allem antideutschen – Leidenschaften.[11] Daß Jan Hus auch das Alphabet reformierte und die tschechische Schriftsprache begründete, ist absolut kein Zufall. Seine Anhänger waren von solch glühendem Eifer, daß die Kirche, nachdem sie Jan Hus beim Konzil von Konstanz im Jahr 1415 hatte verbrennen lassen, gezwungen war, einzulenken und durch die unter dem Namen *Kompaktate* bekannten Kompromisse das böhmische Schisma zu dulden.

Auch wenn die Ungarn ihrerseits ihre kulturelle Eigenständigkeit im religiösen Bereich nicht so früh herausstrichen, so taten sie es doch bei der ersten sich bietenden Gelegenheit. Schon im 16. Jahrhundert – sozusagen unter dem Deckmantel der osmanischen Herrschaft – bekundeten sie ihre Ablehnung des Katholizismus als Religion der Süddeutschen im allgemeinen und der Habsburger im besonderen durch massiven Übertritt zum Calvinismus: zum Calvinismus, nicht zum Luthertum, das die Religion der Norddeutschen war.

Jene Slawen hingegen, die das orthodoxe Christentum angenommen hatten, veränderten dieses im Laufe der Zeit kaum. Sie hatten es nämlich von Anfang an freiwillig angenommen, weil Cyrill und Method ihnen eine slawisierte Form angeboten hatten, die ihrer kulturellen Eigenart entsprach. Trotzdem konnte die Verbreitung der bogumilischen Häresie nicht verhindert werden. Diese hatte nämlich ab dem 10. Jahrhundert von Bulgarien aus den gesamten Balkan in weniger als 200 Jahren erfaßt. Ihr Manichäismus entsprach, wie die Historiker schon seit langem festgestellt haben, dem slawischen Heidentum, das an die Existenz guter und böser Gottheiten glaubte. Die bogumilischen Lehren, die lange Zeit von einem Teil des Adels, von Königen, ja selbst von Bischöfen auf dem Balkan verbreitet wurden, konnten nie ganz ausgerottet werden und blieben vor allem in Bosnien vorherrschend.[12]

II

DIE OSMANISCHE ORDNUNG

O Du, vom Siegel des Ruhmes gezeichnet,
Bei Deinem Namen erzittert die Luft und es schwillt
die Woge (...).
Dein Zelt war der Tempel, dem man sich auf Knien naht:
Dein Geschlecht beherrschte das Schicksal der Sterblichen.

BAKI, Loblied auf Soliman

DIE TÜRKEN

Bestimmt wird im 16. und im 17. Jahrhundert die Geschichte Zentraleuropas und des Balkans durch das Eindringen eines neuen Volkes, der Türken.

Die Türken kamen aus den Hochebenen der Mongolei; die chinesischen Quellen bezeugen sie schon im 2. Jahrtausend vor unserer Zeitrechnung. Im Laufe der Jahrhunderte waren sie nach und nach gegen Westen hin gewandert. Ab dem 11. Jahrhundert setzen sich die „Söhne des Großen Grauen Wolfes und der Falben Hindin" – so nannten sie ihren Mythen gemäß sich selbst – endgültig in Kleinasien fest. Zwischen diesem Gebiet und ihrem Ursprungsland bestand eine große Ähnlichkeit. „Die anatolische Halbinsel", schrieb René Grousset, „ist ein rechteckiges Hochplateau, das in abgeschwächter Form und in unmittelbarer Nähe des Mittelmeeres die Tektonik Hochasiens wiederholt (...), eine letzte Wiederkehr des altaischen Hochlands nächst dem europäischesten Europa, die letzte Stufe im Abstieg vom Dach der Welt zur Besänftigung hin, zur Sanftheit, die in der Geographie unser Attika, unsere Toskana, unsere Provence verkörpern ... Zu Recht läßt sich sagen, daß diese Halbinsel als vor-

37

geschobener Posten Zentralasiens nach Europa blickt." Und er schließt: „Anatolien ‚neigt' seine Bewohner zu Europa hin."[1]

Es war schon eine Gesetzmäßigkeit der Antike gewesen: Europa kam der Sage nach aus Kleinasien, indem sie die Ägäis überquerte. Derselben Gesetzmäßigkeit sollte das Schicksal der Türken unterliegen.

So wie die Magyaren in der Tiefebene Zentraleuropas hatten sich auch die Türken in Anatolien mit den weißen Völkerschaften vermischt, die mindestens seit den fernen Zeiten der Hethiter dort wohnten. Auch wenn ihre mongolische Ethnie schließlich fast völlig in dieser Masse aufgegangen war, so hatten sie, wiederum wie die Magyaren, dieser doch ihre Sprache und ihre Kultur auferlegt.

Diese Kultur war absolut eigenständig. Sie war ein Produkt der jahrhundertelangen Wanderungen der Türken und stellte somit eine Art Synthese aller Kulturen Asiens dar. Die Tätigkeiten der Seßhaften – Ackerbau und Industrie – kannten sie nicht. Im Grunde sollten sie immer Nomaden und Krieger bleiben. Sie würden auch keine großen Bauten errichten, außer für Gott, und sich sogar damit begnügen, für ihre Fürsten einfache „Kioske" *(köşk)* zu errichten, die nichts anderes sind als Zelte aus Stein. Ihrer kriegerischen Tradition folgend, bauten sie eine militärische Organisation auf, dergleichen die Welt seit den fernen Tagen Roms nicht gesehen hatte: ein erstaunliches Instrument der Eroberung, welches das Abendland mit Schrecken und Faszination erfüllen sollte. Die Berichte des Gesandten Karls V., Augier Ghislain de Busbecq, sind ein beredtes Zeugnis hierfür.[2] Persien, durch das die Türken gezogen waren, hatte schon im 10. Jahrhundert ihre Kultur tiefgehend beeinflußt. Die Türken hatten dort den Islam angenommen, allerdings in seiner sunnitischen Form, wodurch sie sich wiederum von Persien unterschieden, dessen Islam schiitisch war. Durch diese Bekehrung kamen sie auch zu einer Schrift – der arabischen. Ihre Sprache wurde durch Ausdrücke bereichert und damit durch Begriffe, die aus dem Persischen und dem Arabischen stammten: die Militärsprache, die sie ursprünglich war, konnte so zu einer juridischen, philosophischen und poetischen werden. Der persische Einfluß rief bei den Türken neue literarische Formen ins Leben, besonders die klassische Dichtung des Diwan – also des Hofes –, und inspirierte letztlich auch die Motive türkischer Keramiken, Brokate und Teppiche. Sogar die uralten Beziehungen der Türken mit den Chinesen sind in ihrer Kultur spürbar, besonders in der Kunst der Miniaturen. Die erstaunliche Gabe, Traditionen zu bewahren, ging bei den Türken Hand in Hand mit einer außerordentlichen Lernfähigkeit, für die ihre Architektur ein beredtes Beispiel ist: Ihr Kontakt mit der Welt von Byzanz bestimmte die Kunst ihrer Kuppelmoscheen.

Aus dem Zusammenspiel dieser Einflüsse erwuchsen die Originalität und die manchmal in den Augen der Fremden verwirrende Komplexität der türkischen Kultur, einer Synthese aus militärischem Geist und äußerstem Raffinement. Ihre vollendetste menschliche Verkörperung war ohne Zweifel Sultan Mehmed II., der Eroberer von Konstantinopel. Als gebildeter Geist verstand er außer Türkisch auch Griechisch, Arabisch, Persisch sowie angeblich Latein und Hebräisch; als ein Freund der Literatur verfaßte er gelegentlich selbst feinsinnige Gedichte; als Freund der Naturwissenschaften widmete er sich der Astrologie und besaß die nötigen astronomischen und mathematischen Kenntnisse; als Freund der Künste lud er Gentile Bellini an seinen Hof und ließ ihn sein Porträt malen, was ein schöner Beweis dafür ist, daß er nicht nur einen aufgeklärten Geschmack hatte, sondern auch fern war von jeglichem sunnitischen Fanatismus. Er war sogar Philosoph und wußte um die Nichtigkeit menschlichen Ruhms: So schritt er durch den Palast des Basileus, den er soeben erobert hatte, und rezitierte dabei das persische Distichon: „Die Spinne wird vor dem Tor einen Vorhang weben und Hüterin des Kaiserpalastes sein, der düstere Schrei der Eule wird widerhallen im Königsgewölbe von Efresiab." Dieser selbe Mensch, der ein strenger Organisator, ein unerbittlicher Verwalter und ein erbarmungsloser Feldherr war, konnte wild, grausam und zynisch sein: Nachdem er mit seinem eigenen Kopf gebürgt hatte für den des Gouverneurs und der Offiziere der Garnison von Negroponte, wenn sie bereit wären, sich zu ergeben, ließ er ihre lebenden, zwischen Bretter gezwängten Körper in der Mitte durchsägen und erklärte dabei, daß er für ihren Kopf, nicht aber für ihren Rumpf gebürgt hatte.

DIE SÖHNE OSMANS

Seit dem Ende des 13. Jahrhunderts hatte sich eine türkische Dynastie, die in Nordwestanatolien nahe beim Sakarya siedelte, von den anderen abgehoben: es war die der Osmanlis oder Osmanen, von Osman gegründet. 1326 bemächtigt sich dessen Sohn Orhan des im Süden des Marmarameeres gelegenen Brussa *(Bursa),* begräbt dort seinen Vater und macht es zu seiner Hauptstadt. Von hier dehnt er seine Eroberungszüge nach Osten und Westen aus. 1346 setzen seine Heere nach Europa über, hauptsächlich um dem Basileus von Konstantinopel gegen die Serben beizustehen. Um das Bündnis mit dem osmanischen Fürsten zu erreichen, gewährt dieser ihm sogar die Hand seiner Tochter, der Prinzessin Theodora. So wie die Deutschen auf den Ruf der Polen hin nach Preußen gekommen waren, so dringen die Türken auf die Bitte der Byzantiner hin nach Europa vor. Jupiter blendet immer jene, die er ins Verderben stürzen will. Ein Erdbeben nützend, erobert Orhan 1354 Gallipoli, das die Dardanellen und somit die Seeverbindung Konstantinopels mit den Mittelmeerländern kontrolliert.

Die Herrschaft Orhans bedeutet das Vordringen der Osmanen in Europa. Unter seinem Nachfolger Murad I. breiten sie sich aus. Kurz nach seinem Regierungsantritt im Jahr 1362 erobert Murad Adrianopel, das die Türken Edirne nennen, und unterwirft fast ganz Thrakien. Im darauffolgenden Jahr besiegt er an der Maritza eine erste christliche Koalition, die der Schrecken vor seinem Vordringen ins Leben gerufen hatte – ihr gehören der Papst, der König von Ungarn, der Zar von Bulgarien, die Fürsten von Bosnien, Serbien und der Walachei an –, und vergrößert noch seine Besitzungen rund um Adrianopel. Bereits 1366 erhebt er dieses anstelle von Brussa zu seiner Residenz. Von diesem Augenblick an ist das Osmanische Reich nicht mehr nur asiatisch, sondern wird auch europäisch. Plötzlich sieht sich Konstantinopel von seinem Hinterland abgeschnitten, durch das es seine Versorgung erhielt. 20 Jahre lang dringt Murad in seinen Feldzügen unaufhörlich weiter auf dem Balkan vor: Er erobert Monastir, Sofia, Niš, Saloniki und hat damit Albanien, Bulgarien, Serbien und die Ägäis gewonnen. Dieser Vormarsch ist nicht nur die Folge der osmanischen Übermacht, sondern auch der Auflösung einer zentralen Autorität in diesem Teil Europas. Aller Mut der Völker reicht nicht hin, um sie aufzuwiegen.

Die Serie der Feldzüge erreicht 1389 ihren Höhepunkt: Am 15. Juni vernichtet Murad die Serben auf dem Amselfeld. Diese Krönung seiner Herrschaft bedeutet jedoch gleichzeitig auch ihr Ende. Murad verliert in der Schlacht sein Leben. Das Reich, das er hinterläßt, ist fest in Europa etabliert. Es erstreckt sich von der Mitte Serbiens im Norden zur Ägäis im Süden, von den Bergen Albaniens im Westen bis zum Schwarzen Meer im Osten; Konstantinopel ist bereits umzingelt.

Ein Reich besteht nicht nur aus Ländern. Auf die Dauer kann es nicht ohne innere Strukturen bestehen. Nun hinterläßt das 14. Jahrhundert den Nachkommen Osmans nicht nur Ländereien. Es vermacht ihnen auch ein Heer und eine Verwaltung.

Dieses Jahrhundert ist die Zeit der Organisation einer großen türkischen Armee, deren Speerspitze die Elite-Infanterie der Janitscharen oder „neuen Miliz" *(yeni çeri)* ist. Es sind Berufssoldaten, deren Zahl sich zunächst auf tausend beläuft, sich aber nach und nach auf zwölftausend unter Mehmed II. und auf zwanzigtausend unter Soliman erhöht; die Kavallerie ihrerseits hat die Spahis *(sipâhîs)* zum Kern. Diese regulären Einheiten werden je nach Bedarf durch verschiedene irreguläre Truppen ergänzt. Im ganzen Heer herrscht eine eiserne Disziplin, wie sie die europäischen Armeen erst mit dem Erscheinen des spanischen „tercio" oder der Streitmacht Gustav Adolfs kennen werden.

Der Organisation des Heeres entspricht der Aufbau der Regierung, des Finanzwesens und der Verwaltung. Ein Großwesir wird eingesetzt, der mehr ist als ein Premierminister, nämlich ein echter Vizekönig. Seiner Befehlsgewalt unterstehen weitere Wesire; waren es am Anfang zwei, so erhöht sich ihre

Zahl allmählich auf vier, unter Soliman sogar auf fünf. Ein Soldatenrichter *(kadi 'asker)* wird für die militärischen Fragen eingesetzt; unter Mehmed II. sind es zwei, einer für Anatolien, der andere für Rumelien, nämlich die europäischen Besitzungen. Soliman gliedert sie in die religiöse Hierarchie ein und unterstellt sie der Autorität eines Großmufti *(Şeih ül-Islam)*. Parallel dazu wird ein Aufseher der Finanzen *(defterdar)* ernannt, und bald schon wird es ihrer vier geben. Der Kanzler *(nişâncı)* ist für die Verlautbarung der amtlichen Dekrete verantwortlich; die Entwicklung der Verwaltung erfordert aber bald eine größere Zahl solcher Staatssekretäre. *Vizirs, kadi 'asker, defterdar* und *nişâncı* sind die vier Pfeiler, auf denen das Reich ruht, so wie ein Zelt von vier Pflöcken gehalten wird. Alle zusammen bilden die Regierung *(divân),* welche die politischen, militärischen, religiösen, administrativen, juridischen und finanziellen Angelegenheiten des Staates regelt. Seine Stärke beruht auch auf einem wirkungsvollen Steuersystem, das auf der von den nicht-mohammedanischen Untertanen bezahlten Kopfsteuer und den von den Vasallenvölkern geleisteten Tributzahlungen basiert. Schließlich werden die europäischen Besitzungen in Provinzen oder *beğlerbeğlik* geteilt (ihre Bezeichnung leitet sich vom Titel des Gouverneurs „*beğlerbeğ*" ab). Die Provinzen sind ihrerseits in von Beys *(beğ)* geleitete „Sandschaks" *(sancak)* unterteilt; diese wiederum sind in Lehen *(timâr* oder *ze'âmet)* gegliedert, die den *sipâhîs* anvertraut sind. Im Kriegsfall vollzieht sich die Mobilisierung der *sipâhîs* – die zur Ergänzung der in der Stadt kasernierten Janitscharen herangezogen werden – nach Sandschaks und dann nach Provinzen. Zivil- und Militärverwaltung sind identisch: Die Provinzen sind zugleich Militärzonen. Das Reich ist ein riesiges, kriegsbereites Heer. Murad I. verfügt über eine derartige Macht, daß er, um deren Würde zu unterstreichen, den Titel „Emir" oder „Bey" aufgibt, um dafür die arabische Bezeichnung für den Monarchen zu übernehmen, nämlich: *Sultan.*

DIE SCHLACHT VON ANKARA

Bâjesîd I., der Murad 1389 nachfolgt, muß offenbar nur noch dessen Werk vollenden. 1392 ist die totale Unterwerfung Serbiens vollzogen: Fürst Marko im Süden und Fürst Stephan Lazarević im Norden erkennen ihn als ihren Herrn an. 1393 ist die Eroberung Bulgariens abgeschlossen. 1394 überfällt Bâjesîd die Walachei. Im Süden wird Griechenland nach und nach bis zum Peloponnes besiegt. Diese Siege tragen Bâjesîd den Beinamen *Yıldırım*, „der Blitz", ein. Es blieb also nur noch Konstantinopel. Bâjesîd belagerte es sieben Jahre lang. Am 25. September 1396 vernichtete er in Nikopolis ein Kreuzfahrerheer, das den Byzantinern zu Hilfe gekommen war.

Wenn Bâjesîd nicht zum letzten Schlag ausholte, so deshalb, weil er gleichzeitig mit den Eroberungen in Europa unablässig damit zu tun hatte, sein Reich in Asien zu vergrößern. Er besiegt die anderen türkischen Dynastien: Indem er Iconium *(Konya),* Caesarea *(Kayseri)* und Sivas einnimmt, stößt er bis zum Euphrat vor, während der Fall der Häfen Samsun und Sinope ihn zum Beherrscher des Schwarzen Meeres macht.

In Anatolien aber ereilte ihn sein Schicksal. Auf der Spur ihrer Vorgänger ergoß sich eine neue Mongolenwelle aus dem Osten. Ihr Anführer Tamerlan – *Timur-i-Läng* – hatte sich schon zum Herrn aller Länder von Transoxanien bis Kleinasien gemacht. 1402 drang er in Anatolien ein. Bâjesîd warf sich ihm mit allen seinen Streitkräften entgegen. Am 20. Juli wurde sein Heer in der Ebene von Ankara vernichtet, er selbst gefangengenommen. Bâjesîd überlebte die Katastrophe nicht einmal um ein Jahr.

Diese Schlacht bei Ankara, die im Herzen Anatoliens stattgefunden hatte und Konstantinopel noch eine Frist gewährte, wird gewöhnlich von den Historikern Zentral- und Südosteuropas kaum beachtet. Zu Unrecht. Sie liefert den Schlüssel zum Verständnis der Ereignisse, die sich hier nun im Verlauf der folgenden drei Jahrhunderte abspielen werden. Tamerlans Heer war zahlenmäßig dem von Bâjesîd überlegen. Er besaß Elefanten, von denen herab seine Soldaten die Truppen des Sultans mit siedendem Pech begossen. Er hatte Kanonen – Bâjesîd standen solche offensichtlich noch nicht zur Verfügung. Diese Ungleichheit kann aber nicht als Erklärung für einen derartigen Sieg genügen. Der Ausgang der Schlacht blieb nämlich lange Zeit unentschieden. Die Niederlage wurde erst durch die Auflösung des rechten Flügels der Armee Bâjesîds, der aus asiatischen Truppenkontingenten bestand, herbeigeführt. Der linke Flügel widerstand bis zum Schluß und wurde niedergemetzelt. Es waren die eigentlichen osmanischen und europäischen, vor allem serbischen Truppen, denen Tamerlan zugestehen mußte, daß sie sich „wie Löwen geschlagen hatten".

Die folgenden Ereignisse bestätigen die Lehren dieser Schlacht. Danach verlieren die Osmanen alle von ihnen eroberten Gebiete in Anatolien, deren Fürsten sogleich ihre Unabhängigkeit wiedererlangen. Dagegen herrscht in Europa nach wie vor Ruhe. Die Gründe dafür bleiben zum Großteil im Dunkel: Der alte slawische Haß gegen Konstantinopel mag dabei mitspielen, sicherlich auch die tolerante Haltung der Türken, die den von ihnen unterworfenen Völkern den Gebrauch ihrer Sprache, die Anwendung ihrer Gesetze und die Ausübung ihrer Religion gestattete. Wie auch immer, man kommt nicht herum, diese Treue der Balkanvölker zu ihren neuen Herren festzustellen. Diese Treue ist es auch, die ihnen die Wiederherstellung des gesamten Reiches innerhalb von rund zwanzig Jahren ermöglichen wird. Nach der Schlacht von Ankara ist das Osmanische Reich ein europäisches, das von Adrianopel aus darangeht, Asien wieder zu erobern. Man kann nicht genug auf diese Tatsache hinweisen, die zu unterstreichen die europäische Geschichtsschreibung der letzten beiden Jahrhunderte – unleugbar aus nationalistischen Gründen – nicht für nötig gehalten hat. Auch wenn diese Treue der neuen europäischen Untertanen der Sultane keine erschöpfende Erklärung darstellt, so wirft sie doch ein bezeichnendes Licht auf die Langlebigkeit der türkischen Herrschaft in Europa.

19 Jahre nach Ankara hat Mehmed I. vor seinem Tod im Jahr 1421 das Reich seines Vaters Bâjesîd wiederhergestellt. Sein Nachfolger Murad II. nimmt die Expansionspolitik in Zentraleuropa und auf dem Balkan wieder auf. Er schlägt mehrmals die

Ungarn und erobert einen Teil Albaniens und des Peloponnes.
Als ihm 1451 sein Sohn Mehmed II. nachfolgt, steht dieser an der
Spitze des mächtigsten Reiches in Europa.

DAS GROSSE OSMANISCHE VORHABEN

Von ihrer Hauptstadt Adrianopel aus ließen die Sultane für jeden,
der es hören wollte – vor allem für die europäischen Gesandten –, verlauten, daß sie sich drei Ziele gesetzt hätten: zuerst die
Eroberung der Hauptstadt des Oströmischen Reiches, Konstantinopel; sodann die der neuen Hauptstadt des Westteils des
Römischen Reiches, nämlich Wien; und schließlich die Eroberung der ehemaligen Hauptstadt des Weströmischen Reiches und
Sitzes des Großmufti der Christen, Rom. Dies war eine imperia-
listische Politik von grandioser Einfachheit, die das auf diesem
Gebiet seltene Verdienst der Ehrlichkeit hatte. Schon allein
deswegen hätte der Sultan den Titel verdient, den ihm das
Abendland gab: der „Großherr". Im Grunde handelte es sich um
nichts anderes als um den alten Traum vom universalen Reich,
von dem Europa seit dem Zusammenbruch Westroms besessen
war. Dieser Traum hatte den deutschen König dazu gebracht,
sich die Kaiserkrone aufzusetzen und von Deutschland aus den
Versuch zu unternehmen, die alte verlorengegangene Einheit
wiederherzustellen. Mehmed II. hatte keinen anderen Wunsch;
der einzige Unterschied war, daß sich diese Einigung des Reiches
nicht von Westen nach Osten, sondern in der umgekehrten Richtung vollziehen sollte. Die Religion selbst stellte kein Problem
dar: Der Islam begriff sich als Erfüllung des Christentums, genau
wie sich das christliche Reich, das Karl der Große und nach
ihm wieder Otto der Große errichtet hatten, als Erfüllung des
heidnischen Römischen Reiches verstand. Ein verhängnisvoller
Traum, ohne Zweifel, für alle, die ihn träumten. Er würde für die
Türkei dieselben Konsequenzen haben wie für Deutschland. So
wie die Errichtung des Reiches die deutsche Nation – bis 1871 –
daran hinderte, sich zu einem eigenen Staat zusammenzuschlie-
ßen, so würde auch das Osmanische Reich die Türken bis 1923

an der Bildung eines Nationalstaates hindern. Das wußte aber Mehmed II. nicht. Im Gegenteil – nichts schien ihm realistischer als sein Traum, weil er ja als einziger unter allen Herrschern in Europa die Mittel zu besitzen schien, ihn Wirklichkeit werden zu lassen.

MEHMED II. – DER NEUE KONSTANTIN

Die erste Phase dieses großen Plans ging am 29. Mai 1453 mit der Einnahme von Konstantinopel in Erfüllung. Mehmed II. erhielt den Beinamen *Fatih*, „der Eroberer". Von da an betrachtet er sich als „Kaiser von Rom", *kaysar-i-Rum*, Nachfolger von Augustus und Konstantin. Er beansprucht den höchsten Titel: „Padischah" *(padişah),* das im Persischen „König der Könige" oder „Kaiser" bedeutet, während das arabische „Sultan" nur „König" heißt. Von nun an läßt er sich „Herr beider Kontinente und beider Meere" nennen: Sein Reich erstreckt sich nicht nur auf Europa, sondern – wie das antike Römische Reich – auch auf Asien. Zum ersten Mal seit Jahrhunderten ist der Herr von Konstantinopel wieder der mächtigste Fürst Europas. Die Stadt erhält den Namen „Istanbul"; diese Bezeichnung war aber auch wieder dem Griechischen entnommen: „Istanbul" war nichts anderes als die Zusammenziehung von *eis ten polin,* „in die Stadt".

Als der Sultan am 29. Mai 1453 hoch zu Roß in der Hagia Sophia einritt, sich zu Boden warf und das erste Gebet an Allah richtete, nachdem er zuvor mit einem Säbelhieb die blasphemischen Ikonen weggefegt hatte, die den Altar verstellten – da begriff die Welt, daß ein Ereignis von Weltbedeutung stattgefunden hatte. Mehr noch als das Äußere des Bauwerks, wo die mohammedanischen Minarette die byzantinische Kuppel umgeben, erinnert das Innere in frappierender Weise an diesen historischen Augenblick. Im Zusammenhang mit der Umwandlung dieser Basilika in eine Moschee wurde ein Michrab eingebaut, eine spitzbogige Nische, die in die Richtung von Mekka zeigt. Während in allen Moscheen der Michrab genau die Mitte der Rückwand einnimmt, ist er in diesem nach Jerusalem ausgerichteten Bauwerk nach rechts hin verschoben. So birgt hier die Architektur ein ergreifendes Zeugnis der Geschichte in sich. Der Fall von Konstantinopel erschütterte die Welt: Es war, als hätte sich die Erdachse verschoben.

Von seiner neuen Hauptstadt aus machte sich Mehmed unverzüglich an die Vollendung des großen Europa-Projekts seiner Dynastie. Er begnügt sich nicht mehr mit der Rolle eines Lehnsherrn der Fürsten des Balkans, sondern will der unmittelbare Herrscher dieser Provinzen sein. Ab 1459 bemächtigt er sich ganz Serbiens mit Ausnahme von Belgrad. 1464 erobert er Bosnien endgültig. Eigentlich geben sich diese Länder ihm eher hin, als daß er sie nimmt. Die serbischen Bojaren – Orthodoxe oder Bogumilen –, die durch dynastische Streitigkeiten Gefahr laufen, direkt unter die Vormundschaft Roms zu kommen, ziehen die Herrschaft der Türken vor, deren Indifferenz in religiösen Angelegenheiten ihnen bekannt ist.

Trotzdem kommt es vor, daß der osmanische Vormarsch auf heftigen Widerstand trifft, besonders in Albanien und in den rumänischen Provinzen. In Albanien hatte sich Georg Kastriotis, der eine Zeitlang zum Dienst in der Armee der Türken gezwungen worden war – wo seine Tapferkeit ihm den Beinamen „Alexander der Herr", *Iskender beğ* (woraus dann „Skanderbeg" wurde), eingetragen hatte –, schon 1443 gegen sie erhoben. Von da an lieferte er ihnen unaufhörlich einen erbitterten Kampf, der nach und nach um ihn die Sippen der „Adlersöhne" scharte. Papst Calixtus III. hatte ihm den Titel „Athlet Christi" verliehen. Durch seinen Tod am 17. Januar 1468 verfallen die Albaner wieder in ihre uralten Fehden, und ihr Land ist somit den Truppen Mehmeds II. ausgeliefert.

Von den beiden rumänischen Staaten, die im Laufe des 14. Jahrhunderts entstanden waren, nämlich der Walachei und der Moldau, kam die Walachei, die sich entlang der Donau erstreckte, als erste in Berührung mit den Türken. Ihre Fürsten hatten gezwungenermaßen schon die Oberherrschaft des Sultans anerkannt. Ihr neuer Gebieter, der 1456 an die Macht gekommen war, hatte die feste Absicht, diesem Untertanenverhältnis ein Ende zu bereiten. Dieser Fürst war kein anderer als Vlad IV., von den Walachen „der Henker", von den Türken „der Pfähler" und von den Ungarn „der Teufel", *Drakul*, genannt; unter diesem Namen sollte er zu einer legendären Figur werden. Nachdem er der Chronik zufolge die Ordnung in seinem Land wiederhergestellt und ohne Zögern 20.000 seiner Untertanen hatte hinrichten lassen, wagte er den Aufstand gegen Mehmed den Eroberer. Dieser glaubte, durch die Entsendung von 2000 Mann mit ihm fertig werden zu können. Vlad aber überfällt sie und läßt sie bis zum letzten Mann zu Tode foltern. Als der Sultan davon erfährt, schickt er eilends drei Gesandte, die sich weigern, mit entblößtem Haupt vor Vlad zu treten: Da befiehlt er, ihnen den Turban an den Kopf zu nageln. Mehmed zieht nun persönlich an der Spitze eines Heeres gegen den Fürsten der Walachei. Als er sich Bukarest nähert, empfängt ihn ein von Vlad für ihn bereitetes Ehrenspalier. Auf einer Länge von einer halben Meile ist das Tal gespickt mit 2000 Pfählen. „Jeder von ihnen trug noch das Gerippe eines hingerichteten Türken, in dem die Vögel ihr Nest gebaut hatten. Der Sultan konnte vor solcher Grausamkeit nur staunen. Er sagte: ‚Wie kann man einen Mann seiner Länder berauben, der vor solchen Mitteln nicht zurückschreckt, um sie zu retten?'"[3] Ihm allein gelang dies dann auch nicht. Um sein Ziel zu erreichen, mußte Mehmed sich an den Fürsten der Moldau, Stephan den Großen, wenden, der als Rivale Vlads allein mit diesem fertig werden sollte. Diese Politik Stephans war natürlich äußerst kurzsichtig: Nachdem die Türken die Walachei unterworfen hatten, griffen sie die Moldau an. In dem Kampf, den Stephan gegen sie führte, und durch die vielen Rückschläge, die er dabei erlitt, begriff er erst, wie wenig mit der Hilfe anderer christlicher Fürsten zu rechnen war; so riet er seinem Sohn auf dem Sterbebett im Jahr 1504, dem Sultan den Treueeid zu leisten. Dies geschah auch tatsächlich 1513. Rumänien wurde bis ins 19. Jahrhundert hinein zum Vasallen der Hohen Pforte.

Schon vor der Unterwerfung der Moldau hatte Mehmed II. seinen Herrschaftsbereich bis an den Norden des Schwarzen Meeres ausgedehnt. 1475 griff er die Krim von der Seeseite an und ließ sich 1479 endgültig als Herrn durch den Chan der Krimtataren anerkennen.

Über die Krim kam das Reich des Eroberers in Berührung mit den Chans der Goldenen Horde, die Untertanen des polnisch-litauischen Reiches waren; über die Walachei und Serbien mit Ungarn, über Serbien auch mit den Ländern des Hauses Österreich. Von 1470 bis 1480 an dringen seine Truppen bis nach Siebenbürgen, nach Krain und in die Steiermark vor.

SELIM I. ODER: DIE EXPANSION NACH OSTEN

Nach dem Tod Mehmeds II. am 3. Mai 1481 folgt für Zentraleuropa eine kurze Phase der Ruhe. Die osmanische Politik hatte zwei Stoßrichtungen: eine nach Westen und eine nach Osten. 1461 hatte Mehmed II. den letzten griechischen Kaiser von Trapezunt, David Komnenos, vertrieben und 1471 Karamanien – mit Konya als Hauptstadt –, das letzte türkische Fürstentum Anatoliens, das damals nur im Vasallenverhältnis zu ihm stand, seinem Reich einverleibt. Kurz vor seinem Tod traf er rege Vorbereitungen für einen Feldzug gegen Ägypten.

Der Tod des Matthias Corvinus reizt allerdings vorübergehend Mehmeds Nachfolger Bâjesîd II., der die Herzegowina und die Moldau erobert hat, 1492 Belgrad zu belagern, aber er führt diesen Plan nicht aus. Sein Sohn Selim I., der ihn 1512 stürzt, nimmt die Ostpolitik seines Großvaters wieder auf. Er sollte sich seinen Beinamen *Yavuz,* „der Schreckliche", wahrlich verdienen. Selim eröffnet den Kampf gegen Schah Isma'il, fügt dem Heer des persischen Herrschers eine vernichtende Niederlage zu und rückt am 5. September 1514 in dessen Hauptstadt Täbris ein. 1515 fügt er dem bereits eroberten türkischen Anatolien noch Kurdistan hinzu. 1516 fällt er in Syrien und Palästina ein, 1517 ist Ägypten an der Reihe, dessen Mamelucken er in die Flucht schlägt. Er nimmt die Huldigung des Scherifs von Mekka entgegen, wird als Protektor der beiden heiligen Städte Mekka und Medina anerkannt, raubt dem letzten Inhaber des Abbasiden-Kalifats von Ägypten seinen Titel und schmückt sich mit der Bezeichnung „Beherrscher der Gläubigen".[4] Der Sultan kann sich von nun an „Schatten Gottes über der Erde" nennen. Cäsar war er bereits; nun wurde er Kalif. Wenn die Osmanen bei der Verwirklichung ihres Traumes bis nach Rom vordringen würden, dann wären kaiserliche und päpstliche Tradition miteinander verbunden. Indem sie den wahren Cäsaropapismus errichteten, würden sie die Dichotomie aufheben, die seit Karl dem Großen – und mehr noch Otto dem Großen – das Abendland gespalten hatte.

SOLIMAN II.
ODER: DAS REICH AUF SEINEM HÖHEPUNKT

Das Ziel der Osmanen war immer noch dasselbe. Nachdem er sich gegen Osten hin abgesichert hatte, konnte Soliman II. *(Süleyman II.)*, Selims Sohn, sich wieder Europa zuwenden. Vor Rom galt es, Wien zu nehmen. Ende 1520 hatte Soliman den Thron bestiegen, schon im darauffolgenden Frühling wirft er seine Truppen gegen die Donau. Bereits am 29. August 1521 ist Belgrad, das bis dahin allen osmanischen Angriffen widerstanden hatte, in seiner Hand. Diese strategische Festung ist wegen der Truppen, der Munition und der Verpflegung, die hier konzentriert werden können, der Schlüssel zu Ungarn. Von hier aus beginnt Soliman im Jahr 1526 seinen Feldzug gegen das Königreich Ungarn. Am 30. Juli nimmt er Peterwardein, und am 28. August fügt er in nur zwei Stunden auf dem Schlachtfeld von Mohács dem König von Ungarn und Böhmen Ludwig II. Jagiełło eine vernichtende Niederlage zu. Ludwig verliert nicht nur seine Königreiche, sondern auch sein Leben. Am 10. September genügt Solimans Erscheinen vor Buda, um die Schlüssel der Stadt übergeben zu bekommen. Somit ist die Eroberung Ungarns praktisch abgeschlossen. Nur die unzugänglichen slowakischen Berge von Oberungarn im Norden bleiben für die Türken uneinnehmbar; ferner im Westen ein Streifen Land entlang von Böhmen und Österreich und im Süden Kroatien. Diese Reste des unabhängigen Königreiches Ungarn werden künftig mit dem Namen „Königlich-Ungarn" bezeichnet.

Der Tod Ludwigs II. Jagiełło, Herrscher von Ungarn und

Böhmen, wirft in beiden Ländern die Nachfolgefrage auf. Im Oktober 1526 tritt der Landtag von Böhmen zusammen. Von allen Anwärtern auf den Thron – darunter der König von Frankreich – fällt die Wahl auf Erzherzog Ferdinand von Österreich, den Bruder Karls V. und Verwandten des bei Mohács gefallenen Ludwig II., dessen Schwester Anna Jagiełło er geheiratet hatte. Auf diese Weise gedachte man, eine dynastische Kontinuität zu wahren. Böhmen war übrigens seit Jahrhunderten ein Glied des Reiches und unterhielt mit den deutschen Ländern zahlreiche und regelmäßige Beziehungen. Außerdem dachten die Böhmen, da ihr Land an Österreich grenzt, es würde durch den Fürsten eines Nachbarlandes, das selbst von den Türken bedroht war, gegen diese besser verteidigt werden. 1526 entschied sich Böhmen aus freien Stücken zu einer faktischen Personalunion mit den Erbländern des Hauses Österreich. Sie sollte fast vierhundert Jahre dauern.

Für Ungarn erwies sich die Nachfolgeregelung weit komplizierter. Der Adel war hier in zwei Parteien gespalten. Die eine, die als Habsburg-Partei und später als *Labanczen* bezeichnet wird, vereinte die Magnaten, die sich dem türkischen Eindringling widersetzten. Sie versammelten sich im Dezember 1527 in der Hauptstadt Oberungarns, Preßburg – das bei den Magyaren Pozsony und bei den Slowaken Bratislava heißt –, um Ferdinand von Habsburg, für den sich bereits Böhmen entschieden hatte, zum König von Ungarn zu wählen. Damit war die Einheit des Erbes von Ludwig II. Jagiełło gewahrt. Die Habsburger beriefen sich später immer wieder auf diese Wahl, um Ungarn für sich zu beanspruchen, das sie zwei Jahrhunderte später auch tatsächlich erhielten. Daher wird sie von den Historikern gewöhnlich als wesentliches Ereignis betrachtet.

In Wirklichkeit verhielt es sich anders. Der andere Teil des ungarischen Adels war keineswegs bereit, die – wenn auch nur theoretische – Herrschaft eines österreichischen Fürsten anzuerkennen. Die nationale Tradition verlangte, daß man mit den Deutschen auf der Basis der Gleichwertigkeit verhandle, ohne sich ihnen jemals zu unterwerfen. Diese Partei bestand darauf, daß nur ein Magyare die Krone des heiligen Stephan tragen dürfe. Außerdem fühlten sich die Ungarn als Abkömmlinge der Hunnen mit den Türken als Finno-Ugriern kulturell verwandt, nicht aber mit den Deutschen. Gewiß hatten sie nicht dieselbe Religion; aber daran nahmen die Türken keinen Anstoß. Schließlich erinnerten die Anhänger dieser Partei mit Recht daran, daß der ungarische Adel zweimal – auf dem Reichstag von Speyer 1523 und auf dem von Nürnberg 1524 – das Reich vergeblich beschworen hatte, ihm militärische Hilfe gegen die türkische Bedrohung zu leisten. Wie könnten die Deutschen eine Katastrophe beheben, die sie nicht hatten verhindern können? Diese Partei des ungarischen Adels, die „Nationalpartei" oder *Kuruzzen*[5], hatte es vorgezogen, in Stuhlweißenburg (Székesfehérvár) im November 1527 – also einen Monat vor der Preßburger Wahl – den Woiwoden von Siebenbürgen Johann Zápolyai zu wählen.

Obwohl Kroatien offiziell dem ungarischen Königreich eingegliedert war, ergriffen seine Adeligen die Gelegenheit, ihre alten Rechte geltend zu machen, und riefen ihren eigenen Landtag am 1. Januar 1527 in Cetin zusammen. Sie wählten Ferdinand zu ihrem Herrscher, der in ihren Augen den Vorteil hatte, kein Magyare zu sein. Das war die erste Andeutung einer Union der Kroaten mit den Deutschen gegen die Ungarn, wie sie später im Jahr 1848 zwischen dem Banus Jellačić und der Wiener Regierung zustande kommen wird. In kultureller Hinsicht sollte diese Entscheidung schwerwiegende Folgen haben. Dadurch, daß sie Kroatien der Autorität Ferdinands unterstellte, entzog sie es dem türkischen und muslimischen Einfluß, der in Serbien, Bosnien und der Herzegowina wirksam werden würde. Der Religionsunterschied, der bereits zwischen dem katholischen Kroatien und den übrigen slawischen orthodoxen Ländern bestand, sollte sich durch eine neue kulturelle Spaltung noch vertiefen.

Kurzfristig verschaffte Ferdinand von Habsburg seine zweifache Wahl eine wirkliche Autorität über das Königreich Böhmen – das heißt: Böhmen, Mähren, Schlesien und die Lausitz –, soweit er die Landesprivilegien respektierte, und eine mehr nominelle als reale über Königlich-Ungarn, also die Slowakei (oder Oberungarn) und Kroatien.

Der Landtag von Székesfehérvár war nichtsdestoweniger legal gewesen und Johann Zápolyai somit auf legale Weise gewählt. Mehr noch, für ihn sprach das Benefizium der früheren Wahl. Ferdinand hingegen erschien nun als illegitimer „Gegenkönig".[6] Die Adeligen, die Zápolyai gewählt hatten, schickten eine Gesandtschaft nach Istanbul mit dem Auftrag, ihre Wahl dem Sultan zur Genehmigung vorzulegen. Um sich der Treue der Ungarn zu versichern, zog es dieser als besonnener Politiker tatsächlich vor, Ungarn durch einen zwischengeschalteten Vasallen zu regieren, anstatt es direkt seinem Reich einzuverleiben – vorläufig zumindest. Das war auch die Methode, die seine Vorgänger in Anatolien und auf dem Balkan angewendet hatten. Daher bestätigte er die Wahl Zápolyais. Der Lehensvertrag wurde am 29. Februar 1528 unterzeichnet. Henri Hauser schrieb in diesem Zusammenhang: „Nicht nur, daß Johann Zápolyai seinen Glauben bewahrt, als er ‚Sklave' des Padischah wird, auch Bischöfe und Mönche spielen ihre Rolle in diesem Randstaat des Osmanischen Reiches. Und macht im übrigen Ferdinand 1531 nicht dem Sultan das Angebot, ihm Tribut zu zahlen, um sich seines Rivalen zu entledigen? Er hätte es also akzeptiert, wenn sich die Möglichkeit geboten hätte, Vasall des Cäsars von Konstantinopel zu werden. Die Zeiten sind vorbei, wo die europäischen Machthaber im Türken einen asiatischen Barbaren sahen."[7]

Ferdinand beorderte Gesandte zu Soliman mit dem Auftrag, Ungarn von ihm zurückzuverlangen. „Und warum nicht Konstantinopel?" antwortete ihnen der Großwesir. Nachdem er sie neun Monate gefangengehalten hatte, schickte Soliman sie mit der Botschaft zurück: „Geht und sagt eurem Herrn, er solle sich auf meinen Besuch vorbereiten."

Dieser fand schon im nächsten Frühjahr statt, im Jahr 1529. Der Sultan kam mit zweihunderttausend Mann. Unter dem dumpfen Dröhnen der Janitscharentrommeln und mit seinen Kamelkarawanen – als wesentlichem Element einer im Abendland noch nicht gekannten Logistik – zog das ungeheure Heer des Padischahs unter den staunenden Augen der Bevölkerung das Tal der Donau hinauf. Auf dem einstigen Schlachtfeld von Mohács inthronisierte Soliman Johann Zápolyai. Um seine vermeintlichen Rechte geltend zu machen, hatte Ferdinand eine Truppe zur Wiedererringung der Zitadelle von Buda entsandt. Soliman ließ sie niedermetzeln. Für die Anhänger Zápolyais war dies der Beweis, daß Österreich nicht über die Mittel verfügte, Ungarn zu halten.

Tatsächlich war Ferdinand soweit, daß er Wien verteidigen mußte. Die Stadt hatte nur eine Garnison von 16.000 Mann und 72 Kanonen. Außer seiner gigantischen Armee verfügte Soliman über 300 Geschütze und eine Flotte von 800 leichten Schiffen.

Am 27. September belagert er Wien vom Land und von der Donau her. Aber er bleibt nur bis zum 15. Oktober vor seinen Mauern. Er ist gescheitert, aber nur knapp; einzig ein verfrühter Wintereinbruch hat den Sultan zur Aufgabe der Belagerung gezwungen. Die Aufregung im Reich war groß. Selbst Luther, der seinerzeit den Kreuzzugsprojekten Leos X. entgegenstand und sich dabei zur Behauptung verstieg, Widerstand gegen die Türken sei gleichbedeutend mit Widerstand gegen Gott, verfaßt 1529 seine *Heerpredigt wider den Türken*. Sich auf eine Exegese des Propheten Daniel und der Apokalypse stützend, die er mit Hilfe Melanchthons verfaßt hat, erkennt er in den Truppen des Sultans Gog und Magog, diese unzählbare Armee der Völker der Erde mit Satan an der Spitze. Nachdem sie vergeblich „das Lager der Heiligen und die vielgeliebte Stadt" belagert hat, wird sie für ewig in den Schwefelpfuhl geworfen, wo das Tier mit dem falschen Propheten sie erwartet: Es ist dies ein sicheres Zeichen des bevorstehenden Endes der Zeiten und der Aufrichtung von Gottes Reich.[8]

1532 wirft Soliman erneut seine Heere gegen das Heilige Römische Reich. Diesmal greift er nicht von Osten, vom Donautal, her an, sondern von Süden, indem er der Drau folgt. Er dringt bis in die Steiermark vor, die er auf furchtbare Weise verwüstet, wird aber auf dem Weg nach Wien durch unerwarteten Widerstand in Güns (Köszeg) aufgehalten. Wieder einmal entscheiden sich die Türken für den Rückzug, weil sie die Gelegenheit nicht für günstig genug halten. Um sie zu bekämpfen, hatte Karl V. infolge einer vorübergehenden Versöhnung zwischen Katholiken und Protestanten vom Reich ausnahmsweise die Vollmacht erhalten, ein großes Heer auszuheben, das er nun gegen Wien führte. Bei der Nachricht vom Rückzug der Türken drängte Ferdinand seinen Bruder, sich an deren Verfolgung zu machen. Aber das Heer war nur zusammengerufen worden, um das Reich zu verteidigen. Nun gehörte aber Ungarn nicht zum Reich. Karl mußte die Auflösung des Heeres verfügen und kehrte seinerseits nach Spanien zurück; wieder einmal bekamen die Ungarn zu spüren, wie es um die christliche Solidarität bestellt war. Die Partei der Kuruzzen sah sich in ihrer Haltung bestärkt.

Der nächste Feldzug wurde durch den Streit um das Erbe Johann Zápolyais ausgelöst, der 1540 gestorben war. Ferdinand von Habsburg, dem zwar die Mittel fehlten, nicht aber die Kühnheit, entschloß sich, seine Chance wahrzunehmen. Er ließ seine Truppen in Ungarn einrücken, wo sie Buda belagerten. Soliman setzte sich sogleich in Marsch. Er war noch in Belgrad, als er erfuhr, daß seine Vorhut allein genügt hatte, um die Belagerer von Buda in die Flucht zu schlagen. Am 2. September 1541 zog der Sultan in Buda ein; er verkündete die Eingliederung Ungarns in sein Reich und teilte es in osmanische Provinzen. Er ging zum Gebet in die Marienkirche, die in eine Moschee umgewandelt worden war, und richtete auf Dauer eine Garnison in der Hauptstadt ein. Buda würde von nun an „das Bollwerk des Heiligen Krieges" und „der Schild des Islams" sein.

Der Witwe Zápolyais überträgt Soliman die Regentschaft in Siebenbürgen für ihren Sohn Johann Sigismund. So sollte die Dynastie der Zápolyai nur noch über das Land herrschen, aus dem sie stammte. Ungarn war somit in drei Teile geteilt: der erste, größere Teil, das eigentliche magyarische Ungarn, war angeschlossen an das Osmanische Reich; der zweite, Siebenbürgen, war Vasall dieses Reiches; der dritte, Königlich-Ungarn, also Kroatien und der an Österreich grenzende Streifen ungarischen Landes, hatte einen Habsburger als König.

Ferdinand wiederholte indessen seine Angriffe und brachte damit den Sultan wieder nach Ungarn. Am 10. August 1543 nimmt Soliman Gran (Esztergom), den Sitz des ungarischen Erzbischofs; am 4. September fällt Székesfehérvár, die Krönungsstadt der Könige Ungarns, wo seine Herrscher beigesetzt sind; im Jahr darauf wird Visegrád erobert, wo die Krone des Reiches aufbewahrt ist. Der Landstreifen an der österreichischen Grenze, der Königlich-Ungarn bildete, schrumpfte nun auf eine Breite von wenigen Meilen, die regelmäßig von türkischen Raubzügen und den habsburgischen Vergeltungsschlägen verwüstet wurden. Diese Scharmützel hörten erst mit dem Waffenstillstand von 1547 auf, den Ferdinand zum Schluß selber wünschte und für den er dem Sultan einen jährlichen Tribut von 30.000 Dukaten zahlen mußte. Doch 1552 sollten die Feindseligkeiten wegen Siebenbürgen, dessen Oberhoheit Ferdinand beanspruchte, wieder aufflammen, um erst zehn Jahre später mit dem Verzicht auf diese Ansprüche und der Bestätigung der Tributzahlungen zu enden.

Nachdem Ferdinand im Jahr 1564 gestorben war, erhob sein Nachfolger Maximilian II. 1565 dieselben Ansprüche auf Siebenbürgen und verweigerte den Tribut. Er brachte Soliman dazu, 1566 seinen letzten Feldzug zu unternehmen. Dieser hätte vielleicht den Sultan neuerlich vor die Tore Wiens geführt. Er wurde jedoch durch die Belagerung von Szigedvár aufgehalten. Nach einer 46jährigen Regierungszeit starb der Padischah, durch die Anstrengungen erschöpft, in der Nacht vom 5. auf den 6. September. Szigedvár fiel am 8. Zwei Jahre Verhandlungen waren nötig, bis der Friede vom Februar 1568 den Österreichern die Beibehaltung der Bedingungen von 1562 auferlegte. Die Osmanen blieben Lehnsherren Siebenbürgens.

Nach dreimaliger Verlängerung wird der Friedensvertrag 1592 durch die Türken gebrochen. Es beginnt nun wieder eine mühevolle Periode der Feindseligkeiten mit wechselndem Kriegsglück. Sie endet erst mit dem Frieden von Zsitva Torok am 11. November 1606. Der Habsburger zahlte dem Sultan 200.000 Dukaten, dafür verzichtete dieser auf die jährliche Zahlung von 30.000 Dukaten. Um diesen Preis war nun die Gleichheit zwischen den beiden Herrschern wiederhergestellt. Außerdem erkannte der Padischah dem Fürsten Siebenbürgens das Recht zu, mit dem Kaiser zu verhandeln, und akzeptierte damit stillschweigend dessen Autonomie, jedoch nicht dessen Unabhängigkeit.

Diese Übereinkunft brachte für Wien und die Pforte eine Periode des Friedens von fast einem halben Jahrhundert.

Beeindruckt von seiner Macht und seiner Freigebigkeit nannten die Europäer Soliman „den Prächtigen". Aber mit ihm starb nicht nur einer der größten Feldherren der Renaissance. Er war auch ein weiser Herrscher. Sein Name drückte es aus: er war ein neuer Salomon. Die Türken nannten ihn „den Gesetzgeber" *(Süleyman Kanunî).*[9] Während seiner Herrschaft gelangt das Reich an Grenzen, die es nicht mehr überschreiten wird. Dem Zuwachs im Westen entspricht der im Osten: Das türkische Imperium erstreckt sich bis nach Eriwan, nach Bagdad, nach Jemen, ja bis nach Maskat an der äußersten Spitze des „Glücklichen Arabien" und an der afrikanischen Küste bis nach Tlemcen.

Solimans Reich hat im Gegensatz zu dem seiner Vorgänger nicht mehr nur zwei Fronten, eine europäische und eine asiatische; es hat auch noch eine dritte zum Meer hin. Die Eroberung Griechenlands, Albaniens und Serbiens verlangte von den Türken bereits ihre Präsenz auf dem Meer, wenn sie diese Länder gegen die Venezianer und Genuesen verteidigen wollten. Der Besitz der asiatischen und afrikanischen Mittelmeerküsten erforderte aber die Herrschaft über die Seewege. Denn nur über sie kann Istanbul rasch Verbindung aufnehmen mit Ägypten, der Cyrenaica, mit Tripolis und mit Algier. In dem Augenblick, da die Herrschaft über das ganze, also auch das westliche Mittelmeer geboten erscheint, treibt sie den Sultan in den Konflikt mit dem spanischen König, der nicht dulden kann, daß seine Küsten der Bedrohung ausgesetzt sind. Soliman weiß das. Seiner Flotte gilt sein besonderes Augenmerk: Unter seiner Regentschaft sichert sie sich die Vormachtstellung im Mittelmeer. Sie kontrolliert den Orient über Rhodos und das Abendland über Algier. Die Bedeutung der Marine wird dadurch unterstrichen, daß der Großadmiral der Flotte, der Kapitan Pascha *(kapudan paşa),* Mitglied der Regierung *(Divân)* wird. Die ungeheuren Anstrengungen, die die immer wieder aufflammenden Kriege erfordern, lassen selbst das Reich des Großherrn an seine Grenzen stoßen. Wie Trajan seine Träume an der Schwelle zum Reich der Parther zerrinnen sah, so sollte auch der große osmanische Traum niemals Wirklichkeit werden – auch wenn es fast soweit gekommen war. Der Sultan hatte Wien erblickt, ja sogar belagert, Rom lag südwestlich der Steiermark, die er heimgesucht hatte, und zugleich der dalmatinischen Küste gegenüber, die er beherrschte. In der Nacht, in der er vor dem belagerten Szigedvár seine Augen für immer schloß, war eines seiner letzten Worte: „Ist denn die große Trommel der Eroberung noch nicht zu hören?" Auch den Trommelschlag sollte er nie hören, der ihm den Fall von Wien verkünden würde.

DIE TÜRKEN IM 16. JAHRHUNDERT
ODER: DER GROSSE WANDEL

Die Regierungszeit Solimans hatte eine radikale Vereinfachung der Karte von Zentral- und Balkaneuropa gebracht, indem sie sie im wesentlichen auf zwei Herrschaftsbereiche reduzierte: auf den türkischen und auf den habsburgischen. Lediglich nördlich von Böhmen und Königlich-Ungarn war Polen als einzige gewichtige und unabhängige Macht übriggeblieben.

In den auf Jahrhunderte hinaus in osmanischer Gewalt befindlichen Ländern werden sich allmählich tiefgreifende Veränderungen vollziehen. Am deutlichsten sind zunächst die Veränderungen wirtschaftlicher Art. Der osmanische Vormarsch ging nicht ohne Plünderungen vor sich, vor allem durch die tatarischen Hilfstruppen, deren Funktion hauptsächlich darin bestand, Furcht und Schrecken zu verbreiten: Unzählbar waren die niedergebrannten Städte und Dörfer, die vernichteten Ernten. Wurden die Bewohner auch nicht immer umgebracht, so wurden sie doch zu Zehntausenden gefangengenommen und als Sklaven in Istanbul oder einer anderen großen Stadt verkauft. Zu diesem Zweck wurden Frauen und Männer genommen, die noch jung oder im besten Alter waren, und natürlich hatte dies eine verheerende Wirkung auf die Bevölkerungsentwicklung und die Wirtschaft dieser Gegenden. Ganze Landstriche wurden wieder zu Brachland oder Sumpfgebiet. Fast ebenso schlimm war die Beschlagnahme der Schafe zu Hunderttausenden, wie etwa beim Feldzug in Ungarn 1526, über den es ausführliche Berichte gibt. Die Viehzucht war nicht nur ruiniert, es wurden ihr auch die Mittel entzogen, sich wieder zu erholen.

Der wirtschaftliche Wiederaufbau der eroberten Länder interessierte die Türken überhaupt nicht. Trotz ihres Vormarsches in Europa war ihre Kultur stets die eines Nomadenvolkes geblieben, das vom Krieg und daneben von der Jagd, vom Sammeln und von einer einfachen Viehzucht lebte. Vor allem darauf bedacht, das eroberte Land militärisch zu organisieren und die Steuern regelmäßig einzutreiben, ergriff die osmanische Verwaltung kaum irgendwelche Maßnahmen, um Viehzucht, Ackerbau und Gewerbe wieder aufzubauen. Daher produzierte ihre Wirtschaft nur das Notwendigste, damit sie autark leben konnte. Jenen Überfluß aber, der den Handel ermöglicht und den Reichtum begründet, produzierte sie nicht. Überdies waren diese Nomaden Moslems. Alle Weisheit lag im Koran, jeder wissenschaftliche Fortschritt konnte nur in dessen Studium bestehen, das die Vertiefung des Gesetzes, der *Sunna,* ermöglichte. Die Türken lernten daraus keine neuen praktischen Fertigkeiten. Natürlich fehlte es dem Sultan nicht an Kanonen. Aber die Ingenieure, die er brauchte, lieh er sich bei anderen Völkern aus. So hatte der Sultan den 1492 aus Spanien vertriebenen Juden angeboten, sich in seinem Reich niederzulassen. Ihre Kolonien von Saloniki, Smyrna, Istanbul waren berühmt. Im Osmanischen Reich hatten sie die erste Druckerei gegründet, neue Methoden der Webkunst und der Metallgießerei eingeführt, die letztlich für den Krieg unverzichtbar war. Der größte Architekt des Reiches war Sinan, Erbauer unter anderem der Süleymanije-Moschee von Istanbul und der noch großartigeren Selim-Moschee von Edirne. Er war ein Grieche aus Cäsarea. Für andere Bereiche ließ der Sultan italienische Ingenieure rufen, die vorübergehend seine Gäste waren, manchmal aber auch für immer blieben. Die letzteren, „Renegaten", stellten ihre Fertigkeiten und ihre Kenntnisse in den Dienst des Reiches. Die wissenschaftlichen Grundlagen hierfür wurden anderswo entwickelt. Das war die geheime Schwäche der türkischen Zivilisation, deren eigene Prinzipien sie daran hinderten, dies zu erkennen. Sie hätte noch lange verborgen bleiben können, so lange nämlich, wie der Großherr über die Geldmittel verfügte, sie zu kompensieren.

Im selben Jahr 1492, da die Juden aus Spanien verjagt worden waren, wurde Amerika entdeckt. Die Auswirkungen dieses Ereignisses brauchten ein Jahrhundert, um spürbar zu werden; aber sie waren nicht mehr rückgängig zu machen. Die Erdachse war umgekippt. Der große Strom des Warenverkehrs aus Europa wird nun zugunsten der Wege über den Atlantik die Straßen des Orients verlassen. Der Reichtum, den die Türkei aus dem Handelsverkehr zog, beginnt zu schwinden: Ihr Niedergang ist genauso unvermeidlich wie der Venedigs. Das Reich des Großherrn hat für die Begabungen, die es zu seiner Erhaltung braucht, keine Anziehungskraft mehr. Schon Tacitus hatte es ausgedrückt: „Auf der Welt gibt es nichts Unbeständigeres und Flüchtigeres als den Ruhm einer Macht, die ihre Kraft nicht in sich selbst trägt."[10]

Ackerbau, Viehzucht, Gewerbe, Handel siechten überall dahin, wo die Söhne Osmans ihre Militärherrschaft errichtet hatten. Tief waren die Spuren, die sie im Dasein der Länder hinterließen. Von dieser Zeit an wird das wirtschaftliche Gefälle zwischen Kroatien, das zu Königlich-Ungarn gehört, und den anderen slawischen Provinzen des Balkans, die Teil des Osmanischen Reiches sind, noch deutlicher – ein Gefälle, das auch heute noch spürbar ist.

Besonders tragisch war das Los des magyarischen Ungarn. Seine weite Ebene, die *Puszta*, die die türkischen Eroberer verwüstet hatten, war zugleich auch Opfer der österreichischen Gegenoffensiven, deren Söldnertruppen auf ihrem Weg alles vernichteten. Mehrmals brachten die Ungarn in Wien ihre Klagen gegen die Verwüstungen durch die Heere des Fürsten vor, der vorgab, im Namen des Christentums das Land zu befreien, dessen König zu sein er überdies nicht oft genug betonen konnte. Der Habsburger jedoch war unfähig, seine Truppen zu zügeln, die in der Unterwerfung Ungarns durch den Sultan die Rechtfertigung für ihre Ausschreitungen sahen. Dieses Verhalten der habsburgischen Truppen verschlimmerte nicht nur die wirtschaftliche Lage Ungarns – es hatte auch schwere psychologische Auswirkungen. Die Magyaren sahen zum Schluß in den Österreichern noch hassenswertere Feinde als die Türken, denn jene machten regelmäßig ihre Versuche zunichte, wenigstens Voraussetzungen für eine funktionierende Wirtschaft unter der osmanischen Herrschaft zu schaffen. Im übrigen verschonten die Übergriffe der habsburgischen Truppen nicht einmal Königlich-Ungarn. Sie riefen immer wieder Aufstände hervor, die Wien dann als verbrecherische Majestätsbeleidigung niederwarf.

Im Schatten des Osmanischen Reiches vollzogen sich in Zentral- und Balkaneuropa außerdem religiöse Umwälzungen. In Ungarn lösten sich im Gefolge Zápolyais zahlreiche Vertreter des „nationalen" Adels mitsamt ihren Untertanen vom Katholizismus, der Religion der Habsburger, deren Ansprüche vom Heiligen Stuhl unterstützt wurden. Da sie ebenso das Luthertum als die andere deutsche Konfession ablehnten, traten sie in Massen zum Calvinismus über. 1557 schrieben sie in der *Confessio hungarica* die Grundlinien einer calvinistischen Kirche nieder, die jedoch die episkopale Struktur der katholischen Kirche beibehielt. Ihr Großbistum wurde in Debrecen, dem „Rom des ungarischen Calvinismus", errichtet. Dadurch unterschieden sich die Magyaren nicht nur von den Türken, deren Vasallen oder Untertanen sie waren, sondern sie betonten auch ihre Ablehnung der Österreicher, die ihr Königreich regieren wollten.[11] Mehr noch als Zentralungarn, das dem Osmanischen Reich eingegliedert war, erweist sich im 16. und 17. Jahrhundert Siebenbürgen als eines der wichtigen europäischen Zentren von Calvins Lehre.

Aber die Bekehrungen zum Calvinismus waren nicht die einzigen. Es gab auch Übertritte zum Islam – so etwa in ganz Bosnien und der Herzegowina, in einem Großteil Albaniens, in einem Teil des mazedonischen Rumänien, dessen Bevölkerung unter dem Namen Meglenorumänen bekannt war, sowie auch in Teilen Bulgariens und Griechenlands. Die Gründe hierfür sind weit mehr im Dunkel als jene für die Ausbreitung des Calvinismus in Ungarn. Die Türken enthielten sich nämlich jedes missionarischen Eifers. Religiöser Fanatismus war ihnen im allgemeinen fremd. Mehr noch, die Bekehrung der Christen entsprach gar nicht ihren Interessen. In ihrem Reich waren die Christen zu Steuerleistungen verpflichtet, von denen die Moslems befreit waren. Es wurde errechnet, daß im Jahr 1500 – also schon vor den Eroberungen Solimans – der Sultan durch die Bekehrung der Christen einen jährlichen Verlust von 2,8 Tonnen Gold erlitten hätte.[12] Es ist also anzunehmen, daß einer der Gründe für die Bekehrung zum Islam das Bestreben der Christen war, der Besteuerung zu entgehen, die nicht nur ihre Person in der Form der Kopfsteuer belastete, sondern auch ihre Güter in der Form der „Hofabgabe" *(ispence)*.

Was für die Großgrundbesitzer galt, galt auch für das einfache Volk. Das Gebiet mit den meisten Übertritten war der Balkan, der von der osmanischen Herrschaft am strengsten gehalten wurde, weil er als Durchzugsstraße der türkischen Heere ins Herz Europas diente. Der Bevölkerung auf dem Balkan wurden mit der größten Härte neben den Steuern auch noch alle Hand- und Spanndienste auferlegt, die für den Durchzug der Truppen und für die Belagerungen notwendig waren, so wie sie Soliman in seinem *Gesetzbuch für die Untertanen* festgelegt hatte. Der Vergleich einer strategischen Karte mit der Karte der Religionen des Balkans ist sehr aufschlußreich, wird gewöhnlich aber zu wenig beachtet.

Es gab noch eine weitere Steuer, von der der Übertritt zum Islam die Christen befreite: den *devşirme* oder Kindertribut. Bâjesîd I. hatte ihn am Beginn des 15. Jahrhunderts eingeführt, um die zahlenmäßige Schwäche der Türken gegenüber den Völkern, die sie unaufhörlich ihrem Reich einverleibt hatten, auszugleichen. Alle fünf Jahre kamen die Beamten des Sultans in die christlichen Dörfer, trieben die Knaben zusammen und nahmen jeden fünften von ihnen mit. Diese wurden dann in Konstantinopel im muslimischen Glauben und in der absoluten Treue zum Sultan erzogen. Sie sollten künftig das Verwaltungs- und Militärpersonal, vor allem das Janitscharenkorps bilden. Offiziell waren nur Istanbul, Athen, Rhodos, einige Inseln und die Mainoten von diesem Blutzoll ausgenommen. In der Praxis dürfte dieser Tribut auf dem Balkan jedoch noch unbarmherziger eingefordert worden sein als anderswo – in der Zone eben, die von der osmanischen Verwaltung am strengsten gehalten wurde. Es wurde gemeinhin für wahrscheinlich gehalten, daß der Übertritt der Balkanbevölkerung zum Islam auch den Zweck hatte, dieser Zwangsmaßnahme zu entgehen. Unmöglich ist es jedenfalls nicht. Diese Steuer wurde erst 1638 von Murad IV. abgeschafft – wenngleich der Zustand des Reiches 1674 die Aushebung von 2000 Christenknaben notwendig machte, im Jahr 1676 von weiteren 3000, und die letzte Aushebung, von der man weiß, im Jahr 1705 stattfand; die Periode vom 16. bis zur Mitte des 17. Jahrhunderts entspricht ziemlich genau dem Vordringen des Islam auf dem Balkan. Zwar sind Fälle bezeugt, wo die Christen selbst darum baten, daß ihre Söhne nach Konstantinopel im Rahmen des *devşirme* mitgenommen würden. Diese Beispiele stammen indessen vom Ende des 16. Jahrhunderts, aus einer Zeit, da das Nachlassen der Disziplin im Korps der Janitscharen diese nicht mehr zwang, mit ihren Angehörigen zu brechen. Diese Zustimmung zum *devşirme* war ein Sonderfall des allgemeinen Phänomens der Übertritte zum Islam. Der soziale Aufstieg, den diese Zustimmung versprach, war zugleich die Krönung der Befreiungen, die der Übertritt ermöglichte.

Welche Gründe auch immer maßgeblich für die Islamisierung eines Teils des Balkans gewesen sein mögen, in jedem Fall verstärkte sie die Gegensätze seiner Völker weiter. Zwar gaben die Konvertiten ihre eigene Sprache nicht auf – sie sprachen weiter serbisch, albanisch oder bulgarisch. Doch unterschieden sie sich von ihren Brüdern in Zukunft nicht nur durch den neuen Glauben, sondern auch durch alles, was dieser Glaube beinhaltete: eine neue Weltsicht, die wiederum verschiedene Denkungsarten, Gebräuche, Gewohnheiten und Verhaltensweisen hervorrief. Die politische Einigung des Balkans durch die osmanische Macht beschleunigte gleichzeitig dessen kulturelle Zersplitterung. In vollem Maß sollte diese Zersplitterung erst mit dem Zerbrechen der politischen Union sichtbar werden.

DAS 17. JAHRHUNDERT IN ÖSTERREICH
ODER: DAS GROSSE GEMETZEL

Die Präsenz der Türken bleibt im 17. Jahrhundert das wichtigste Faktum in Zentral- und Balkaneuropa. Doch bedeutet diese Präsenz jetzt nicht mehr Konflikt. Für eine Weile ist die Lage stabilisiert, und eine rund 50jährige Epoche des Friedens zwischen Wien und Istanbul ist das Hauptmerkmal dieses Jahrhunderts.

Aber diese Atempause nach außen bedeutet bei weitem keine innere Ruhe. Ganz im Gegenteil: Die Christen benützen sie, um die Schrecken des Dreißigjährigen Krieges zu entfesseln. Das 16. Jahrhundert hatte die unter türkischer Herrschaft befindlichen Staaten umgestaltet; das 17. wird nun jene von Grund auf zerrütten, die unter Habsburgs Herrschaft stehen.

Die türkische Bedrohung war der tiefere Grund für die vorübergehende Beruhigung der Religionskriege, die das Reich zerrissen hatten. Das Scheitern der Bemühungen Karls V., die politische und religiöse Einheit wiederherzustellen, war 1555 durch den Frieden von Augsburg besiegelt worden, der das Heilige Römische Reich offiziell in ein *Corpus Catholicorum* und ein *Corpus Evangelicorum* spaltete. Die unmittelbare Folge dieser Niederlage war der Verzicht Karls V. auf seine Kronen gewesen: Schon 1555 gab er Burgund an seinen Sohn ab, dem er im Jahr darauf Aragon, Kastilien, Sizilien und Neapel übergab; im Jahr 1558 übergab er schließlich die Krone des Reichs seinem Bruder Ferdinand I., der ihn seit langem schon im Reich vertrat.

Keine der beiden Religionsparteien hatte auf ihren Anspruch verzichtet. Die gesamte zweite Hälfte des 16. Jahrhunderts hindurch hatten sie in der Erwartung einer endgültigen Auseinandersetzung – oder dessen, was sie dafür hielten – ihre Waffen geschärft. Der Friede von Zsitva Torok wurde 1606 geschlossen. Doch schon 1608 scharten sich die Protestanten um Herzog Friedrich von der Pfalz in einer „Evangelischen Union"; 1609 sammelten sich ihre Gegner mit Herzog Maximilian von Bayern an der Spitze in einer „Katholischen Liga". 1615 und 1616 bestätigten zwei Verträge die Bedingungen des Friedens von

Zsitva Torok, dessen Unterzeichnung immer wieder verschoben worden war. Die türkische Gefahr schien gebannt, die Bahn war somit frei für die Zwistigkeiten unter den Christen. Seit mehreren Jahren gab es Unruhen in Böhmen wegen der auf Anordnung der katholischen Behörden erfolgten Zerstörung einiger protestantischer Kirchen, die auf strittigem Gebiet errichtet worden waren. Der Aufruhr brach 1618 los. Er war der Funke, der das Pulverfaß zur Explosion brachte.

Die nationalistische Geschichtsschreibung des 19. Jahrhunderts sah darin einen Aufstand der Tschechen gegen die Deutschen. Nichts ist falscher als das. Slavata und Martinitz, die Statthalter des Kaisers, welche einem alten Brauch des Landes gemäß nach einem Scheinprozeß am 23. Mai 1618 vom Hradschin hinabgestürzt wurden, waren tschechische Adelige, während sich in den Reihen der Aufständischen viele deutsche Adelige befanden. Die Opfer des Fensterssturzes waren aber Katholiken und ihre Henker Protestanten. Die letzteren weigerten sich zwar, den Habsburger Ferdinand II. als Herrscher anzuerkennen, der als Jesuitenschüler entschlossen war, seine Länder einer katholischen *Reconquista* zu unterziehen; dafür boten sie aber die Krone des heiligen Wenzel dem Haupt der Evangelischen Union, Friedrich von der Pfalz, an, der nicht weniger deutscher Fürst war als Ferdinand. Zudem folgten dem Aufstand in Böhmen nicht nur Mähren, sondern auch deutsche Länder wie Schlesien und die Lausitz, die seit langem protestantisch waren.

Der weitere Verlauf ist bekannt. Nachdem er so unvorsichtig gewesen war, die ihm von den Aufrührern angebotene böhmische Krone anzunehmen, erlitt Friedrich von der Pfalz am 8. November 1620 in der Schlacht am Weißen Berge *(Bíla Hóra)* bei Prag eine vernichtende Niederlage. Wenn auch die Gründe für den Aufstand religiöser Natur waren, so trafen aber die Folgen seiner Niederschlagung das ganze böhmische Volk – ungeachtet seines Bekenntnisses. Zahlreich waren die Privilegien, die Ferdinand II. nun aufhob, in erster Linie den 1609 durch Rudolf II. gewährten Majestätsbrief, der den Hussiten und den Protestanten weitgehende religiöse, schulische und politische Freiheiten zugestanden hatte. Jede Religion außer der katholischen wurde verboten. Die böhmische Eigenständigkeit, die sich auch in der hussitischen Häresie, dem Wegbereiter des Protestantismus, ausdrückte, hatte keine Möglichkeit mehr zur Entfaltung. Denn die Politik wurde in Wien gemacht. Das erste Aufhebungsdekret wurde auf deutsch veröffentlicht. Deutsch war die Sprache der Zentralgewalt; in Böhmen wurde es die Sprache der Macht schlechthin. Das Gesetz von 1615, nach dem niemand in Böhmen ein Amt bekleiden durfte, der nicht Tschechisch sprach, wurde hinfällig. Mehr noch, das Tschechische war die Sprache der hussitischen Häresie gewesen. In den führenden Schichten, die weitgehend das öffentliche Leben bestimmten, war es, wenn auch nicht verboten, so doch in Mißkredit geraten. Eine süddeutsche Kultur, Trägerin des ultramontanen Katholizismus der Gegenreformation, bemächtigte sich nach und nach des Landes. Heute noch bietet die Architektur Böhmens, vor allem die religiöse, ein deutliches Zeugnis dafür.

Das Feuer des Krieges, das der böhmische Aufstand entfacht hatte, versengte bald das ganze Reich. Der Westfälische Friede sollte erst dreißig Jahre nach dem Prager Fenstersturz geschlossen werden. Er setzte dem Ehrgeiz der Habsburger, sich die Fürsten des Reiches untertan zu machen, ein Ende: Diesen wurde vielmehr volle innere Freiheit in Sachen Politik und Religion zuerkannt. Aber da die Habsburger auch selbst Reichsfürsten waren, stärkten die Friedensverträge wiederum ihre Macht in den eigenen Ländern. Ihre Politik gegenüber Böhmen sollte sich nach 1648 nur noch verschärfen.

Die kulturellen Folgen des großen Jahrhundertkonflikts waren bei weitem nicht die einzigen. Seine bevölkerungspolitischen und wirtschaftlichen Auswirkungen waren beträchtlich. In Zentraleuropa hat der christliche Krieg verwüstet, was der türkische Krieg verschont hatte. Einzelne Gebiete in Mähren haben zwischen 15 und 33 Prozent ihrer Bevölkerung verloren; in Schlesien zwischen 33 und 66 Prozent – in seinem Kern haben die Verluste stellenweise 80 Prozent überschritten –, ebenso war es im eigentlichen Böhmen, wo ebenfalls Höchstziffern erreicht wurden: So haben etwa Königgrätz *(Hradec Králové)* 70 Prozent, Tabor 80 Prozent seiner Bevölkerung verloren. Pilsen *(Plzen)* und Eger *(Cheb)* wurden samt ihrem Umland verwüstet. Global gesehen schätzt man, daß die Bevölkerung des Heiligen Römischen Reiches von etwa 20 Millionen Einwohnern im Jahr 1618 auf rund acht Millionen im Jahr 1648 gesunken ist. Aber die Talsohle war noch nicht erreicht. Man muß sich vor der Vorstellung hüten, daß sich die Situation mit der Unterzeichnung des Westfälischen Friedens sofort gebessert hätte. Weder die Seuchen noch die Hungersnöte nahmen deswegen ein Ende. Die Banden heimatlos gewordener Menschen, die der Krieg vertrieben hatte, setzten ihre Plünderungen fort und trieben so andere Menschen in die Flucht, die nun ihrerseits im Land wüteten. Mehrere Jahre vergingen, bevor eine Änderung eintrat; man schätzt, daß sich zwischen 1655 und 1660 die Bevölkerung des Reiches auf etwa sieben Millionen Menschen verringert hatte.[13] Wenn man die Ziffern von 1618 als Ausgangspunkt nimmt, ist es klar, daß die Zahl der Opfer bei weitem die 13 Millionen überstieg, da sich ja dieser Niedergang der Bevölkerungszahl nicht von einem Tag auf den anderen, sondern im Verlauf von dreißig Jahren abgespielt hatte, das heißt über einen vollen Generationenzyklus.

Ein letzter Wandel, der im Laufe des 16. und 17. Jahrhunderts die Länder des Hauses Österreich trifft, vollzieht sich in Königlich-Ungarn. In dieser Gegend, die regelmäßig von türkischen Raubzügen und von österreichischen Überfällen verheert wurde, war es häufig unmöglich geworden, Landwirtschaft zu betreiben. Nur eine Weidewirtschaft konnte dort noch bestehen. Daher sammelten sich magyarische Bevölkerungsgruppen in Horden von kriegerischen Hirtennomaden, die die Türken „Haiduken" nannten, was soviel wie „Räuber" bedeutet. Diese Art von Regression zu den Ursprüngen – die Magyaren waren ja turkmongolische Nomaden gewesen – stellt ihrem Wesen nach eine Analogie zu einer anderen sozialen Regression dar, nämlich zur Wiedererrichtung eines Feudalsystems mit der neuerlichen Einführung der Leibeigenschaft im Reich, das zu dem Zustand unmittelbar nach der Völkerwanderung zurückgekehrt war.[14]

DAS 17. JAHRHUNDERT IM OSMANISCHEN REICH ODER: DIE GROSSE UMKEHR

Wenn es 1648 die Osmanen danach gelüstet hätte, die Offensive wiederaufzunehmen, wären sie kampflos ohne weiteres bis Lothringen und in die Poebene vorgedrungen. Die deutlichste Folge des Dreißigjährigen Krieges wäre dann die Herrschaft des Halbmondes über Europa gewesen. Ein Zusammenwirken verschiedener Umstände rettete das Abendland. Der erste war die Wiederherstellung der persischen Macht durch Schah Abbas I., genannt „der Große", im Osten des Osmanischen Reiches. Er fügte den Türken spürbare Hiebe zu. Von 1602 bis 1627 eroberte er Aserbaidschan mit Täbris zurück, ferner einen Teil Armeniens mit Eriwan und Kars, Diyarbakir und das Kurdistan, Bagdad und Mossul. Wenn die Türken 1638 auch Bagdad zurückgewannen, so gelang es dennoch den drei Nachfolgern von Schah Abbas – Safi I., Abbas II. und Safi II. (Soleiman) –, von 1629 bis 1694 die wiedererlangte Größe zu halten. Bis zum Ende des Jahrhunderts ließ der Druck auf die Ostflanke des Osmanischen Reiches nicht mehr nach. Mehr noch: Dieser Druck begünstigte im ganzen Nahen Osten Aufstände im Inneren des Reiches. Wie schon zur Zeit der Schlacht von Ankara zu erkennen war, stellte Anatolien die am wenigsten fügsame Provinz des Osmanischen Reiches dar. Schon am Anfang des 17. Jahrhunderts gerät der östliche Teil in Aufruhr; Syrien gehorcht der Pforte nicht mehr, und im Libanon erklären die Drusen ihre Unabhängigkeit.

Diese Schwierigkeiten werden noch durch eine Reihe von schwachen, ja sogar schwachsinnigen Sultanen verschlimmert. Den Beginn macht schon nach dem Tod Solimans Selim II., genannt „der Trunkene" *(Sarhoş),* mit seiner Thronbesteigung. Murad IV., der in einer Zeit der Anarchie an die Macht gekommen war, wurde wieder Herr der Lage und gab von 1632 bis 1640 dem Staat seine früheren Grenzen und seine Autorität zurück. Aber sein Werk wurde von 1640 bis 1648, also in den letzten Jahren des Dreißigjährigen Krieges, wieder durch Ibrahim I., dem die Türken selbst den Namen *Deli,* „der Wahnsinnige", gaben, in Frage gestellt.

Dieser politische Verfall ist der Grund für einen sozialen Verfall und gleichzeitig die Folge desselben. Das Reich stützte sich auf die Armee. Durch die Schwächung der politischen Gewalt wird sich diese ihrer Stärke bewußt. Davon macht sie aber keinen guten Gebrauch. Das Janitscharenkorps, praktisch ein Staat im Staat, gehorcht nur mehr sich selbst. Alle Regeln, die seine Stärke ausgemacht haben, werden mißachtet. Die Aushebung seiner Truppen gerät zur Anarchie. Sie heiraten, wohnen außerhalb ihrer Unterkünfte, ja verkaufen sogar ihren Dienstposten. In regelmäßig stattfindenden Revolten setzen sie jene Sultane ab, deren Freigebigkeit ihnen ungenügend erscheint. Abgesehen davon, daß sie sich selbst zerstören, hindern sie aber auch den Staat daran, sich zu erholen. Was die *sipâhîs* betrifft, so nimmt ihre Zahl ab, seitdem die Lehen nicht mehr an Soldaten verliehen werden, sondern an Günstlinge, ja sogar an Favoritinnen des Hofes. In der Verwaltung hat die Käuflichkeit der Ämter ihre üblichen Folgen: Sie werden nicht mehr den Fähigsten anvertraut, sondern den Reichsten, die sie nicht mehr zum Wohl des Staates, sondern zu ihrem eigenen ausüben. Veruntreuung und Amtsmißbrauch werden zu den üblichen Mißständen der osmanischen Verwaltung, die bis dahin noch vor ihnen bewahrt geblieben war; und das zu einer Zeit, da die Staaten des Abendlandes sich heftig bemühen, innerhalb ihrer Grenzen dieser Geißel Herr zu werden.

Die Schwierigkeiten des Reiches rühren aber nicht nur vom Erwachen Persiens oder von der Schwäche der Sultane her. Diese zufälligen Tatsachen verschlimmern nur eine Situation, deren Ernst von wesentlichen Gründen bestimmt ist. Grob besehen, wendet sich das Reich gewissermaßen gegen sich selbst. Alle Kräfte, die es bis zum 16. Jahrhundert entfaltet hatte, um seinen Besitz zu vermehren, dienen, seitdem Soliman ihm seine größte Ausdehnung verschafft hat, nur noch seiner Erhaltung. Nur die ständigen Eroberungen brachten ja in dem hauptsächlich militärischen System des türkischen Staates neue Einkünfte, die ihrerseits wieder neue Eroberungen finanzierten. Wenn dieser Kreislauf unterbrochen wird, so zieht das Ausbleiben neuer Eroberungen auch das Ausbleiben neuer Einnahmen nach sich.

Schlimmer noch: Seit das Reich ständig um die Erhaltung seiner Besitzungen kämpfen muß, bringen sie nichts mehr ein, sondern verursachen Kosten. Die nötigen Mittel für diesen Kampf können wiederum nur aus diesen Besitzungen selbst kommen. Deshalb müssen die Abgaben erhöht werden, die die Völker des Reiches belasten. Im Laufe des 17. Jahrhunderts haben sich die Steuern mindestens versechsfacht.[15] Die Belastung wird außerdem noch dadurch verstärkt, daß sie zu einer Zeit wirksam wird, in der die großen Welthandelsstraßen allmählich aber unwiederkehrbar den Mittelmeerraum verlassen. In wirtschaftlicher Hinsicht bringt der erhöhte Steuerdruck notwendigerweise eine allgemeine Verarmung mit sich, die wiederum die Einkünfte aus der Besteuerung in Frage stellt. Psychologisch gesehen wird dadurch die osmanische Herrschaft immer unerträglicher. Selbst neue Konvertiten werden häufig nicht mehr von den Steuerlasten befreit. Die stillschweigende Zustimmung der unterworfenen Völker Europas gegenüber dem türkischen Reich wird zur Gleichgültigkeit, die Gleichgültigkeit wird zur Ablehnung.

Das Osmanische Reich erlebt im 17. Jahrhundert eine innere Umwandlung. Die Erfordernisse des politisch-militärischen Systems, das seine Stärke ausmachte, werden nun zur Ursache seiner Schwäche. Ohne sich dieser Gründe bewußt zu werden, gelangt das Reich in einen Teufelskreis des Niedergangs.[16]

RUMÄNIEN, SIEBENBÜRGEN, POLEN
ODER: DIE PRACHT DES SONNENUNTERGANGS

Dieser Niedergang gibt den christlichen Staaten am Nordrand des Osmanischen Reiches Gelegenheit, sich wieder aufzurichten. Ab 1594 entreißt ein Fürst der Walachei, Michael der Tapfere, sein Land der Herrschaft des Sultans und besiegt dessen Heer. 1599 erobert er Siebenbürgen und danach die Moldau. Aber diese Herrschaft bricht ebenso blitzartig zusammen wie sie entstanden ist: Schon 1601 fällt Michael dem Haß der siebenbürgischen Ungarn und den Befürchtungen des Kaisers, er könnte sich plötzlich auf die Seite des Sultans schlagen, zum Opfer. Seine

Herrschaft ist die einzige, die alle rumänischen Provinzen unter einem Zepter vereinigte. Die Erinnerung an ihn wird zum legendären Mythos.

Etwas fester gegründet war das Schicksal Siebenbürgens. Seit dem Einfall der Türken in Zentraleuropa hatte sich dieses Land, das offiziell ein Vasall der Pforte war, jedoch dank außerordentlich geschickter Diplomatie bemüht, einen Anschein von Autonomie durch ein kluges Taktieren zwischen Wien und Istanbul zu erlangen. Dieser Zustand war nur dem 1557 endgültig gewordenen Scheitern der Bemühungen zu verdanken, die Kardinal Martinuzzi unternommen hatte, um Königlich-Ungarn dadurch mit Siebenbürgen zu vereinen, daß dieses an Ferdinand I. fallen sollte. Schon am Ende des 16. Jahrhunderts wurde neuerlich versucht, sich von der osmanischen Vormundschaft zu emanzipieren. Sigismund Báthory hatte sich zu diesem Zweck Rudolf II. zugewandt. Doch durch die Unfähigkeit des Kaisers, das ferne Siebenbürgen gegen den Türken zu verteidigen, war dieser Versuch ebenso wie der erste zum Scheitern verurteilt. Dieser neuerliche Mißerfolg hatte dem Land wieder eine Ära der relativen Unabhängigkeit gegenüber Wien und der Annäherung an die Pforte gebracht; eine Haltung, die es Siebenbürgen ermöglichte, den Dreißigjährigen Krieg und die Schwächung des Osmanischen Reiches auszunützen, sich unter der Führung von Georg I. Rákóczi zum Rang eines unabhängigen Staates im Konzert der europäischen Völker aufzuschwingen und im Westfälischen Frieden als souveräner Staat anerkannt zu werden.

Im Norden schließlich hatte das Königreich Polen, hinter den böhmischen Bergen und der Karpatenkette verschanzt, eine türkische Invasion nicht zu fürchten. Als eine ihrem Wesen nach mediterrane Macht dachte das Osmanische Reich nie daran, sich gegen die Ostsee hin auszudehnen, wohl aber in die Richtung von Wien und Rom. Im 17. Jahrhundert erstrahlte Polen in seinem letzten Glanz. Es hatte den Gipfel seiner kulturellen Entfaltung erreicht: In der Literatur und der bildenden Kunst erlebte es sein „goldenes Jahrhundert". In politischer Hinsicht hingegen blieben seine Schwächen bestehen. Zur Errichtung eines Erbkönigtums hatte es nicht gereicht. Die Geheimverhandlungen, die bei jeder

Königswahl offensichtlich notwendig waren, schwächten das Land nur noch mehr. Darüber hinaus hatte die Vereinigung des alten Polen mit dem Großherzogtum Litauen – das unter anderem Weißrußland und die Westukraine umfaßte – nicht zu einer Osmose der Völker geführt. Innerhalb des Königreiches standen die kulturelle Welt Zentraleuropas und jene Osteuropas gegeneinander. Die Arten der Bodennutzung, die Sprachen, die Konfessionen waren gegensätzlich. Die 1596 in Brest-Litowsk gewaltsam vollzogene Einheit der – von nun an „unierten" – orthodoxen ukrainischen Kirche mit Rom verschleierte das Problem, statt es zu lösen. Schlimmer noch: Dadurch, daß sie die östliche Bevölkerung der westlichen unterstellte, verschärfte sie das Problem nur noch. Die Union war eine Auswirkung der tiefen kulturellen Veränderungen, denen das eigentliche Polen unterworfen war. Polens Treue zu Rom, durch die es von allem Anfang an in Gegensatz zum Reich geraten war, wurde durch den Übertritt der deutschen Nachbarn im Norden und Westen zum Luthertum noch verstärkt und bewirkte, daß die Polen am Katholizismus der Gegenreformation festhielten. So brachen sie allmählich mit der Tradition der Toleranz, die sie seit Kasimir III., genannt „der Große" (1333–1370), gepflegt hatten, einer Tradition, die die Niederlassung der in Westeuropa verfolgten Juden begünstigt und noch im 16. Jahrhundert den verfolgten christlichen Minderheiten, wie etwa den Sozinianern, Zuflucht gewährt hatte. Dieser seelische Verfall sollte sich auf die Dauer verhängnisvoll auf das politische Wohl des Staatskörpers auswirken.

Dies umso mehr, als dieser von außen angegriffen wurde. Das ganze 17. Jahrhundert sind die Ostgrenzen des Königreiches dem Druck dreier begehrlicher Nachbarn ausgesetzt: dem der Schweden, der Russen und der Türken. Die Schweden, die die Ostsee in ein „Mare nostrum" verwandeln möchten, bemächtigen sich schon 1629 Livlands, das den größeren Teil von Lettland bildet; 1660 nehmen sie dessen südlichen Teil, „Innerlivland", in Besitz. 1667 fällt der ganze Ostrand des Königreiches, von Smolensk bis Kiew, in die Hände der Russen: Somit ist die Ukraine geteilt. An den Grenzen des Königreiches zum Schwarzen Meer fallen

Kosaken ein, die unter osmanischer Lehnsherrschaft stehen. Im Norden wird die deutsche Gefahr immer größer. Die Polen, die bereits vergessen haben, daß sie am Ende des Mittelalters nur mit größter Mühe diese Gefahr eindämmen konnten, begünstigen jetzt noch ihr Wiedererstehen. Im Jahr 1525 war der Hochmeister des Deutschen Ritterordens, Albrecht von Brandenburg, zum Luthertum übergetreten und hatte zugleich Preußen in den Stand eines erblichen Herzogtums erhoben. Nach Aussterben seiner Linie im Jahr 1618 war das Herzogtum Preußen an den Kurfürsten Johann Sigismund von Brandenburg gefallen, dessen Hauptstadt Berlin war. Sein Nachkomme Friedrich Wilhelm, genannt der „Große Kurfürst", war mit dem König von Polen eine Allianz gegen Schweden eingegangen. Als Lohn dafür erhielt er im Vertrag von Wehlau 1657 – bestätigt durch den Frieden von Oliva 1660 – die Anerkennung seiner Souveränität über Preußen, das bis dahin Vasall Warschaus war. Preußen war damit einem größeren deutschen Staatenkomplex eingegliedert und der Verfügungsgewalt des polnischen Königs von nun an entzogen. Der Weg war also frei für die nächste Etappe. Im Heiligen Römischen Reich hatte niemand das Recht, sich König zu nennen. Preußen gehörte aber nicht zum Reich: Der Sohn des Großen Kurfürsten, Friedrich III., konnte es also zum Königreich erheben. In Königsberg, der Hauptstadt Preußens, wurde Friedrich III. am 18. Januar 1701 als Friedrich I. König „in" Preußen, nicht „von" Preußen, da Westpreußen noch dem König von Polen gehörte. Jedoch nicht mehr lange.

III

DIE DEUTSCH-MAGYARISCHE ORDNUNG

A. E. I. O. U.[1]
DEVISE DES HAUSES ÖSTERREICH

NEUERLICHER OSMANISCHER ANSTURM.
DIE KÖPRÜLÜ ODER: DIE WIEDERERRICHTUNG
DES REICHES

Der erste große Abschnitt des Krieges zwischen Europa und dem
Osmanischen Reich war 1606 zu Ende gegangen. Der Friede von
Zsitva Torok währte seit bald einem halben Jahrhundert. Es war
schon wie ein Wunder, daß die Pforte ihren Ansturm während
des Dreißigjährigen Krieges nicht wiederaufgenommen hatte.
Wunder sind aber nicht von Dauer.

Der Verfallsprozeß des Reiches der Söhne Osmans war noch
zu neu, als daß man ihm nicht hätte gegensteuern können –
zumindest für eine Zeitlang. Zu diesem Zweck hatte man sich
1656 in Istanbul wohl oder übel dazu entschlossen, sich an
Mehmed Köprülü zu wenden, einen hohen Staatsbeamten, dessen furchterregende Integrität bekannt war. Mit mehr als siebzig
Jahren nahm er das Amt des Großwesirs nur gegen die Zusiche-
rung aller Vollmachten an. Mit Hilfe von vielen Hinrichtungen
hatte dieser osmanische Richelieu innerhalb von fünf Jahren die
Ordnung im Reich wiederhergestellt. Bei seinem Tod im Jahr
1661 wurde sein Sohn Ahmed Köprülü *(Köprülüzade Fazil
Ahmed Paşa),* der die Regierkunst bei ihm gelernt hatte, gebeten,
das Werk seines Vaters fortzusetzen. Dies war der Beginn einer
neuen Dynastie von Großwesiren. Während sein Vater den Staat

74

im Inneren erneuert hatte, unternahm es Ahmed Köprülü, die Erneuerung nach außen hin zu vollenden.

In Siebenbürgen war das Werk der Unabhängigkeit des großen Rákóczi durch seinen Sohn Georg II. Rákóczi gefährdet worden. Da er mit der Unterstützung Wiens rechnete, hatte er sein Land in einen neuen Kampf gegen die Türken verwickelt. Aber der Zeitpunkt hierzu war unglücklich gewählt. Mehmed Köprülü war bereits dabei, die Stärke des türkischen Heeres wiederherzustellen. Rákóczi fiel am 22. Mai 1660 auf dem Schlachtfeld von Gyalu. Seinen Kampf nahm Johann Kemény wieder auf. Der Kaiser-König Leopold I. sandte ihm eine Armee, die unter dem Kommando des berühmtesten seiner Feldherren, Raimundo Montecuccoli, stand. Die Türken ihrerseits, die bereits fast ganz Siebenbürgen erobert hatten, riefen dort am 14. September 1661 Michael Apáfi zum Fürsten aus. Kemény mußte das Land aufgeben: Montecuccoli, der den ganzen Ernst der Bedrohung erfaßte, hatte seine Streitkräfte nicht voll eingesetzt, weil er sie zur Absicherung Österreichs zurückhielt. Der Streit um Siebenbürgen sollte nun den Krieg mit dem Heiligen Römischen Reich wieder entfachen: Ahmed Köprülü sah, daß ihm seine Eroberungen nicht gesichert blieben, solange ungarische Adelige der Labancz-Partei sich Wien zuwenden konnten.

Er entschloß sich loszuschlagen. Mit einem Heer von 21.600 Mann, zu dem bald darauf auch 100.000 Tataren und 20.000 Kosaken stießen, setzte sich Ahmed Köprülü, zum Pascha ernannt, 1663 an die Spitze seiner Heere und zog mit ihnen donauaufwärts. Mit diesem Feldzug begann der zweite große Abschnitt im Konflikt zwischen Istanbul und Wien, der erst ein halbes Jahrhundert später enden sollte. Die tatarischen Hilfstruppen verbreiten überall Angst und Schrecken: Sie stoßen mit ihren Überfällen nach Mähren, nach Schlesien, ja sogar bis Würzburg vor und nehmen 80.000 Gefangene als Sklaven mit. Mit seinen regulären Truppen plant Köprülü, Wien zu belagern, aber erst dann, wenn er die Armee Montecuccolis geschlagen hätte, um nicht im Rücken angegriffen zu werden.

Die Armee des letzteren zählte nicht einmal 20.000 Mann. Montecuccoli suchte das türkische Heer so weit wie möglich von

Wien fernzuhalten und es in gebirgige Gegenden zu treiben, wo es sich nicht entfalten konnte. Dabei gewann er Zeit und erhielt Nachschub neuer Truppenkontingente. Ludwig XIV. sandte sogar aus Frankreich 6000 Mann unter dem Kommando des Grafen Coligny. Das Heilige Römische Reich hatte noch die Trümmer des Dreißigjährigen Krieges zu beseitigen; selbst der König von Frankreich war erschrocken über die Schwäche seines habsburgischen Vetters und glaubte nicht, daß dieser in der Lage sei, allein der osmanischen Flut standzuhalten. Um Wien belagern zu können, brauchte Köprülü einen schnellen Sieg. Am 1. August 1664 griff er die Christen an, die sich bei dem Kloster von St. Gotthard an der Raab bzw. Mogersdorf verschanzt hatten. Die Lage war für ihn ungünstig, und Köprülü wurde geschlagen. Die deutschen Truppen des Reiches waren Hals über Kopf geflohen, aber die Österreicher und die Franzosen hatten die Stellung gehalten. Die französischen Reiter mit La Feuillade an der Spitze – als der Großwesir mit seinem Fernrohr die blonden Perücken erblickte, fragte er: „Was sind das für Mädchen?" – durchbrachen die Reihen der Janitscharen. La Feuillade wurde in Konstantinopel berühmt unter dem Namen *Fuladi*, „der Eiserne".

Als großer Stratege wußte Montecuccoli besser als jeder andere, daß seine Armee nicht in der Lage war, die Türken ungedeckt in der ungarischen Ebene zu verfolgen, wo Köprülü sie wieder zusammengezogen hatte. Andererseits hatte Köprülü die kaiserliche Armee nicht besiegt, und der Sommer war bereits zu weit fortgeschritten, als daß er eine Entscheidung hätte herbeiführen können, um danach Wien zu belagern. Zehn Tage nach Mogersdorf-St. Gotthard unterzeichneten die beiden Parteien den Friedensvertrag von Vasvár, der die Abmachungen von Zsitva Torok bestätigte. Es war eine Wiederherstellung des Status quo. Der Vertrag begünstigte die Türken insofern, als Siebenbürgen unter ihrer Lehnsherrschaft blieb. Für die Christen war er ebenfalls günstig, weil eine Waffenruhe von zwanzig Jahren brachte. So unmittelbar nach dem Krieg, der das Reich verwüstet hatte, war Zeit der kostbarste Gewinn, den die Christen erhoffen konnten.

DIE LETZTE BELAGERUNG WIENS. KARA MUSTAFA ODER: DAS ENDE DES GROSSEN VORHABENS

Das Ende der Waffenruhe zeigte deutlich, wie sehr diese Zeitspanne nötig gewesen war. Zwanzig Jahre sind noch nicht ganz verstrichen, als der Großwesir Kara Mustafa *(Merzifoğlu Kara Mustafa Paşa),* ein Verwandter und Nachfolger Ahmed Köprülüs, in Edirne während des Winters 1682/83 ein Heer von 110.000 Mann sammelt. Es setzt sich im Frühjahr in Marsch; in Belgrad stoßen 20.000 Kosakenreiter dazu, außerdem noch 6000 Siebenbürger und weitere 6000 Moldo-Walachen.[2] Diesmal geht es direkt auf Wien zu. Den Weg dorthin hatte ihnen ein Aufstand unter der Führung des jungen Imré Thököly geöffnet. In Königlich-Ungarn vereinte Thököly ungarische Magnaten der Kuruzzenpartei gegen Leopold I., der unter dem Vorwand, das Land besser regieren zu können, dessen Verfassung außer Kraft gesetzt und den Belagerungszustand verhängt hatte. Sein Statthalter Amspringen übte eine Schreckensherrschaft aus. Dieser Aufstand hatte den Großwesir dazu bewogen, die Waffenruhe vorzeitig zu brechen. Thököly kam ihm entgegen, um ihn persönlich zu empfangen, und stellte ihm 20.000 Mann zur Verfügung. Am 14. Juli 1683 schlug Kara Mustafa Pascha seine Zelte vor Wien auf.

Der Kaiser hatte Wien verlassen und war mit seinem Hof nach Linz geflüchtet. Wien hatte nur eine Garnison von rund 10.000 Mann, die sich hinter den Befestigungsanlagen verschanzt hatten. Die kaiserliche Armee, die die Verteidiger entsetzen sollte, war noch im Aufbau begriffen. Die Belagerung dauerte zwei Monate unter der drückenden Hitze des zentraleuropäischen Sommers bis zum 12. September. Täglich gab es Kämpfe in den Breschen der Befestigungsanlagen. Allein der Ruhr fielen in der Stadt 60 Menschen pro Tag zum Opfer. Anfang September war die Garnison auf 5000 Mann zusammengeschmolzen.[3] Dabei wird leicht vergessen, daß 32.000 Christen dem türkischen Heer angehörten, davon mindestens 20.000 – das Truppenkontingent Thökölys – aus freien Stücken.[4] Vor allem aber ist der Eindruck falsch, daß die Befreiung Wiens eine Folge des Widerstandes war, der angeblich die Belagerer bis zur Ankunft des Entsatzheeres in Schach hielt. Es handelt sich nicht darum, den Widerstand der Wiener zu leugnen: Er war heldenhaft. Aber er allein hätte nicht ausgereicht. Es wurde vergessen, was der größte Historiker des Osmanischen Reiches, der österreichische Freiherr von Hammer-Purgstall, den man gewiß nicht der Sympathie für Kara Mustafa verdächtigen kann, bei der Erwähnung der ersten Septembertage betonte: Es „war die Stadt verloren, wenn ein Hauptsturm gewagt worden wäre". Die Aussagen der obersten Verantwortlichen für Wiens Verteidigung bezeugen dies. Am 27. August schickten sowohl der Stadtkommandant Graf Starhemberg als auch der Feldzeugmeister, der tschechische Adelige Graf Kapliř z Sulevic, Botschaften an den Oberbefehlshaber der kaiserlichen Truppen, die durch die feindlichen Linien gelangten. Starhemberg schrieb: „Hoher Herr, […] es ist hoch an der Zeit, daß uns Hilfe werde; wir verlieren viel Leute und viele Offiziere, mehr noch durch die rote Ruhr als durch das feindliche Feuer, denn täglich sterben sechzig Menschen an dieser Seuche. Wir haben keine Granaten mehr, die unsere beste Verteidigungswaffe gewesen sind, unsere Geschütze sind teils durch den Feind unbrauchbar gemacht worden, teils geborsten …" Der andere schrieb: „Mit den Kanonenkugeln können wir kaum noch drei Tage aushalten. Die Geschütze sind fast alle zerstört. Mit einem Wort, die Lage in der Stadt erfordert es, daß uns unverzüglich Hilfe zuteil wird. Die Gefahr ist größer, als ich sie diesem Papier anvertrauen kann."[5] Diese Zeugnisse lassen keine Zweifel mehr aufkommen: Wenn am 12. September – die Wiener hatten weder Sprengstoff für Gegenminen noch Kanonenkugeln, um die Angriffe zurückzuschlagen – die Stadt noch immer nicht eingenommen war, so deshalb, weil Kara Mustafa sie noch nicht hatte einnehmen wollen.

Man schreibt sein Widerstreben, den Befehl zum Generalangriff zu geben, gewöhnlich seinem legendären Geiz zu. Bei einem Sturmangriff hätte er die Stadt der Plünderung ausliefern müssen; ergab sie sich jedoch, so hätte er die ganze Beute für sich behalten können. Hammer-Purgstall, der auf diesen Grund hinweist, erwähnt auch einen anderen, noch tieferen: der „stolze

Plan, ein moslimisches Reich im Westen zu gründen, dessen Hauptstadt Wien und er der Sultan" gewesen wäre.[6] Er hätte solcherart die ehrgeizigen Pläne Solimans verwirklicht, allerdings zu seinem Nutzen. Sein Zögern, die Stadt einzunehmen, würde sich dann dadurch erklären, daß er auf die Nachricht vom Gelingen des Komplotts wartete, das er gegen die Person des Sultans angezettelt hatte. Eine Hypothese, die durch die Reaktion des letzteren bekräftigt wird. Während Ahmed Köprülü nach seiner Niederlage bei St. Gotthard nach Istanbul zurückgekehrt und weitere zwölf Jahre Großwesir geblieben war, erhielt Kara Mustafa auf seinem Rückweg zum Bosporus vom Padischah die schwarze seidene Schnur, Zeichen seines Todesurteils.

Ob aus Habsucht oder aus Ehrgeiz oder aus beiden Gründen – Kara Mustafa Pascha hatte Wien jedenfalls deswegen nicht eingenommen, weil er es nicht hatte einnehmen wollen. Das kaiserliche Entsatzheer unter dem Kommando Herzog Karls V. von Lothringen konnte nicht früher auf die dringenden Hilferufe reagieren, die ihm die Stadt seit Juli gesandt hatte. Daran kann man die Schwäche des Reiches ermessen – noch 35 Jahre nach dem offiziellen Ende des Dreißigjährigen Krieges. Die Hilfskorps aus Bayern, Salzburg, Schwaben, Franken und Sachsen waren zur Verstärkung der kaiserlichen Armee erst im Laufe des August, manche sogar erst zu Beginn des September eingetroffen. Es ist mehr als wahrscheinlich, daß sie ohne die polnische Unterstützung das osmanische Heer nicht hätten zersprengen können.

Die Hilfe von außen kam diesmal nicht aus Frankreich: Ludwig XIV. hatte Leopold keinerlei Hilfstruppen gesandt, denn dieser war im Begriff gewesen, gegen ihn zu Felde zu ziehen, als ihm die Türken in den Rücken fielen. Die Hilfe kam von Polen: König Johann Sobieski hatte auf Drängen des Papstes dem Reich seine Reiterei mit etwa 20.000 Mann zur Verfügung gestellt. Da er das wichtigste Truppenkontingent stellte, wurde ihm der Oberbefehl übertragen. Am 12. September 1683 waren es seine Husaren, die durch ihren Sturmangriff, in ihren goldenen Rüstungen und mit ihren großen Flügeln Todesengeln gleich, die Janitscharen in die Flucht schlugen.[7]

Leopold I. war kein Kriegsheld und blieb in der Etappe. Seine Undankbarkeit gegenüber Sobieski entsprach seiner Schuld: Sie war ebenso grenzenlos. In seinen Ländern wie im übrigen Europa, Polen ausgenommen, wurde ihm fast allein der Ruhm dieses Sieges zuerkannt. Kluge Herrscher brauchen gute Federn nicht minder als gute Schwerter.

DIE HABSBURGISCHE *RECONQUISTA*

Der Kaiser-König zögerte noch, den Sieg zu nutzen. Wie seinen Vorfahren lag ihm vor allem daran, im Heiligen Römischen Reich seine Hausmacht und die Autorität der Kirche wiederherzustellen. Es widerstrebte ihm, seinen Herrschaftsbereich gegen Ungarn auszudehnen, auf eine feindselige Bevölkerung, die in ihrer Mehrheit aus Kuruzzen bestand und noch dazu calvinistisch war. Er war schon mit dem Widerstand der Tschechen, der Mährer und der Schlesier ausreichend beschäftigt. Er dachte nicht daran, sich mit einem zweiten Böhmen zu belasten. Andererseits war es klar, daß die Türken, so lange sie Ungarn besaßen, Wien wieder bedrohen und damit all seine anderen Pläne gefährden würden. Nach dem Entsatz von Wien hatten Karl von Lothringen und Sobieski den türkischen Truppen weiter hart zugesetzt und ihren Rückzug in eine wilde Flucht verwandelt. Die Hinrichtung des Großwesirs hatte die Grundlagen der Macht der Hohen Pforte erschüttert. Mehrere Umstände trafen da zusammen, die es zu nützen galt. Leopold gab also dem Drängen Karls von Lothringen nach.

Jäh brach die türkische Herrschaft in Zentraleuropa zusammen. Buda wird von den Österreichern 1686 genommen, Belgrad 1688. Die Österreicher dringen bis Mazedonien vor, während die Venezianer Morea erobern, den antiken Peloponnes. Um die Lage wieder in den Griff zu bekommen, ernennt der Sultan den Bruder von Ahmed Köprülü, Mustafa Köprülü *(Köprülüzade Fazil Mustafa Paşa)*, am 25. Oktober 1689 zum Großwesir. Wie schon sein Vater und sein Bruder, so stellt auch er die Ordnung im Staat wieder her, baut die Armee neu auf und hat bereits ein

Jahr später Belgrad wieder eingenommen. Er setzt die korrupten Verwalter in Serbien und der Walachei ab, fördert die Rückkehr der von den Österreichern verjagten Bauern auf ihren Grund und Boden und flößt damit der Bevölkerung auf dem Balkan wieder Vertrauen ein. Er schafft in den Provinzen Räte von angesehenen Bürgern, die den Auftrag haben, die Beamten zu kontrollieren. Bereits 1691 nimmt er die Offensive gegen die Kaiserlichen wieder auf. Er fällt in der Schlacht bei Slankamen. Im selben Jahr besteigt der unfähige Ahmed II. den Thron: die Reformen von Mustafa Köprülü werden eingestellt, das Heer löst sich auf.

Zur selben Zeit übergibt Leopold I. den Oberbefehl im Krieg gegen die Türken 1697 dem Prinzen Eugen von Savoyen. Dieser Großneffe des Kardinals Mazarin hatte sich nach vergeblichen Versuchen, eine militärische Laufbahn in der Armee des Sonnenkönigs einzuschlagen, in den Dienst des Kaisers begeben, indem er sich dem Heer anschloß, das Wien befreite. Seine hervorragenden Fähigkeiten hatten schnell die Aufmerksamkeit auf sich gezogen. Die neue Aufgabe gibt Eugen die Möglichkeit, seine Qualitäten als Feldherr und Diplomat, die eigentlich nur zwei Aspekte ein und desselben Genies sind, in vollem Maße zu beweisen. Im selben Jahr, in dem er zum Generalissimus ernannt wurde, vernichtete Eugen in wenigen Stunden bei Zenta an der Theiß (1697) das letzte größere Heer, das ihm der Padischah entgegenstellen konnte. Dieser war nunmehr durch den Frieden von Karlowitz 1699 gezwungen, an den Kaiser Siebenbürgen und ganz Ungarn mit Ausnahme des Temescher Banats abzutreten. In diesem Friedensvertrag – dem ersten von Nachteil für sie – erkannten die Osmanen die Vorherrschaft der Habsburger in Zentraleuropa an.

Es ging dabei nicht nur um die österreichisch-türkischen Beziehungen. Der Vertrag sicherte Venedig den Besitz von Morea und Korinth, der Insel Santa Maura und verschiedener Stützpunkte an der dalmatinischen Küste. Im Dezember 1714 wagt der Großwesir Damad 'Alî Pascha eine äußerste Kraftanstrengung. Er erobert Morea zurück, teilweise dank der ihm wohlgesinnten Bevölkerung, die der katholische Bekehrungseifer der Serenissima und deren Genauigkeit bei der Steuereintreibung aufgebracht hatten. Als Garant für den Frieden von Karlowitz fordert Wien von Istanbul die Räumung der Halbinsel. Damad 'Alî antwortet mit einem Ultimatum und fordert Wien auf, seine Kriegsvorbereitungen in Südungarn einzustellen. Der Krieg war unvermeidbar geworden.

Prinz Eugen erwartete die Türken in Ungarn mit 80.000 Mann. Am 2. August 1716 überschritt das osmanische Heer die Save und bewegte sich auf Peterwardein zu. Hier entschied Eugen am 4. August die Schlacht. Die Niederlage der Türken war vollständig. 4400 Tote und Verwundete blieben auf dem Schlachtfeld. Eugen wandte sich augenblicklich nach Osten und marschierte gerade auf Temesvár zu, das ihm mit dem ganzen Banat in die Hände fiel. Er wußte, daß die ungarische Grenze nicht gesichert war, solange das strategische Arsenal von Belgrad in den Händen der Türken war. Also begann er schon im folgenden Jahr, im Juni 1717, dessen Belagerung. Eine osmanische Hilfsarmee rückte daraufhin an, um die des Prinzen einzukesseln, die auf diese Weise zwischen zwei Feuerlinien geriet. Wie später Napoleon bei Austerlitz, so nützte Eugen einen dichten Nebel, der der belagerten Garnison den Blick auf den Kriegsschauplatz nahm, gab den Befehl zum Angriff auf das Entsatzheer, vernichtete es und brauchte nur noch die Übergabe der Festung entgegenzunehmen. Im Frieden von Passarowitz, der am 18. Juni 1718 geschlossen wurde, trat die Hohe Pforte den Habsburgern das Temescher Banat, Belgrad mit einem Großteil Serbiens, die Kleine Walachei sowie einen Streifen Landes am rechten Ufer der Save ab. Venedig behielt Korfu und die von den Türken eroberten Stützpunkte an der Adria. Morea bekam es nicht zurück.

Durch diesen Frieden erreichte der Herrschaftsbereich der Habsburger seine größte Ausdehnung. Seit der letzten Belagerung Wiens haben weniger als 35 Jahre genügt, um ein Gebilde zu schaffen, das über das eigentliche Ungarn hinaus alle Völker zusammenfaßt, die durch das Donaubecken und seine Randgebiete auf natürliche Weise miteinander verbunden sind: Deutsche Österreichs, Slawen Böhmens und der Slowakei, Magyaren, Südslawen, Rumänen. Diese ganze Konstruktion beruht auf einem offenkundigen Paradoxon. Im Osten seines theoretischen Reiches, in dem er offiziell als Kaiser herrscht, aber nicht regiert, hat sich der Habsburger ein echtes Reich geschaffen, das zwar keinen offiziellen Namen trägt, in dem er aber eine beträchtliche Macht ausübt. Seine Residenzstadt, an den südöstlichen Grenzen des Heiligen Römischen Reiches gelegen, befindet sich nun im Westen des riesigen Gebildes, dessen tatsächliche Hauptstadt sie ist. Der rechtlichen Entwicklung vorgreifend und in dem Wunsch, mit einem einheitlichen Begriff eine einheitliche Realität zu bezeichnen, beginnen die Staatskanzleien Europas nun, von „Österreich" zu sprechen – „Österreich" aber nicht mehr im mittelalterlichen Sinn von „Ostmark", sondern in der neuen Bedeutung von „Reich im Osten". Das moderne Österreich ist geboren.

DAS SCHICKSAL UNGARNS

Will man die Geschichte der habsburgischen Eroberungen nachvollziehen, genügt es nicht, nur deren Daten aufzuzählen. Man muß außerdem bei der Art verweilen, wie sie vor sich gegangen sind. Von den Gefühlen wurde bereits gesprochen, die die magyarische Bevölkerung – auch die von Königlich-Ungarn – den Österreichern entgegenbrachte, welche von 1526 bis 1683 ihr Land mit ihren offiziell gegen die Türken gerichteten Streifzügen regelmäßig verwüsteten. Erwähnt wurden überdies die Gefühle, die der streng katholische Leopold gegenüber den Ungarn hegte, deren Fürsten in ihrer Mehrzahl Calvinisten waren, den deutschen Einfluß ablehnten und stolz auf ihre nationalen Rechte pochten. Geschildert wurde sein Versuch, den Absolutismus in Königlich-Ungarn durch die Aufhebung der ungarischen Verfassung und die Ausrufung des Belagerungszustandes zu errichten. Schließlich wurde an die magyarische Reaktion erinnert, die im Aufstand Thökölys zum Ausdruck kam.

Die Art, wie die Rückeroberung des osmanischen Ungarn, das von Wien als die Domäne der Kuruzzen angesehen wurde, vor sich ging, kann man sich nach derartigen Voraussetzungen leicht vorstellen. Mehr als jede Beschreibung, die ja nie ganz verläßlich sein kann, bezeugt wohl ein in Innsbruck befindliches Gemälde[8] auf erschütterndste Weise die Bedingungen, unter denen diese geschah. Es stellt die Plünderung von Buda am Abend des 2. September 1686 dar, dem Tag seiner Wiedereinnahme durch die christlichen Truppen unter dem Kommando Karls von Lothringen. Das Bild war zum Ruhm dieses Feldherrn des Kaiser-Königs gemalt worden und schmückte einen Triumphbogen, der zu dessen Gedächtnis am 10. Oktober 1698 errichtet worden war. Es zeigt die Unterstadt von Buda in Flammen. Wild gewordene Pferde rennen zwischen den Leichen umher, die von den Soldaten der kaiserlichen Armee gierig beraubt werden. Die meisten der nackten Leichen sind keine Leichen von Männern, sondern von Frauen, die offensichtlich vergewaltigt wurden. Eine von ihnen kauert zusammengebrochen über ihrem ermordeten Neugeborenen. Die Bewohner werden aus den brennenden Häusern getrieben, um ein ähnliches Schicksal zu erleiden, und ihre Habe wird beiseite geschafft. Der einzige feindliche Soldat, der nicht massakriert wird, ist der Festungskommandant, den ein Trupp österreichischer Soldaten schützt: Er ist ein hohes Lösegeld wert. Diese Szene stimmt überein mit den Berichten, die Hammer-Purgstall in den schriftlichen Zeugnissen fand: „Die ganze Nacht wurde geplündert, am nächsten Morgen deckten viertausend Leichen die von Blut und Glut rauchenden Straßen."[9] Um diese Heldentat gebührend zu feiern, hält ein Adler oberhalb der ganzen Szene in seinen Fängen ein Schriftband mit folgendem Text: *BUDA VI CAPTA, FERRO ET IGNE VASTATA 1686*. Die Verwüstung der Stadt durch Schwert und Feuer konnte nur den Ruhm des Oberbefehlshabers steigern: Waren es denn nicht osmanische Untertanen, die hier massakriert wurden? Daß es Ungarn waren, änderte nichts an der Sache; im Gegenteil, es verschärfte noch deren Fall. Der Vergleich dieses Gemäldes mit der offiziellen Inschrift, die in die Mauern der ehemaligen Zitadelle eingehauen wurde zum Gedächtnis an die Eroberung der Stadt, die auf diese Weise „aus der Sklaverei der Freiheit zurückgegeben wurde" – *BUDA E SERVITUTE IN LIBERTATEM RESTITUTA* –, ist sehr lehrreich.

Er läßt uns deutlich das Ausmaß der Dankbarkeit der magyarischen Bevölkerung gegenüber ihren Befreiern ermessen. Als Soliman Buda eingenommen hatte, war jegliche Plünderung verboten gewesen.

Dieses Bild ist auch noch in anderer Hinsicht aufschlußreich. Es zeigt die Hauptstadt Ungarns, wie sie in mehr als anderthalb Jahrhunderten osmanischer Herrschaft geprägt worden war. Auf dem Bild ist keine Kirche zu sehen. Viele von ihnen hatten die Türken in Moscheen umgewandelt. Um die Erhaltung der anderen kümmerten sie sich nicht, wenngleich sie sie nicht alle zerstörten, wie manchmal behauptet wird; es waren die geduldeten Kultstätten der Christen. Dagegen erkennt man mehrere Moscheen an ihren Minaretten. Diese fallen mit der übrigen Stadt den Flammen zum Opfer. Das Bild läßt ahnen, welche kulturelle Zerstörung sich zu der schon erwähnten wirtschaftlichen gesellt. Von seiner mittelalterlichen christlichen Vergangenheit war Ungarn durch den Einfall der Türken abgeschnitten worden; nun ist es durch die Rückkehr der Christen auch von seiner osmanischen Vergangenheit getrennt. Die Gedenkstätten der Nation sind vernichtet. Heute noch ist der Besucher Ungarns überrascht von dem verhältnismäßig geringen Alter der Bauwerke, von denen nur wenige vor dem 18. Jahrhundert entstanden. Die Nation muß sich an einer Geschichte wiederaufrichten, die, da ihr die architektonischen Zeugen fehlen, umso glänzender dargestellt wird, als sie nur geträumt ist.

Die Besetzung Ungarns vollzog sich nach dem Muster seiner Eroberung. Leopold versuchte zunächst, ein diktatorisches System einzuführen. Unter dem Vorwand eines neuen von Thököly angezettelten Komplotts hatte General Caraffa alle Vollmachten erhalten und errichtete eine Terrorherrschaft mit Hilfe eines Blutgerichts. Leopold selbst erschrak über die Folgen des Hasses, den sein Statthalter hervorrief. Als Gegenleistung für eine Generalamnestie, von der nur Thököly ausgeschlossen blieb, erlangte er vom ungarischen Landtag eine Änderung der Verfassung des Königreiches in zwei wesentlichen Punkten. Zum einen wurde aus einem Wahlkönigtum ein erbliches zugunsten des Erzhauses Österreich nach dem Grundsatz der Primogenitur.

Zum anderen wurde der Artikel 31 der Goldenen Bulle aus 1222 aufgehoben, welcher dem Adel das Widerstandsrecht gegen den König zuerkannte, wenn dieser die Verfassung verletzen sollte. Die erste Änderung verband die Geschicke Ungarns mit denen der anderen habsburgischen Länder – und sei es auch nur durch den gemeinsamen Herrscher. Die zweite, die, wörtlich genommen, einer gewissen Ironie nicht entbehrte, hatte im wesentlichen zum Zweck, dem künftigen Widerstand eines reizbaren Adels jede legale Basis zu entziehen. Die religiösen und steuerlichen Privilegien des Königreichs wurden hingegen bestätigt.

Trotz dieser oberflächlichen Befriedung war das Land in einem derartigen Ausmaß verwüstet, daß der Wiederaufbau seiner Wirtschaft auf ungeheure Schwierigkeiten stieß. Eine Kommission unter dem Vorsitz Ferdinands von Dietrichstein förderte die Wiederbevölkerung des Landes durch die Ansiedlung von Kolonisten: deutschen aus Nordmähren, Schlesien und Schwaben, slowakischen, serbischen und – in Siebenbürgen – rumänischen. So sollte Ungarn künftig zu einem buntscheckigen nationalen und sprachlichen Gebilde werden. Das schmerzte die Magyaren, die in der Ansiedlung der Deutschen mit Recht den Versuch Wiens sahen, das Land zu germanisieren.[10] Der Wiederaufbau der Wirtschaft wurde außerdem durch die magyarischen Gutsherren oft der Aufrechterhaltung ihrer Vorrechte geopfert. Da Leopold darauf beharrte, Kontributionen aufzuerlegen, denen der Landtag nicht zugestimmt hatte, und versuchte, eine ihm unliebsame Verfassung aufzuheben, wurde das Maß voll. Mit seiner sprichwörtlichen Klarsicht hatte Prinz Eugen den Herrscher mehrmals gewarnt. Er wurde aber nicht gehört. Unordnung und Unzufriedenheit gärten unter der Oberfläche im Land.

Im Rákóczi-Aufstand kam es zum Ausbruch dieser Stimmung. Der Spanische Erbfolgekrieg, in dem der Kaiser dem König von Frankreich gegenüberstand, hatte Ungarn von den kaiserlichen Garnisonen entblößt und ermöglichte es Ludwig XIV., sich offen einzumischen. Franz II. Rákóczi, der Anführer der Kuruzzenpartei, der auf Frankreichs Hilfe hoffte, ließ sich im Jahr 1704 zum Fürsten von Siebenbürgen wählen und erklärte dessen Unabhängigkeit. Indem er alle Unzufriedenen um sich scharte, hatte er bereits 1705 seine Herrschaft auf Oberungarn und auf die von den Österreichern in den Verfolgungskämpfen nach der Befreiung Wiens wiedergewonnenen Gebiete ausgedehnt. Dem Kaiser-König blieb nur ein schmaler Streifen entlang der österreichischen Grenze. Das Heer der Aufständischen drang bis Preßburg vor und bedrohte Wien unmittelbar. Dieser ungarische Aufstand war der größte unter den Kuruzzenkriegen; in vieler Hinsicht deutet er bereits die Erhebung Ungarns gegen Wien im Jahr 1848 an.

Die Lage, die Leopold bei seinem Tod 1705 Joseph I. hinterließ, war katastrophal. Zum Glück für das Erzhaus besaß dieser neue Herrscher die Seelen- und Geistesgröße, die seinem Vater gefehlt hatte. Er erteilt dessen Unterdrückungspolitik eine Absage und bietet den Aufrührern wiederholt die Versöhnung an. Diese, vom französischen König im Stich gelassen, im eigenen Land von den deutschen und serbischen Kolonisten angefeindet, zerspalten zwischen Adel und Bauern, deren Motive für den Aufstand nicht dieselben waren, setzen sich schließlich nach manchen Rückschlägen an den Verhandlungstisch. Der 1711 geschlossene Friede von Szatmár – das Werk Josephs I., der in diesem Jahr frühzeitig stirbt – beruht auf einem Pakt zwischen zwei gleichberechtigten Partnern, der ungarischen Nation und ihrem Herrscher, der jener wieder ihre alten Rechte zuerkennt. Der Adel bekam seine Privilegien zurück – samt dem Recht zum Waffengebrauch, außer gegen den König; Bauern und Handwerker sollten nicht mehr gegen ihren Willen zum Militärdienst eingezogen werden; der Landtag sollte seine Beschwerden vorbringen und frei das Wahlrecht ausüben können. Eine Generalamnestie wurde erlassen, die sich sogar auf die Person Rákóczis erstreckte. Wieder einmal hatte der ungarischen Nation ihr Widerstand ermöglicht, von der deutschen als gleichberechtigt anerkannt zu werden. Ihr Schicksal unter den Ländern des Hauses Österreich stand in krassem Gegensatz zu der Unterdrückung, in der Wien das Königreich Böhmen hielt.

Ein Punkt des Friedens von Szatmár soll noch unterstrichen werden. Der Vertrag bestätigte die Unterscheidung von Rechts wegen zwischen Ungarn und Siebenbürgen, die bereits 1691 vom Kaiser-König im *diploma leopoldinum* festgehalten wurde. Dieses Dokument fixierte die Bedingungen, unter denen Siebenbürgen unter die Vasallenländer der Habsburger aufgenommen würde. Das Mittelalter war bemüht gewesen, diese Trennung aufzuheben. Sie war aber wieder vorhanden, als Soliman der Prächtige wohl Ungarn, nicht aber Siebenbürgen seinem Reich eingliederte. Nun waren es die Christen, die sie *de jure* wiederherstellten.

KARL VI.
ODER: DIE STABILISIERUNG ZENTRALEUROPAS

Die lange Regierungszeit Kaiser Karls VI. (1711–1740), der seinem Bruder Joseph I. nachfolgte, ist für das habsburgische Zentraleuropa eine Ära der Stabilisierung. Karl VI. vollendet die Befriedung Ungarns, indem er sich 1712 vom Landtag in Preßburg krönen läßt und den Titel Karl III. annimmt. Seit sich Ungarn ganz in den Händen der Habsburger befindet, ist dies das erste Mal, daß sich ein Herrscher dieser Mühe unterzieht. Es ist eine weise Geste, die Ungarn gleichberechtigt auf eine Ebene mit den kaiserlichen Besitzungen Karls stellt. Unter seiner Regierung wird das Land sich nach und nach aus den Trümmern erheben und jenes Gesicht annehmen, das wir heute kennen. Das gilt übrigens in gleichem Maße für Österreich, Böhmen und Kroatien, wo sich eine vornehmlich bäuerlich geprägte Kultur entfaltet. Ihr Empfinden drückt sich in barocken Formen aus. Sie sind ultramontan in ihrem Wesen, deutsch in ihrer Ausführung und werden jeweils leicht variiert durch den Genius der verschiedenen Völker: in Wien sind sie kaiserlich, in Böhmen ländlicher und gleichzeitig überladen, auf dem Balkan rauher, immer aber im tiefsten miteinander verwandt.

Die Grenzen der zentraleuropäischen Länder, die der habsburgischen Dynastie unterstehen, stabilisieren sich ebenfalls. 1736, gegen Ende seiner Regentschaft, im Todesjahr des Prinzen Eugen, hatte sich Karl VI. durch den russischen Verbündeten in einen unheilvollen Krieg gegen den Sultan hineinziehen lassen.

Er endete 1739 durch den Frieden von Belgrad mit der Rückgabe der Kleinen Walachei, Serbiens und des bosnischen Streifens am rechten Ufer der Save an das Osmanische Reich. Dieser Verlust lag irgendwie in der Natur der Sache. Die europäischen Eroberungen des Sultans teilten sich in drei „Kreise". Der erste Kreis bestand aus den ältesten Eroberungen und den Istanbul am nächsten gelegenen: Thrakien, Thessalien, Mazedonien, Bulgarien, der Dobrudscha; der zweite bestand aus Südgriechenland, Albanien, Montenegro, Bosnien-Herzegowina, Serbien, der Moldau und der Walachei; der dritte schließlich aus Siebenbürgen und Ungarn. In geographischer Hinsicht umfaßte der erste Kreis gegen Norden zu die Ebenen zwischen Istanbul und der Donau und gegen Westen hin die Gebiete längs des Ägäischen Meeres bis zu den Vorgebirgen des Balkans; der zweite Kreis umschloß im Norden die Ebenen jenseits der Donau und im Westen den Balkan und seine Verlängerung nach Griechenland; der dritte Kreis die Ebene jenseits des Balkans, die dem großen Karpatenbogen eingeschrieben ist. Je näher man dem ersten, historisch ältesten und geographisch engsten Kreis kam, desto fester war die Autorität verankert, die Istanbul ausübte. Je mehr die Österreicher sich der Hauptstadt näherten, umso schwieriger wurde ihr Vordringen. Sie hatten bereits die weite Ebene erobert, die den dritten Kreis darstellte. Sie hatten in Passarowitz nur mit Mühe Serbien und die Kleine Walachei am Rande des zweiten, gebirgigen Kreises an sich gerissen. In diesen Provinzen konnte Istanbul immer noch einen größeren Einfluß ausüben als Wien, und der Friedensvertrag von 1739, der sie den Türken wieder zurückgab, war eigentlich nichts anderes als eine normale geopolitische Korrektur.

Diese Änderung stellte das Habsburgerreich aber nicht in Frage. In der Mitte des 18. Jahrhunderts waren die Osmanen zu sehr geschwächt, um sich von Belgrad aus an die Wiedereroberung des dritten Kreises zu wagen. Sie hatte aber nichtsdestoweniger schwerwiegende Folgen. Wenn Österreich Serbien behalten hätte, so wäre der zumindest unmittelbare Grund für den Ersten Weltkrieg weggefallen; abgesehen davon aber trat die Trennung zwischen dem osmanischen Serbien und dem habsburgischen Kroatien wieder hervor, die die kulturellen Unterschiede zwischen den beiden Provinzen betonte. Schließlich sollten die Serben, die sich von Istanbul lösen wollten, bald in Versuchung kommen, sich von Wien abzuwenden und Hilfe von den Russen zu erwarten.

Die Regierungszeit Karls VI. war aber auch im Gesetzesbereich eine Ära der Stabilisierung. Am 19. April 1713 verkündete der Kaiser-König ein Staatsgrundgesetz, die „Pragmatische Sanktion", mit Hilfe derer er die Nachfolgeregeln innerhalb der Grenzen seines Reiches festlegte.[11] Dieser Text war von wesentlicher Bedeutung. Er erhob es zum Prinzip, daß die Länder, die das Haus Österreich in Zentraleuropa besaß, auf unteilbare und untrennbare Weise, *indivisibiliter ac inseparabiliter*, miteinander verbunden sind. Keiner seiner Herrscher sollte jemals das Recht haben, einen Teil davon abzutrennen, und keines seiner Länder würde sich abspalten dürfen. Der wesentliche Punkt: Die Wahlkönigreiche wurden kraft dieses Grundgesetzes in Erbkönigreiche verwandelt und an die habsburgische Dynastie gebunden. Die Pragmatische Sanktion verdiente die Bezeichnung einer „ersten Kodifizierung der Idee eines österreichischen Kaiserreichs". Karl VI. setzte sich dafür ein, dieses Gesetz durch jeden einzelnen Landtag seiner Staaten, insbesondere durch die Landtage von Böhmen, Kroatien, Ungarn und Siebenbürgen bestätigen zu lassen. Zwar benützte Ungarn die Gelegenheit, um die völlige Rechtsgleichheit mit dem Kaiserreich bekräftigen zu lassen, anders ausgedrückt, um den berühmten „Dualismus" herauszustreichen. Tatsache blieb aber, daß die Länder Karls VI., nachdem sie die Pragmatische Sanktion anerkannt hatten, nicht mehr allein durch den gemeinsamen Herrscher miteinander verbunden waren, sondern eine organische Einheit darstellten, die, obwohl sie noch keinen gültigen Namen hatte, überall „Österreich" genannt wurde.

Zumindest offiziell. In der Praxis war es bei weitem nicht so, daß diese Einheit sich auch in der Regierung widerspiegelte. Die deutschen, böhmischen, ungarischen, siebenbürgischen Angelegenheiten gehörten jeweils zum Ressort einer anderen „Hofkanzlei". Die Einheit des Ganzen war nur insoweit verwirklicht, als alle Fäden in den Händen des Herrschers und seiner Räte zusammenliefen.[12] Prinz Eugen, der durch die französische Schule gegangen war, beschwor den Kaiser-König immer wieder, seine Länder mit ihren noch mittelalterlichen Strukturen in ein modernes Ganzes, ein „Totum", umzuwandeln. Aber seine Vorstellungen waren noch zu neu für Zentral- und Balkaneuropa.

DER OSMANISCHE BALKAN

Die Bevölkerungsbewegungen, die die Länder des Hauses Habsburg beeinträchtigten und die vor allem durch die Neubesiedlung Ungarns hervorgerufen wurden, blieben nicht ohne Auswirkung auf das Osmanische Reich. 1690 und 1694 verließen es zwei Wellen von Serben – die erste zählte mehr als 200.000 Menschen –, um sich in Ungarn niederzulassen. Hinter sich ließen sie menschenleere Gebiete. Ebenso wanderten Serben, Bulgaren, Walachen und Griechen in jene Teile Kroatiens aus, die die Habsburger wiedererobert hatten, die sogenannte „Militärgrenze". Damals entstanden die in ganz Kroatien verstreuten serbischen Inseln.

In den verlassenen Gebieten siedelten sich andere Völker an. Die einen kamen aus dem Inneren. Immer mehr siedelten sich Albaner im Kosovo, einer urserbischen Region, an, bis sie dort in einigen Teilen die Mehrheit stellten – eine Bewegung, die sich übrigens bis in unsere Tage fortgesetzt hat. Die anderen kamen von außen. Es waren Kroaten, Dalmatiner, Magyaren, die sich unter der osmanischen Herrschaft zum Islam bekehrt hatten und nun im Ungarn der Habsburger verfolgt wurden; es gab aber auch anatolische Bevölkerungsgruppen, die mit den europäischen Kriegen hierher gekommen waren. Janitscharen und Spahis waren von den Sultanen als Besatzung in die Provinzen geschickt worden, wo sie dann das Recht erhalten hatten, Handel zu treiben, um ihren unregelmäßig ausbezahlten Sold aufzubessern. Dieses Phänomen wurde in Serbien, in Bosnien, in Saloniki festgestellt, wo nach Gilles Veinstein „die Janitscharen im Jahr 1792 ungefähr 55 Prozent der Bevölkerung darstellten". Dieser

Bevölkerungsaustausch verstärkte noch das Ineinandergreifen der Sprachen und Kulturen in der zerklüfteten Landschaft des Balkans. Dazu kam, daß die Übertritte zum Islam in der christlichen Bevölkerung weiter dauerten.[13]

Die fortschreitende Schwächung der Zentralmacht führte zu einer wachsenden politischen Anarchie, was das Ganze noch mehr komplizierte. So sollte im 18. Jahrhundert der Großteil Albaniens samt dem Pascha von Skutari der Hohen Pforte die Gefolgschaft aufsagen. Das 19. Jahrhundert wird dann nur noch eine Abfolge von schmerzlichen Zuckungen sein.

FINIS POLONIAE

Neben der Entstehung von Großösterreich ist das Verschwinden Polens das andere bedeutende Ereignis des 18. Jahrhunderts.

Zwischen Polen und der Türkei bestand eine enge Verbindung. Als Ludwig XIV. in seiner überragenden Klarsicht versucht hatte, Johann Sobieski davon abzuhalten, dem belagerten Wien zu Hilfe zu eilen, hatte er seinen Gesandten beauftragt, ihm begreiflich zu machen, daß die wahren Feinde Polens nicht die Türken seien, sondern Österreich, Brandenburg und Moskau. Sobieski aber hatte es vorgezogen, dem Drängen der Emissäre Leopolds und des päpstlichen Nuntius nachzugeben. Mit der Befreiung Wiens hatte er den Grundstein für Großösterreich gelegt. Selten war eine Tat von größerer Ritterlichkeit und geringerer politischer Klugheit geprägt. Solange die Osmanen Zentralungarn besaßen, war die Südgrenze Polens, gebildet durch Böhmen und Oberungarn, die einzige, von der keine Bedrohung für das Königreich kommen konnte. War die ungarische Ebene in Habsburgs Händen, so verwandelten sich Böhmen und Oberungarn in Vorposten, von denen aus das Haus Österreich Polen überfallen konnte. „Ich habe mancherlei Siege davontragen können, aber ich gestehe, daß ich kein Mittel habe, um mein Land zu retten", sagte der verzweifelte Sobieski in seinen alten Tagen. Im Jahr 1696 entfesselte sein Tod innere Kämpfe in der *Szlachta*, die in eine französische und eine sächsische Partei gespalten war.

Der Landtag war durch das *liberum veto* gelähmt, das Einstimmigkeit selbst für das unbedeutendste Gesetz verlangte: jegliche Reform war also ausgeschlossen. Die Spaltung des Adels führte zum Bürgerkrieg; dieser wiederum hatte die Intervention von außen zur Folge. Schweden und später Russen überfielen und verwüsteten das Land.

Das Königreich war nicht nur von Süden her bedroht. Von Osten, von Norden und von Westen her schloß sich die Falle. Von Osten durch Rußland: Peter der Große hatte dieses zu einer gewaltigen Macht entwickelt, die trotz des strategischen Genies Karls XII. Schweden besiegt hatte, das vor kurzem noch die erste europäische Macht neben Frankreich war. Von Norden und Westen durch Preußen: 1740 hatte sein neuer König Friedrich II. die Schwierigkeiten ausgenützt, die die Nachfolge Karls VI. hervorrief – er hinterließ nur eine Tochter, Maria Theresia –, um sich Schlesiens zu bemächtigen, des Kleinods in der böhmischen Krone. Nach Kriegen, die sich auf ganz Europa und Übersee ausweiteten, wurde ihm der Besitz Schlesiens im Frieden von Hubertusburg am 15. Februar 1763 endgültig zuerkannt. Von nun an bedrängte Preußen Polen auch von Süden her.

1764 hatte Stanislaus August Poniatowski den Thron Polens als Stanislaus II. bestiegen. Er war fest dazu entschlossen, seinen rückständigen Staat mit Hilfe von Reformen, die sogar von seinem Landtag angenommen wurden, in einen modernen umzuwandeln. Friedrich II. von Preußen, der mit einer fortschreitenden Auflösung Polens rechnete, war bestürzt über dieses Wunder. Er schlug Katharina II. von Rußland vor, das Land zu zerstückeln. Die Idee gefiel der Zarin, und so wurde 1772 Polen zum ersten Mal geteilt. Friedrich verband Ostpreußen und Ostpommern miteinander, indem er sich aller Gebiete bemächtigte, die sie trennten: Westpreußens (mit Ausnahme von Thorn und Danzig), des Bistums Ermland und des Netzedistrikts. Als Herrscher über ganz Preußen konnte Friedrich von nun an den Titel „König *von* Preußen" tragen. Katharina II. behielt ihrerseits einen langen Streifen Landes an der Ostseite des Königreiches. Ironie des Schicksals: Wenn Rußland sich davon abhalten ließ, noch mehr zu nehmen, so war der Grund dafür der Krieg, den der

Sultan ihm erklärt hatte und der es an seiner Südflanke voll beanspruchte. Und schließlich hatte Maria Theresia, um die Expansion ihrer gefährlichen Nachbarn einzuschränken, sich ebenfalls entschlossen, bei der Teilung Polens mitzumachen, die sie allerdings als einen Akt internationalen Raubrittertums betrachtete. Österreich annektierte den südlichen Teil Polens – Ostgalizien und Lodomerien. Obwohl seine Gebiete größer, reicher und dichter besiedelt waren als die, welche Preußen genommen hatte, zog Österreich dennoch einen viel geringeren Vorteil daraus. Es hatte bereits das hauptsächlich deutsche Schlesien an Preußen abtreten müssen und vergrößerte sich nun um slawische Gebiete, die es noch ein wenig weiter aus Deutschland herauswachsen ließen. Dagegen verstärkten die von Preußen annektierten polnischen Gebiete den Zusammenhalt der deutschen dadurch, daß sie sie vereinigten.

Dank der Französischen Revolution, die Österreich im Westen festhielt, konnten Preußen und Rußland die Teilung Polens fortsetzen. 1793 hatte Preußen sich Posens bemächtigt; damit waren die preußischen mit den schlesischen Gebieten ohne den Umweg über Brandenburg direkt verbunden. Rußland riß dagegen Podolien und die Hälfte von Wolhynien an sich. 1795 vollendete eine letzte Teilung diese Zerstückelung. Diesmal beteiligte sich Österreich, es nahm Krakau und Lublin an sich. Rußland annektierte Litauen, drang bis Brest-Litowsk vor und vereinnahmte alles, was von Wolhynien übriggeblieben war, mit einem Wort die ganze Ukraine. Alles, was das Großfürstentum Litauen im Jahr 1386 in seine Union mit Polen eingebracht hatte, war nun im Besitz Rußlands. Schließlich erweiterte sich Preußen vor allem nach Osten, indem es sich Masowiens mit Warschau bemächtigte und bis zum Njemen vordrang.

So war es bis 1918 mit Polen vorbei. Napoleon hatte 1807 in Tilsit das Großherzogtum Warschau geschaffen; es bestand aus den 1793 und 1795 von Preußen annektierten Gebieten, denen er 1809 noch den 1795 von Österreich annektierten Teil hinzufügte. Es verschwand bereits 1813 wieder von der Landkarte. Was das auf dem Wiener Kongreß errichtete „Königreich" betrifft – es war noch kleiner als das Großherzogtum –, das „Kongreßpolen"

genannt wurde und offiziell „auf immer mit dem Kaiserreich
Rußland vereint" war, so handelte es sich dabei bloß um eine
juridische Fiktion.

DER WIENER KONGRESS
ODER: DIE GROSSE WENDE

Das völlig Neue am Wiener Kongreß lag nicht in dem Trugbild
von Polens Auferstehung. Polen war und blieb inexistent. Das
Neue lag in der bisher noch nicht praktizierten Methode seiner
Auflösung, die das Schicksal ganz Zentraleuropas im 19. Jahrhundert bestimmte.

Österreich behielt den 1772 annektierten Teil; es verlor zu-
gunsten Rußlands die 1795 gewonnenen Gebiete, allerdings mit
Ausnahme Krakaus. Vor allem aber eignete sich der Zar weite
Gebiete der Beute Preußens an: all seine Annexionen des Jahres
1795, zudem noch die Hälfte der Annexionen vom Jahr 1793.
Rußland dehnte sich bis zu den Grenzen Ostpreußens, Pommerns
und Schlesiens aus. Als Entschädigung hiefür erhielt Preußen
Gebiete in Deutschland selbst: im Norden das schwedische Pommern mit der Insel Rügen; im Süden die Hälfte Sachsens; im
Westen vor allem den Hauptteil des Rheinlandes und Westfalens,
unter anderem die Herzogtümer Jülich und Berg, sowie die Kur-
fürstentümer Köln und Trier.

Diese Veränderung gab Europa ein neues Gesicht. Betrachten
wir einmal die beiden ersten Teilungen Polens: Damals ging es
für Preußen darum, seine ostdeutschen Gebiete miteinander zu
verbinden. Die dritte Teilung hingegen hatte nicht mehr dieses
Ziel. Sie lieferte Preußen praktisch das ganze ehemalige Polen
aus und damit fast alle eigentlich polnischen Gebiete. Mit der
einzigen Ausnahme von Krakau war es der wesentliche Teil des
historischen Polen – von Posen bis Masowien –, den Preußen
sich einverleibt hatte. Diese Annexion gehörte zum Selbstverständnis Preußens. Seit seiner Gründung hatte es sich zumindest ebenso zum Nachteil des katholischen Polen entwickelt wie
auf Kosten der heidnischen Balten. Zwischen Preußen und Polen

war es immer um einen Kampf auf Leben und Tod gegangen. Nach dem Frieden von Thorn im Jahr 1466 schien es, als ob Polen endgültig als Sieger aus diesem Kampf hervorgegangen wäre. Die Rache Preußens konnte nur erbarmungslos sein. Die dritte Teilung Polens brachte ihm endlich die Genugtuung: Sie war die Erfüllung des inneren Gesetzes seiner Gründung.

Deshalb war Preußen erbittert über die Entscheidung des Wiener Kongresses. Man entriß ihm polnische Gebiete, die ihm in seinen Augen rechtlich zustanden, um ihm dafür deutsche Gebiete zu geben, die es nicht wollte. Der freiheitliche Geist, der in seinen neuen Provinzen in Westdeutschland herrschte, war ihm im höchsten Grade verdächtig. Die Entrüstung Preußens war so groß, daß sie es an den Rand eines Krieges führte. Einzig und allein die entschlossene Haltung der anderen Vertragsmächte – Rußland, England, Österreich, Frankreich – zwang es zur Resignation.

Österreich behielt dagegen seinen gesamten Anteil von 1772, vermehrt um Krakau, das es 1795 erhalten hatte. Eigentlich war ihm dies auch nicht ganz recht. Es hätte viel lieber das deutsche Schlesien zurückbekommen, das ihm Friedrich II. im Jahrhundert zuvor genommen hatte. Da ihm dazu aber die Mittel fehlten, behielt es seine polnischen Erwerbungen, die seine Nachbarn Rußland und Preußen in einiger Distanz hielten. Österreich war mit seinem Anteil kaum zufriedener als Preußen mit dem seinen.

Darin bestand also die große Wende, die der Wiener Kongreß in Zentraleuropa bewirkte: Einerseits bestätigte er die Herauslösung Österreichs aus Deutschland, die mit der Eroberung Ungarns begonnen, sich im Verlust Schlesiens fortgesetzt hatte und mit der Annexion Galiziens vollendet wurde. Zum anderen nahm er Preußen den Großteil der polnischen Gebiete weg und ließ es gegen seinen Willen wieder in den deutschen Verband zurückkehren, den seine Besitzungen vom Osten und Westen her in die Zange nahmen – eine Zange, die nur noch geschlossen zu werden brauchte. Das Schicksal Europas war nun besiegelt. Der große Streit um den Vorrang in Deutschland, der Österreich und Preußen zu Gegnern gemacht hatte, war zugunsten des letzteren entschieden worden. So würde es Preußen zufallen, die deutsche

Einheit herzustellen. Österreich sollte ausgeschlossen bleiben und die große Macht in Zentral- und Balkaneuropa werden.

Die Bestimmungen der Schlußakte des Kongresses, die am 8. Juni 1815 unterzeichnet wurde, drückten bereits in ihren juridischen Formulierungen diese plötzliche Wende aus. Indem unter Napoleon die protestantischen Länder Baden, Württemberg und Hessen-Kassel zu Kurfürstentümern erhoben worden waren, war das Haus Habsburg aus dem Heiligen Römischen Reich implizite verbannt. Franz II. hatte daraus die Konsequenzen gezogen: Am 6. August 1806 legte er die Kaiserkrone nieder und nahm den Titel „Kaiser von Österreich" unter dem Namen Franz I. an. Der Wiener Kongreß schrieb diese Veränderungen nun unumkehrbar fest. Er stellte weder das Heilige Römische Reich wieder her noch setzte er dessen Kaiser wieder ein. An ihrer Stelle errichtete er nur das Surrogat eines „Deutschen Bundes", dessen Präsidium Österreich innehatte. Bestehen blieb dagegen das „Kaisertum Österreich". Ein Jahrhundert nach der Verlautbarung der Pragmatischen Sanktion war dies nun die Krönung der ihr innewohnenden Logik: Sie hatte den „unteilbaren und untrennbaren" Charakter der Länder des Hauses Österreich verkündet und das Prinzip der dynastischen Erbfolge zugunsten der Habsburger festgelegt.

Nicht wenig paradox war der Rollentausch zwischen Preußen und Österreich innerhalb Zentraleuropas, der nur mit der halben Zustimmung, wenn nicht sogar gegen den Willen dieser beiden Mächte vollzogen wurde. Die Neuverteilung der polnischen Gebiete, deren Folge er war, warf ein bezeichnendes Licht auf die Absichten zweier anderer Mächte, nämlich Frankreichs und Rußlands. Beunruhigt durch den Machtzuwachs, den die Vergrößerung Preußens darstellte, dachte Frankreich, es sei besser, daß Preußen sich am Rhein als in Polen vergrößere: Im Notfall würde es so leichter sein, ihm die neuen Gebiete wieder wegzunehmen. Zumindest war das die Meinung Talleyrands – sogar Geister, die nicht zu Illusionen neigen, sind davon nie völlig frei. Vor allem war diese Neuverteilung aber der Wunsch Rußlands. 1795 hatte die dritte Teilung seines ewigen Rivalen unter den Nordslawen ihm alle nicht polnischen Provinzen des

Königreiches eingebracht – das ehemalige Großfürstentum Litauen, mit anderen Worten das eigentliche Litauen, Weißrußland und die Ukraine. 1815 gewährten ihm darüber hinaus die neuen Grenzziehungen den Hauptteil des eigentlichen Polen, der dem ehemaligen Anteil Preußens und Österreichs entnommen wurde. Die Schlußakte des Wiener Kongresses ließ Rußland aus Osteuropa heraustreten und in Zentraleuropa eintreten.

DAS EUROPA DER HEILIGEN ALLIANZ

Die erste Internationale war nicht die der Völker. Es war die der Herrscher. Die am Ende des Wiener Kongresses gegründete „Heilige Allianz" war das Ergebnis der mystisch-schwärmerischen Ideen Alexanders I. und des politischen Kalküls Metternichs. Sie bekräftigte gemäß Artikel II des am 26. September 1815 geschlossenen Vertrages die Union der drei verbündeten Herrscher: „Sie werden selber wie von der Vorsehung delegierte Leiter dreier Stämme derselben Familie, nämlich Österreichs, Preußens und Rußlands sein und damit bekennen, daß das christliche Volk in Wirklichkeit keinen anderen Herrscher hat als Den, dem alle Macht zu eigen ist, den Inbegriff der Liebe, der Wissenschaft und der unendlichen Weisheit, nämlich Gott, unseren göttlichen Heiland Jesus Christus, das Wort des Höchsten, das Wort des Lebens ..." Am darauffolgenden 20. November ergänzten die drei Vertragsmächte, zu denen noch England gekommen war, dieses erste Abkommen durch einen Pakt – das Werk von Castlereagh und vor allem von Metternich –, in dem sie ihr Bündnis und ihre gegenseitige Hilfe bekräftigten im Falle, daß „die revolutionären Grundsätze [...] Frankreich in Aufruhr bringen, demnach auch die Ruhe fremder Staaten von neuem bedrohen könnten". Die mit mystischen Ergüssen begonnene Heilige Allianz wurde schließlich ein Vertrag zur Aufrechterhaltung der internationalen Ordnung durch Polizei und Armee. Sie war nur den natürlichen Weg jener Ideologien gegangen, die ebenso abstrakt wie edelmütig sind.

Diese Internationale war wohl die wirkungsvollste von allen:

33 Jahre hindurch ließ sie ihre Ordnung und ihren Frieden in Europa walten und überlebte selbst noch die Turbulenzen des Jahres 1830. Paradoxerweise war eine der ersten Folgen dieses christlichen Bündnisses die Rettung des Osmanischen Reiches. Der Sultan hatte mit Recht befürchten können, daß die Heilige Allianz einen Kreuzzug gegen ihn unternehmen würde. Aber ganz im Gegenteil: Sie rettete sein Reich. Wenn er auch kein Christ war, so war er immerhin ein Souverän, und der Sturz eines Monarchen wäre ein schlechter Auftakt für die Ära der Solidarität zwischen gekrönten Häuptern gewesen. Dadurch hätten unter den Völkern des Balkans Bewegungen von unvorhersehbarer Tragweite ausgelöst werden können; die ständige Angst vor der Revolution war allgegenwärtig. Abgesehen von diesen grundsätzlichen Überlegungen war es auch so, daß weder England noch Österreich, noch Rußland sich schon stark genug fühlten, um sich allein die Überreste des Reichs am Bosporus zu sichern.

METTERNICHS ÖSTERREICH

Nichts erzeugt mehr Bewegung als die Bewegungslosigkeit. Von 1815 bis 1848 ließen die 33 Jahre der Herrschaft von Bürokratie und Polizei das Kaisertum Österreich nach außen hin unverändert. Aber gerade diese Ruhe ermöglichte tiefgreifende Veränderungen unter der Oberfläche. In erster Linie eine Bevölkerungsexplosion. Man schätzt, daß zwischen 1819 und 1843, innerhalb von 24 Jahren also, die Bevölkerung des Reiches um 24 Prozent zunahm. 1846 erreicht die Monarchie die damals beachtliche Zahl von 35 Millionen Einwohnern. Die Zuwachsrate der städtischen Bevölkerung war noch höher: Innerhalb von 35 Jahren, von 1810 bis 1845, verdoppelt sich praktisch die Bevölkerung Wiens, indem sie von 225.000 auf 400.000 Einwohner ansteigt. Dieser Bevölkerungszuwachs des Landes löst eine industrielle Entwicklung – vor allem in der Textil- und Metallbranche – aus und bringt den Reichtum seiner hauptsächlich agrarisch bestimmten Wirtschaft gleichfalls zu neuer Blüte. Dazu kommt die Entwicklung des Verkehrswesens. Die Donau, die das industrialisierte Deutschland mit dem Agrarland Ungarn verbindet, wird zur wirtschaftlichen Hauptader Europas. 1829 wird die Donau-Dampfschiffahrtsgesellschaft gegründet, Straßen und Eisenbahnen, vor allem die Kaiser-Ferdinand-Nordbahn, verbinden die Nord- und Ostsee mit Triest und der Adria, wo 1836 die Schiffahrtsgesellschaft „Österreichischer Lloyd" entsteht. Die Entwicklung der Landwirtschaft, der Industrie und des Transportwesens hat wiederum den Ausbau des Handels zur Folge. Diese wirtschaftlichen Umwälzungen, die den Kapitalismus begünstigen, bleiben nicht ohne Auswirkungen auf die Gesellschaft, in der sich nun das Bürgertum herausbildet.

Zuvörderst in seinem intellektuellen Milieu entfalten sich zwei neue Ideen: der Nationalismus und der Liberalismus. Mit zahlreichen kritischen Schriften hatte Herder seit 1767 den Nationalismus in Mode gebracht: Jedes Volk habe eine Seele, der die wahre Schöpferkraft innewohnt und die den ihr eigenen „Genius" in der „Volkspoesie" ausdrückt. Hatte sich in Ossian nicht die schottische Volksseele geoffenbart? Im Gefolge Deutschlands begaben sich die Völker Zentraleuropas auf die Suche nach ihrer Identität, die in ihren jeweiligen Überlieferungen schlummerte; diese wurden nun mit einer Hingabe gesammelt, deren Ehrfurcht nur noch durch ihre Naivität übertroffen wurde. Überall begeisterten sich die jungen Bürger für das von natürlicher Tugend und ursprünglicher poetischer Kraft beseelte Volk, das nichts anderes war als die Vorstellung, die sie sich in ihren bequemen Salons und Bibliotheken von ihm machten.

Die nationalistische Bewegung, die bald Haßgefühle schüren sollte, begann mit einem begeisterten Aufschwung gebildeter Brüderlichkeit. Deutsche, Ungarn, Slawen halfen einander bei der Suche nach ihrer Vergangenheit, tauschten ihre Ideen und ihre jeweiligen Entdeckungen aus. So war Palacký, der die tschechische und slowakische Literatur der Vergangenheit ausgrub, in Verbindung mit Professor Luden von der Universität Jena und mit den ungarischen Erforschern der magyarischen nationalen Vergangenheit. Die Bewegung war allgemein. Dobrowský begründet die Slawistik und gibt unter anderem eine *Geschichte der böhmischen Sprache und Literatur* (1792, Neuausgabe 1818) heraus und 1822 seine *Institutiones linguae slavicae dialecti veteris.* Mit seinem großen tschechisch-deutschen Wörterbuch *(Slovnik jazyka českého),* dessen fünf Bände von 1835 bis 1839 erscheinen, macht Jungmann aus dem Tschechischen eine moderne Sprache, die statt des Deutschen verwendet werden kann. Von 1833 bis 1835 verfaßt der Philologe Šafařík auf tschechisch seine *Slawischen Sprachdenkmäler (Starozitnosti Slovanske),* Palacký veröffentlicht ab 1836 seine *Geschichte Böhmens* und zusammen mit Šafařík 1840 *Die ältesten Denkmäler der böhmischen Sprache.* Es fehlte nichts: Die tschechische Literatur hatte sogar ihren Macpherson in der Person Hankas, der 1817 vorgab, mittelalterliche Gedichte entdeckt zu haben – die berühmten Manuskripte von Königinhof *(Králove Dvur)* und von Grünberg *(Zelená Hora)* –, die die Existenz einer alttschechischen Literatur bezeugten. Erst 50 Jahre später wurde der Schwindel entlarvt. Bei den Südslawen gibt der Slowene Kopitar 1808 eine *Grammatik der slawischen Sprache in Krain* heraus; sein Ruhm wird 1834 vermehrt durch die wissenschaftliche Ausgabe des ältesten Denkmals der polnischen Literatur, das in St. Florian entdeckt wurde. Gaj begründet die kroatische Schriftsprache und entscheidet sich dabei für die Sprache der Literaten des 16. und 17. Jahrhunderts in Ragusa (Dubrovnik); bei seinem Unternehmen wird er unterstützt durch den Serben Vuk Stefanović Karadžić, den Verfasser einer Sammlung serbischer Volkslieder *(Srpske narodne pjesma),* die mehrmals ins Deutsche und in andere europäische Sprachen übersetzt wird. Parallel zu dieser wissenschaftlichen Tätigkeit existiert ein literarisches Schaffen aus dem Geist der Romantik. Es wird in magyarischer Sprache durch die Dichter Vörösmarty und Petöfi und den Romancier Eötvös veranschaulicht; in der tschechischen Sprache durch den slowakischen Dichter Kollár. Dazu kommt noch als drittes die journalistische Tätigkeit, die außer wissenschaftlichen Zeitschriften Nachrichtenblätter in den Nationalsprachen veröffentlicht: So etwa die von Kossuth gegründete „Pester Zeitung" *(Pesti Hirlap)* oder das „Illyrische Nationalblatt" *(Ilirske narodne novine),* das seit 1835 von Gaj herausgegeben wird.

Die nationalistische Ideologie konnte nicht ohne Entsprechung im politischen Bereich bleiben. Sie stammte zwangsläufig aus den Grundsätzen des Rousseauschen Individualismus, der wiederum Herder inspiriert hatte. Ebenso wie das Individuum von Natur aus gut und nur durch die widernatürliche Willkür der Gesellschaft schlecht geworden ist, so sind auch die Völker – gleichsam Individuen – an sich gut. Man brauchte sie nur vom verderblichen Joch der Tyrannei zu befreien, damit sie ihre ursprüngliche Güte wieder erlangten, und damit so aus dem Zusammenspiel der wiedererstandenen Nationen die von der Natur geschaffene Harmonie spontan entstünde. Der Nationalismus der Romantik implizierte die Zerstörung oder zumindest die völlige Umgestaltung jener Staaten, die sich nicht auf einer nationalen Realität gründeten, also des Kaisertums Österreich: Er war in seinem Prinzip revolutionär. Die metaphysische Betrachtungsweise war schließlich gekrönt worden durch den juridischen Begriff des Völkerrechts, das wiederum im Begriff der Konstitution definiert war; diesen hatte die Französische Revolution verkündet, und die Armeen Napoleons hatten ihn in Europa verbreitet.

Das waren die materiellen, sozialen und geistigen Umwälzungen, deren Entstehen im stillen durch die lange, von Metternich gesicherte Friedensperiode in der Monarchie begünstigt worden war. Sie brauchten nur noch hervorzubrechen.

DIE REVOLUTION VON 1848

Das besorgte die Revolution im Jahre 1848. Sobald in Österreich die Nachricht von den Ereignissen in Frankreich eintraf, die den Sturz von Louis-Philippe und die Errichtung der Zweiten Republik bewirkt hatten, war die Aufregung groß. In Wien, in Prag, in Pest forderten die Untertanen des Herrschers eine Verfassung. Metternich, der sich widersetzte, wurde vom Hof fallengelassen. Am 13. März mußte er die Flucht aus Wien ergreifen. Eine der längsten Ministerperioden der Geschichte ging zu Ende: Er war ohne Unterbrechung seit 1809 zuerst Außenminister, dann

Staatskanzler gewesen. Am selben Tag noch versprach die Regierung dem Volk eine Verfassung.

Es handelte sich nicht einfach, wie in Frankreich, um eine politische Revolution. Sie wurde kompliziert durch das Nationalitätenproblem, das selbst wieder dadurch verschärft wurde, daß die einzelnen Nationen nicht nebeneinander, sondern ineinander verzahnt lebten. Zu ihrem Widerstand gegen Wien kam noch der Widerstand gegeneinander.

Das aber war die Rettung für die Monarchie, die Machiavellis Grundsatz anwandte: *Divide ut imperes.* Selbst nach der Entlassung Metternichs konnte die österreichische Regierung die Forderungen der Aufständischen nicht befriedigen, gerade deshalb, weil sie nationalistisch waren. Sie war gezwungen, mit ihren Nationen zu brechen.

Zunächst einmal mit den Deutschen. Das in Frankfurt mit dem Auftrag zusammengetretene Parlament, die deutsche Einheit zu verwirklichen, hatte drei Lösungen zur Wahl: entweder würde das künftige Deutschland ohne Österreich bestehen; oder es würde die deutsche Bevölkerung Österreichs einschließen; oder aber es würde ganz Österreich samt seiner nichtdeutschen Bevölkerung mitumfassen. Einzig und allein die dritte Lösung war für den österreichischen Kaiser annehmbar: Seine Länder hätten in dem neuen Gebilde das Hauptgewicht gehabt, und Wien wäre natürlich dessen Hauptstadt gewesen. Die erste Lösung war inakzeptabel, weil sie ein „Kleindeutschland" geschaffen hätte unter der Vorherrschaft Preußens, das bereits die Mehrheit der Gebiete dieses Ensembles besaß. Die zweite Lösung war unannehmbar, weil sie auf eine Zerstückelung Österreichs hinausgelaufen wäre. Diese Lösung war aber die einzige streng „pangermanische" in Übereinstimmung mit der strikten Anwendung des Nationalitätenprinzips. In einer Resolution vom Oktober 1848 entschied sich das Frankfurter Parlament für diese. Da sie auch von den nach Frankfurt entsandten Vertretern der deutschen Bevölkerung Österreichs mitbeschlossen wurde, bedeutete dies einen Bruch zwischen dem Kaiser und den deutschen Revolutionären seiner Länder.

Der Bruch zwischen dem Herrscher und seinen magyarischen

Untertanen beruhte auf anderen Gründen. In der ersten Zeit war es doch zu einer Vereinbarung gekommen. Eine ungarische Delegation hatte am 18. März vom Kaiser in seiner Eigenschaft als König von Ungarn das Recht erlangt, eine Regierung zu bilden, die dem ungarischen Landtag gegenüber verantwortlich war. Diese, bestehend aus Széchenyi, Eötvös, Deák und Kossuth, mit dem Fürsten Ludwig Batthyány an der Spitze, verfaßte im April eine Konstitution, die den alten Landtag durch ein nach dem erweiterten Zensuswahlrecht gewähltes Parlament ersetzte und die Gleichheit der Bürger vor dem Gesetz, die Aufhebung der Steuerprivilegien, die religiöse Freiheit und die Presse- und Versammlungsfreiheit ausrief. Mit einem Mal wurde das mittelalterliche Ungarn zu einem modernen Land. Diese Verfassung wurde vom König angenommen und für alle Länder der Stephanskrone verlautbart; von den Wünschen und Forderungen der nichtmagyarischen Nationalitäten, die unter dieser Krone lebten, war jedoch nicht die Rede.

Beseelt vom selben revolutionären Geist protestierten diese heftig: natürlich die Slowaken, mehr aber noch die Kroaten. Als sie seinerzeit dem Königreich Ungarn eingegliedert worden waren, war dies theoretisch auf der Basis der Gleichheit geschehen. Seit damals aber hatten die Magyaren nicht aufgehört, ihre Rechte zu ignorieren. Eben hatten sie dies wieder einmal auf eklatante Art bewiesen. Daher berief der kroatische Banus Freiherr von Jellačić, einen Landtag in Agram ein und forderte die Bildung eines Königreichs Kroatien, das an die Dynastie so gebunden sein sollte wie Ungarn. Der Dualismus der Monarchie hätte sich dadurch in einen Trialismus verwandelt. Da jede Verständigung zwischen Magyaren und Kroaten unmöglich erschien, war der Krieg unvermeidbar geworden.

Der Kaiser-König wäre nicht abgeneigt gewesen, der ungarischen Regierung die Kroaten und anderen nichtmagyarischen Nationalitäten zu überlassen, vorausgesetzt, daß diese sich damit einverstanden erklärte, die das ganze Reich betreffenden Fragen – wie Finanzen und Armee – einem österreichisch-ungarischen Komitee zu überlassen. Aber dem natürlichen Verlauf aller Revolutionen gemäß wurde die Autorität des gemäßigten Batthyány durch den Einfluß Kossuths erschüttert. In dem Wunsch, sich von den Habsburgern zu befreien, neigte letzterer zu extremen Lösungen. Von einem österreichisch-ungarischen Komitee wollte er nichts wissen. Er verweigerte dem Kaiser-König die Truppen, die dieser zur Unterstützung gegen die aufständische Lombardei – damals Reichsgebiet – angefordert hatte, sowie für einen eventuellen Krieg in Deutschland. Um seine Ablehnung zu begründen, schützte er vor, daß die Nationalitäten überall dieselben Rechte hätten – und das zur gleichen Zeit, wo er sich anschickte, die Kroaten zu bekämpfen, die ihr nationales Recht forderten. Angesichts dieser Reaktion vollzog Wien eine plötzliche Kehrtwendung und unterstützte die Forderungen der Kroaten gegen die Magyaren. Batthyány demissionierte. Es bildete sich eine Art Wohlfahrtsausschuß unter der Führung Kossuths, der nun offen rebellierte. Darauf übertrug der Kaiser-König das Kommando über seine Truppen in Ungarn dem Banus Jellačić, erklärte das ungarische Parlament für aufgelöst und verhängte über Ungarn den Belagerungszustand. So lebte im Widerstand gegen die Magyaren das enge Verhältnis zwischen dem Haus Österreich und den Kroaten wieder auf, das bereits zum Ausdruck gekommen war, als am 1. Januar 1527 Kroatiens Landtag den Erzherzog Ferdinand dem Ungarn Zápolyai als Herrscher vorgezogen hatte. Der habsburgische Kaiser nützte die nationalen Rivalitäten aus: Er formte den Konflikt zwischen Kroaten und Magyaren in einen Krieg zwischen ihm und seinen aufrührerischen magyarischen Untertanen um.

Der Bruch zwischen dem Kaiser und den Tschechen sollte auch bald vollzogen werden. Als Reaktion auf die Frankfurter Nationalversammlung hatten die Slawen der Monarchie im Juni 1848 die Idee gehabt, in Prag ihren eigenen Kongreß einzuberufen. Wien hatte unter der Bedingung, daß dieser Kongreß rein kultureller Natur bleibe und nicht in den politischen Bereich des „Panslawismus" ausufere, seine Zustimmung gegeben. Den Slawen der Monarchie vorbehalten, war er nur „austroslawisch". Die Frage, die dort gestellt wurde, ob eine Föderation der slawischen Völker innerhalb der Monarchie wünschenswert sei, genügte jedoch, und schon waren die Grenzen zur Politik überschritten. Die Geister erhitzten sich. Ein Zwischenfall zwischen Studenten und Truppen des Generals Windischgrätz, die mit der Überwachung der Stadt betraut waren, löste in Prag den Aufstand gegen Wien aus. Windischgrätz räumte die Stadt, nahm sie unter Beschuß und eroberte sie mit Gewalt zurück. Prag unterwarf sich ebenso schnell wie nach der Schlacht am Weißen Berg.

Dafür gab es zahlreiche Gründe. Die Tradition der Zugehörigkeit zum Reich seit dem Mittelalter, durch zweieinhalb Jahrhunderte der Abhängigkeit von Wien noch verstärkt, hatte kein geringes Gewicht. Es gab aber noch andere, tiefere Gründe. Das Schicksal der Länder der Wenzelskrone war unauflöslich mit dem von Österreich verbunden. Sollte das Deutschland von Frankfurt errichtet werden, so würden sich alle Deutschen rings um das „böhmische Viereck", die „Sudetendeutschen", von den Tschechen und den Mährern trennen. Das wäre das Todesurteil für das Königreich Böhmen gewesen, was man in Prag als Sakrileg empfunden hätte.

Übrigens hätte dieses Frankfurter Deutschland ebenso das Ende Österreichs bedeutet. Auch das wünschten die Tschechen und die Mährer nicht. Als die Deutschen bei der Konstitution des Frankfurter Parlaments in der ersten Zeit alle Völker Böhmens eingeladen hatten, Abgeordnete zu entsenden, hatten die Deutschen Böhmens mit Begeisterung zugesagt. Die Tschechen und die Mährer aber hatten abgelehnt. Um diese Ablehnung zu rechtfertigen, hatte am 11. April 1848 einer ihrer bedeutendsten Vertreter, Franz Palacký, einen Brief verfaßt, der sogleich großen Widerhall hervorrief. Sein Text war von großer Bedeutung: Er sei kein Feind der Russen, erklärte er, ebensowenig wie er ein Feind der Deutschen sei; aber er sei ein Feind einer neuen universalen Monarchie, denn diese sei „ein unabsehbares und unnennbares Übel, eine Calamität ohne Maß und Ende. […] Sie wissen", schrieb er, „daß der Süd-Ost von Europa, die Gränzen des russischen Reichs entlang, von mehreren in Abstammung, Sprache, Geschichte und Gesittung merklich verschiedenen Völkern bewohnt wird, – Slaven, Walachen, Magyaren und Deutschen, um der Griechen, Türken und Schkipetaren nicht zu gedenken, – von welchen keines für sich allein mächtig genug ist,

dem übermächtigen Nachbar im Osten in aller Zukunft erfolgreich Widerstand zu leisten; das können sie nur dann, wenn ein
einiges und festes Band sie alle miteinander vereinigt. Die wahre
Lebensader dieses nothwendigen Völkervereins ist die Donau;
seine Centralgewalt darf sich daher von diesem Strome nicht weit
entfernen, wenn sie überhaupt wirksam sein und bleiben will.
Wahrlich, existirte der österreichische Kaiserstaat nicht schon
längst, man müßte im Interesse Europa's, im Interesse der Huma-
nität selbst sich beeilen, ihn zu schaffen. [...] Denken Sie sich
Österreich in eine Menge Republiken und Republikchen aufgelöst, – welch' ein willkommener Grundbau zur russischen
Universalmonarchie!" Allerdings sollte sich das österreichische
Kaiserreich nicht nur von Rußland, sondern auch von Deutschland unterscheiden, das bereits – die Einladung von Frankfurt
bewies es – Böhmen beanspruchte. Daher fügte Palacký hinzu:
„Sobald ich nun meine Blicke über die Gränzen Böhmens hin-
auserhebe, bin ich durch natürliche wie geschichtliche Gründe
angewiesen, sie nicht nach Frankfurt, sondern nach Wien hinzu-
richten, und dort das Centrum zu suchen, welches geeignet und
berufen ist, meines Volkes Frieden, Freiheit und Recht zu sichern
und zu schützen." Er beschwor schließlich die Frankfurter Abge-
ordneten: „Um des Heils von Europa willen darf Wien zu einer
Provinzialstadt nicht herabsinken!"[14] Diese Worte eines Liberalen, eines überzeugten Anhängers des Nationalitätenprinzips und
Gegners der Habsburger enthüllen die tiefsten Gedanken der
Tschechen und der Mährer im Jahr 1848; sie erklären, warum sie
sich Wien relativ leicht wieder unterwarfen. Angesichts des
drohenden Zerfalls Böhmens zogen sie es vor, gemeinsame
Sache mit Habsburg zu machen, dem einzigen Garanten für die
Aufrechterhaltung ihrer Integrität. Die Dynastie stützte sich be-
reits auf die Kroaten gegen die Ungarn; ebenso konnte sie in ihrer
Stellung gegen die Deutschen auf die nicht ganz freiwillige Treue
der Tschechen und der Mährer zählen.

Und schließlich konnte sie sich auf die Polen von Krakau und
von Galizien verlassen. Das Revolutionsfieber hatte sie zwar
auch angesteckt, aber der Anfall war nur von kurzer Dauer. In
ihrer überwältigenden Mehrheit blieben sie der Dynastie treu. Sie

wußten sehr wohl, daß ihr Schicksal im katholischen Habsburgerreich, verglichen mit dem, welches das protestantische Preußen oder das orthodoxe Rußland ihren Brüdern bereitete, bei weitem das beneidenswerteste war.

Die Gesamtstruktur des Konflikts, so wie sie sich im Laufe der Monate abzeichnete, war nicht wenig paradox. Gegen seine rebellischen deutschen und magyarischen Untertanen, die auf nichts Geringeres hinarbeiteten als auf die Zerschlagung der Monarchie, suchte und fand der ehemalige römisch-deutsche Herrscher, der Kaiser von Österreich und König von Ungarn, die nötige Unterstützung bei den slawischen Völkerschaften, die bis jetzt von den Deutschen und den Ungarn mit seinem kaiserlichen Einverständnis unterdrückt worden waren.

Die Wende der Revolution vollzog sich zwischen Oktober und Dezember 1848. Im Oktober erhob sich Wien, wo durch die wirtschaftliche Desorganisation der Monarchie eine Hungersnot entstanden war. Der Kaiser verließ die Hauptstadt, die Windischgrätz – wie seinerzeit Prag – belagerte, beschoß und wieder einnahm. Windischgrätz wußte aber, daß militärische Maßnahmen noch keine politischen Lösungen sind. Im November erzwang er die Ernennung seines Schwiegervaters, des Fürsten Schwarzenberg, zum Ministerpräsidenten. In diesem verband sich eine überragende Intelligenz mit einem unbeugsamen Charakter. Er führte nun seinerseits einen Staatsstreich durch: Er zwang den Kaiser zur Abdankung. Der geistig hilflose Ferdinand I. war gerade nur imstande, die Urkunden zu unterzeichnen, die man ihm vorlegte, und beklagte sich dabei ständig über die Mühe, die ihm die Unterschrift bereitete. Es ersetzte ihn sein damals achtzehnjähriger Neffe, Erzherzog Franz Joseph, am 2. Dezember 1848.

Der wichtigste Vorzug des neuen Herrschers war seine Jugend und seine robuste Gesundheit. Seine tiefe Ehrlichkeit konnte seine mittlere Intelligenz nicht ausgleichen, die ihm nicht erlauben würde, den Herausforderungen des neuen Zeitalters gewachsen zu sein. Im Vergleich zu seinem Onkel war er aber ein wahres Geisteskind. In Wirklichkeit regierte Schwarzenberg.

Dieser war, wenn man so sagen kann, der Köprülü Österreichs. Er brauchte nicht einmal ein Jahr, um das Reich aus einer fast hoffnungslosen Lage zu retten. Ein rascher Feldzug von Windischgrätz in Ungarn, ein weiterer von Radetzky in der Lombardei und in Venetien brachten die Aufstände zum Erliegen. Schwarzenberg hielt sich für stark genug, den Reichstag von Kremsier aufzulösen, der seit bald einem Jahr tagte, und oktroyierte dem Staat eine Verfassung auf. Sie betrachtete diesen als unteilbare Einheit und kannte nur das Kaisertum, das nicht aus Nationalitäten bestand, sondern aus einem Verband von „Volksstämmen" – so, als ob es nur ein österreichisches Volk gäbe, das verschiedene Sprachen spricht. Das Kaisertum war in „Reichsländer" geteilt, die ungefähr den großen Nationalitäten entsprachen. Folglich waren unter anderen die Slowakei, Siebenbürgen und Kroatien vom magyarischen Ungarn getrennt.

Die Reaktion der Magyaren war fürchterlich. Die Verfassung löste das Königreich des heiligen Stephan auf. Ihre Proklamation war illegal, die Abdankung Ferdinands I. als ungarischer König unter dem Namen Ferdinand V. desgleichen, und illegal war auch die Thronbesteigung des neuen Herrschers: Der ungarische Reichstag war mit keiner dieser Angelegenheiten befaßt worden. Die Magyaren kündigten die alten Verpflichtungen des Königreiches auf, erklärten die Dynastie für abgesetzt und riefen die Republik mit Kossuth als Präsidenten aus. Die ungarische Armee wurde wieder aufgestellt und ihre wütende Entschlossenheit trieb die Kaiserlichen überall zum Rückzug. In Westeuropa und vor allem in Paris, wo mit glühendem Eifer für Ungarn Partei ergriffen wurde, betrachtete man diesen Krieg als einen republikanischen Kampf gegen die habsburgische Tyrannei. Zu Unrecht. Die Ideologie verbarg die historische Wahrheit, und hätte man sich die Mühe der näheren Betrachtung gegeben, so hätte man bemerkt, daß die Magyaren ebenso kämpften, um ihre eigene Unterdrückung der slawischen und rumänischen Minderheiten zu befestigen, wie um ihre Unabhängigkeit gegenüber Wien zu verteidigen. Reiht man diesen Krieg in die historische Abfolge ein, so zeigt sich sein wahres Gesicht: Er war der letzte große Kuruzzenaufstand.

Schwarzenberg gelang es nicht, nur mit den eigenen Kräften den Krieg zu beenden. Er sah sich gezwungen, den russischen Zaren im Namen der Solidarität zwischen den durch die Revolution bedrohten Herrschern zu Hilfe zu rufen: Das war die letzte Erinnerung an die Heilige Allianz. Die russischen Truppen rückten in Ungarn vor, eroberten Ofen und Pest im Mai 1849 und nahmen am 13. Juli in Világos die Kapitulation der ungarischen Armee entgegen. Diesmal hatte sich der Kaiser an Slawen außerhalb seines Reiches wenden müssen, um seine Untertanen in die Knie zu zwingen. Rußland besaß schon den Großteil Polens. Jetzt verdankte Österreich ihm sein Kaiserreich. Seine Präsenz in Zentraleuropa wurde immer spürbarer, und der Haß der Magyaren gegen die Slawen dadurch noch stärker. Rákóczi hatte seinerzeit sein Leben in der Türkei beschlossen; auch Kossuth fand Zuflucht in diesem Land.

Schwarzenberg hatte nun die Hände frei. Sein Strafgericht in Ungarn war unbarmherzig. Am 17. Oktober 1849 verkündete eine Proklamation das Ende des Dualismus: „Die alte ungarische Verfassung ist von der Revolution aufgehoben worden." Das ungarische Territorium wurde aller seiner nichtmagyarischen Provinzen beraubt. Der Rest des Landes wurde in fünf kaiserliche Statthaltereien geteilt, in denen Deutsche oder Tschechen die Beamten stellten. Der Belagerungszustand dauerte bis 1854 an.

Nachdem er die österreichischen Angelegenheiten geregelt hatte, konnte Schwarzenberg sich nun der deutschen Frage widmen. Preußen hatte die allgemeine Verwirrung zu dem Versuch benützt, Deutschland unter seinem Banner zu einen. Mit einer Kriegsdrohung zwang Schwarzenberg den König von Preußen, auf seinen Plan zu verzichten und mit der Wiederherstellung des Deutschen Bundes zur Situation von 1815 zurückzukehren. Der Vertrag von Olmütz, der am 29. November 1850 unterzeichnet wurde, ging als Symbol der Demütigung Preußens in die Geschichte ein.

VOM ABSOLUTISMUS ZUM AUSGLEICH

Es ist leichter, eine Revolution niederzuschlagen als einen politischen Organismus wiederaufzubauen. Die Ratlosigkeit des jungen Franz Joseph war beträchtlich. Der plötzliche Tod Schwarzenbergs im Jahr 1852 hatte ihn Ministern preisgegeben, die nicht annähernd dessen Weitsicht besaßen. Man wählte die leichtere Lösung, im vorliegenden Fall also den Weg der Stärke.

Der ungarische Aufstand hatte den Herrscher davon abgehalten, die „oktroyierte Märzverfassung" von 1849 anzuwenden. Die von ihr vorgesehene Volksvertretung würde, so dachte man in Wien, nur der Schauplatz für nationale Auseinandersetzungen und Angriffe auf die Regierung sein. Die Versammlungs- und Vereinsfreiheit wurde ebenso aufgehoben wie die Landtage. Der Kaiser regierte einen Einheitsstaat mit Hilfe des Kronrats, der Beamten, der Polizei und der Kirche, die alle Stufen des Unterrichtswesens kontrollierte. In der Person des Kaisers waren die gesetzgebende, die vollziehende und die richterliche Gewalt konzentriert. Dieser totale Absolutismus, der nichts anderes als ein ungeheurer legalisierter Belagerungszustand war – nach dem Namen des für seine Umsetzung verantwortlichen Ministers „Bachsches System" genannt –, blieb unverändert bis 1860 bestehen. Kennzeichnend für dieses System war, daß es aus verschiedenen, doch einander ähnlichen Gründen alle Nationalitäten verärgerte.

Der tatsächliche Friede, den es im Staat walten ließ, trug dieselben Früchte wie das 33 Jahre währende Metternichsche System. In der Agrarwirtschaft ermöglichte die Abschaffung der grundherrschaftlichen Rechte die Entstehung landwirtschaftlicher Kleinbetriebe. Was die großen Güter betrifft, so steigerte die Abschaffung der Robot, die paradoxerweise ihr Funktionieren beeinträchtigte, deren Rentabilität. Industrie und Handel blühten dank der Einrichtung von Handels- und Gewerbekammern, der Aufhebung der Zollschranken zwischen Österreich und Ungarn sowie der Abschaffung des Zunftwesens, dank dem Ausbau des Eisenbahnnetzes mit der Errichtung der Nordbahngesellschaft und der Südbahngesellschaft, ferner dank der Förderung der Flußschiffahrt. Das Kaiserreich verband nicht nur alle seine Teile miteinander, es öffnete sich auch nach Deutschland, nach Italien und zum Orient hin. Diesen wirtschaftlichen Aufschwung stützte die Entwicklung des Bankwesens, die ihrerseits wieder durch die Umstellung des Währungssystems vom Zwangskurs auf die Doppelwährung ermöglicht wurde. Der Beginn der völligen Neugestaltung Wiens war Ausdruck dieses wachsenden Wohlstands.

Parallel dazu entwickelt sich, wie unter Metternich, das nationale Bewußtsein weiter. Zwischen 1850 und 1855 bildet sich die serbokroatische Schriftsprache unter dem Einfluß von Vuk Stefanović Karadžić heraus, der die erste serbische Grammatik herausgibt und vor allem sein monumentales *Lexicon serbico-germanico-latinum* in Wien 1852 veröffentlicht. Es handelt sich dabei um eine und dieselbe Sprache, die von den beiden Völkern verwendet werden kann: Die Kroaten schreiben sie in lateinischen Buchstaben, die Serben in cyrillischen. Trotz der Bemühungen der Serbo-Kroaten betonen die Slowenen ihre Originalität: Sie weigern sich, diese Sprache anzunehmen, und behalten die Eigentümlichkeit ihres Idioms bei. Die Slowaken ihrerseits betonen ihre Identität und entwickeln die slowakische Sprache unter dem Einfluß von Štur, statt weiter das Tschechische zu verwenden, das bisher den Tschechen wie den Slowaken als Schriftsprache diente. Ebenso unterstreichen die galizischen Ruthenen den Unterschied zwischen dem Ukrainischen und dem Russischen. Diese Bewegung zur Betonung der slawischen Identitäten vollzieht sich mit Hilfe der Zentralregierung, die darauf bedacht ist, den magyarischen Einfluß zu schwächen. Wien errichtet ein kroatisches Erzbistum in Agram und entzieht dadurch Kroatien dem ungarischen Erzbischof, von dem es bisher abhing. Übrigens war es nicht der Erzbischof von Agram, sondern sein Suffraganbischof von Djakovo, Stroßmayer, der als Gründer der Akademie der Wissenschaften der Südslawen sich bereits als südslawischer Patriot erwies.

Phantasie war nicht gerade die Stärke der Regierung Franz Josephs. Der Kaiser hätte als Anhänger der pedantischen Kontrolle am liebsten das „Bachsche System", das seinem Wesen nach eine Übergangslösung war, unbegrenzt weiter geführt. Die äußeren Umstände hinderten ihn daran, es aufrechtzuerhalten. Napoleon III., der etwa zur gleichen Zeit wie er an die Macht gekommen war, hatte nichts anderes im Sinn als die Zerstörung der durch den Wiener Kongreß geschaffenen Ordnung Europas. Nachdem er die Russen auf der Krim angegriffen hatte, wendete er sich gegen Österreich, mit dem er nicht im mindesten im Streit lag, und schlug mit Hilfe von Piemont dessen Armeen bei Magenta am 4. Juni 1859 und 20 Tage später bei Solferino. Die äußere Niederlage trieb die innere Unzufriedenheit auf die Spitze; Franz Joseph opferte ihr Bach.

Es folgte eine Periode tastender Versuche, um eine neue Regierungsform zu finden. Hin und her gerissen zwischen Beratungen und Gesprächen, zwischen Konferenzen und geheimen Sitzungen, legte der unentschlossene Kaiser seine Unfähigkeit zu einem gesamtpolitischen Konzept an den Tag, was eine politische Konfusion nach sich zog. Auf einen Versuch in Richtung Föderalismus, der Ausdruck im „verstärkten Reichsrat" und im „Oktoberdiplom" von 1860 fand, folgte 1861 eine Rückkehr zum Zentralismus in der Form des „Februarpatents". Beide Versuche waren wegen der Opposition der meisten Nationalitäten zum Scheitern verurteilt, in erster Linie der der Magyaren. Deren Widerstand war so heftig, daß in Franz Joseph der Plan reifte, sich mit ihnen zu verständigen und eine Art Kondominium über die Monarchie zu errichten.

Wieder einmal wurde die Entwicklung durch die äußeren Ereignisse beschleunigt. 1862 hatte König Wilhelm I. von Preußen Otto von Bismarck zum Ministerpräsidenten ernannt, der sich als der bedeutendste politische Kopf des Jahrhunderts entpuppen sollte. Dieser brauchte nicht länger als vier Jahre, um Österreich aus dem Deutschen Bund zu verjagen: Am 3. Juli 1866 schlug er die Österreicher in der Schlacht bei Königgrätz in Böhmen. Nachdem der Deutsche Bund von einem Norddeutschen Bund abgelöst worden war, der nun unter dem Vorsitz Preußens stand, brauchte Bismarck nur mehr vier Jahre später dessen Einzelstaaten in einem Krieg gegen Frankreich zu vereinen, um daraus das Deutsche Reich entstehen zu lassen.[15] Die

Ansprüche der Habsburger auf Deutschland waren für immer zunichte geworden. Dies waren die letzten Auswirkungen der großen Wende von 1815.

Der besiegte Kaiser stand nun allein seinen Donauvölkern, vor allem den Magyaren, gegenüber. Diese hätten die Feindseligkeiten von 1866 zu einem Aufstand ausnützen können. Bismarck und Kossuth riefen sie dazu auf. Aber sie taten es nicht. Bei seiner Rückkehr nach Wien ließ der Kaiser Deák rufen, mit dem er seit mehreren Monaten in Verhandlungen war. Er fragte ihn, was Ungarn wünsche. „Nicht mehr und nicht weniger als vor Königgrätz", antwortete dieser. Der Kaiser verhandelte. Am 19. Juli, zwei Wochen nach Königgrätz, akzeptierte er den ungarischen Plan.

EIN FAULER AUSGLEICH

Der österreichisch-ungarische Ausgleich von 1867 stellte in der Donaumonarchie den Dualismus wieder her, der seit der Pragmatischen Sanktion von 1713 zur Tradition gehört hatte und der durch die Verfassung von 1849 und die Proklamation vom 17. Oktober desselben Jahres aufgehoben worden war. Die Monarchie sollte in zwei Staaten geteilt werden, deren Grenze zum Teil dem Lauf der Leitha folgte. „Cisleithanien" umfaßte das eigentliche Österreich bis zum slowenischen Krain im Süden, ferner Böhmen und Mähren sowie Galizien. „Transleithanien" bestand aus dem magyarischen Ungarn, aus der Slowakei oder Oberungarn, aus Siebenbürgen und Kroatien. Die räumliche Anordnung ihrer Gebiete unterstrich noch die Verschiedenheit dieser Länder. Während Cisleithanien sich in einem riesigen Bogen von der Adria bis zur Ukraine ausdehnte und Provinzen umfaßte, die nichts miteinander gemein hatten, stellte Transleithanien eine zusammenhängende Ganzheit dar. Es konzentrierte sich um das Donautal und seinen Kern, das magyarische Ungarn, das von seiner zentralen Stellung aus eine lückenlose Autorität auf die dazugehörigen Länder ausüben konnte.

Im Vergleich zum alten Dualismus waren die Unterschiede

jedoch deutlich fühlbar. Cisleithanien und Transleithanien sollten nicht mehr zwei Teile eines und desselben Reiches sein,
sondern zwei verschiedene Staaten, ein Österreich und ein Ungarn unter einem gemeinsamen Herrscher – auf der einen Seite
Kaiser, auf der anderen Seite König – und mit „gemeinsamen
Reichsangelegenheiten". Die einen, wie etwa die Auswärtigen
Angelegenheiten und das Kriegswesen, wurden vom Gesamt-
staat geregelt, während die anderen – die wirtschaftlichen Belange – Verträgen unterworfen waren, die alle zehn Jahre erneuert werden sollten.

Weit mehr noch als seine Struktur war die juridische Natur
des Ausgleichs wichtig. Sie bestätigte den Sieg des Staatsrechts
über das Nationalitätenrecht. Seit ihren Ursprüngen bestand die
Donaumonarchie aus mehreren Ländergruppen – wie etwa den
österreichischen Erblanden, den Ländern der Wenzelskrone
und den Ländern der Stephanskrone –, die sich weder mit einer
Ethnie noch mit einer Sprache deckten: In den Erblanden lebten
Slawen und Italiener, in Böhmen Tschechen und Deutsche, in
Ungarn Magyaren, Deutsche, Slawen und Rumänen. Das Recht,
kraft dessen diese Staaten ihre Untertanen seit dem Mittelalter
regierten, wurde „Staatsrecht" genannt. Darüber hinaus hatten
die verschiedenen Völker, die das Donaureich bildeten, seit dem
Anfang des 19. Jahrhunderts spezifische Rechte gefordert, wie
das Recht des Gebrauchs der eigenen Sprache in der Verwaltung
oder sogar das Recht, autonome politische Gruppen zu bilden.
Die tschechischen und die kroatischen Forderungen waren berühmt, aber sie waren bei weitem nicht die einzigen. Die Revolution von 1848 hatte sie plötzlich ans Tageslicht gebracht. Das
Recht, auf dem sie gründeten, war ein neues Recht, das man
„Nationalitätenrecht" nannte. Der Konflikt zwischen dem alten
und dem neuen Recht war unausbleiblich. Wenn die Kroaten
etwa, die ungarische Untertanen waren, das Recht forderten, im
Landtag von Agram kroatisch zu sprechen, so taten sie dies im
Namen des Nationalitätenrechtes; wenn der ungarische Reichstag ihnen dies verweigerte und sie zwang, ungarisch zu sprechen,
so tat er dies im Namen des Staatsrechtes. Dieser offensichtlich
unlösbare Konflikt zwischen den beiden Rechten ist der wich-

tigste Gärstoff, der die innere Zerstörung der Monarchie hervorrufen wird.

Die Verfassung von 1849 hatte Schluß gemacht mit den vom Mittelalter ererbten Staatsrechten. Sie hatte sie in gewisser Weise durch ein einziges Staatsrecht ersetzt, das des geeinten Kaisertums Österreich. Danach konnte dieses, ohne ausdrücklich das Nationalitätenrecht anzuerkennen, dennoch die Existenz verschiedener „Völker" im Reich zulassen. Ohne es ausdrücklich hervorzuheben, zielte die Verfassung Schwarzenbergs auf eine Lösung der inneren Konflikte hin, die auf dem Prinzip der Nationalitäten basierte.

Was dem Ausgleich von 1867, der „Österreich-Ungarn" schafft, einen im eigentlichen Sinn zutiefst reaktionären Charakter verleiht, ist seine juridische Natur. Indem er das Staatsrecht zugunsten Ungarns wieder einführt, entscheidet er sich gegen das Nationalitätenrecht. Indem Wien die Hälfte des Reiches Budapest überläßt, opfert es bewußt die Nationalitäten. Die Kroaten, die Rumänen, die Slowaken blieben Ungarn unterworfen im Namen des ungarischen Staatsrechtes, genauso wie im Namen desselben Prinzips die Böhmen, die Slowenen, die Galizier, um nur einige zu nennen, Österreich unterworfen blieben. Die zynische, an die österreichische Seite gerichtete Äußerung eines der ungarischen Unterhändler des Ausgleichs wurde berühmt, denn sie besagte alles: „Behaltet ihr eure Horden, wir behalten die unseren." Unter dem liberalen Anschein, den er sich gab, indem er Ungarn auf gleichen Fuß mit Österreich stellte, zementierte der Ausgleich nur noch besser die Autokratie, anstatt dem Liberalismus die Türen zu öffnen. Aus Unterdrückten wurden die Ungarn Unterdrücker, und die Völker, die nun zwei Herren untertan waren statt einem, sollten noch strenger gehalten werden.

Was dem Ausgleich den Anschein von Liberalismus verlieh, dessentwegen er – besonders in Frankreich – von den damals ungarnfreundlichen und slawenfeindlichen Liberalen gefeiert wurde, war die Tatsache, daß für die eigentlichen Nutznießer dieser Neuordnung der Donaumonarchie, nämlich die Magyaren, sich das Staatsrecht ausnahmsweise mit dem Nationalitätenrecht deckte. Die Anerkennung des ungarischen Staatsrechtes durch Wien kam *de facto* der Anerkennung des Nationalitätenrechtes der Magyaren gleich, deren Ungemach die europäischen Liberalen nicht genug beklagen konnten – besonders seit dem Scheitern der Revolution von 1848 und dem romantischen Schicksal von Kossuth. Der Zusammenfall der beiden Rechte, der die wichtigste nationale Opposition innerhalb des Reiches, nämlich die magyarische, beseitigte, verlieh diesem Ausgleich seine ganze Wirkung und erklärt, warum er zumindest für eine gewisse Zeit der Monarchie einen neuen Impuls geben konnte.

Der Gipfel war, daß der Ausgleich nicht einmal zur Gänze auf dem Staatsrecht basierte. Dann hätte er ja auch mit Böhmen geschlossen werden müssen, das als Königreich sich ebenfalls auf ein Staatsrecht berufen konnte – welches sich wiederum mit dem Nationalitätenrecht, nämlich dem der Tschechen und der Mährer, gedeckt hätte. Wenn es übrigens nach der sachlichen Logik gegangen wäre, so hätte Wien mit Böhmen und nicht mit Ungarn einen derartigen Vertrag abschießen sollen. Sowohl der Bevölkerungszahl nach als auch durch sein Gewicht auf dem Gebiet des Handels und der Industrie war Böhmen Ungarn überlegen. Es war der wichtigste Wirtschaftspartner Wiens. Aber für den Ausgleich waren eben nicht wirtschaftliche Belange, sondern psychologische Gründe ausschlaggebend gewesen. Zu allen Zeiten war Ungarn das Land, das am leidenschaftlichsten zur Wahrung seiner Unabhängigkeit entschlossen war. Eben erst hatte es vor einem Krieg gegen Wien nicht zurückgescheut, während Böhmen schließlich nachgegeben hatte. Zu diesen noch frischen Erinnerungen kam die historische Tradition des österreichisch-ungarischen Dualismus, die seit dem Frieden von Szatmár und der Pragmatischen Sanktion ungebrochen war, während Böhmens historische Tradition seit der Schlacht am Weißen Berg im Jahr 1620 die der Unterwerfung unter Wien war. Schließlich waren die Politiker Ungarns aufgrund der Vergangenheit ihres Landes erfahrener, beherzter und entschlossener als die Böhmens. Im übrigen wußte Wien, daß es sich bei der Unterdrückung der Tschechen und der Mährer auf die Zustimmung der starken deutschen Minderheit in Böhmen stützen konnte. Es war sich auch der Fügsamkeit der Polen sicher, die, wenn sie nach Preußen oder nach Rußland blickten, ihre eigene Situation als das kleinere Übel einschätzten und die vor allem selbst die unierten Ruthenen in Ostgalizien unterdrückten. All diese Gründe führten zusammen mit dem Bestreben Wiens, die Macht so wenig wie möglich zu teilen, zur Wiederherstellung des Dualismus zugunsten Ungarns und verhinderten einen Trialismus, der Böhmen in gleichem Maße begünstigt hätte. Sie erklären außerdem, warum es Österreich und Ungarn bis zum Ersten Weltkrieg gelang, ein Halbjahrhundert hindurch ihre Autorität über die Doppelmonarchie aufrechtzuerhalten.

Um den Ausgleich offiziell zu bestätigen, begab sich Franz Joseph am 8. Juni 1867 nach Budapest, wo ihm die Krone des heiligen Stephan aufs Haupt gesetzt wurde. Er anerkannte damit, daß seine Herrschaft über die Ungarn bisher keine gesetzliche Grundlage gehabt hatte. Die Magyaren hatten den Krieg gewonnen, den sie seit 1848 unaufhörlich, offen oder im geheimen, gegen Wien führten. Wie der Aufstand Rákóczis 1711 mit dem Frieden von Szatmár geendet hatte, der Ungarn seine alten Rechte wiedergab und der durch die Krönung Karls III. besiegelt wurde, so endete der von Kossuth begonnene Aufstand mit dem Erfolg des Ausgleichs und der Krönung Franz Josephs. Wieder einmal kam das fundamentale Gesetz Zentraleuropas, das seit dem Hochmittelalter galt, zur Anwendung: das Bündnis der Deutschen mit den Magyaren auf der Basis der Gleichberechtigung – auf Kosten der Slawen.

Der Ausgleich stellte also eine eklatante Rechtsverweigerung gegenüber den Slawen dar. Selbst die Magyaren merkten, daß sie ihn adaptieren mußten, zumindest im Hinblick auf die Kroaten, die ihnen Widerstand geleistet hatten: Anläßlich des Aufstandes hatte Jellačić die ungarische Armee bei ihrem Marsch auf Wien geschlagen und war dann zur gleichen Zeit wie Windischgrätz in die ungarische Hauptstadt eingezogen. Die Kroaten waren nicht gewillt, sich den Magyaren zu unterwerfen. Um einen Bürgerkrieg zu vermeiden, schloß die ungarische Regierung mit ihnen 1868 einen „ungarisch-kroatischen" Ausgleich. Besondere Angelegenheiten – Verwaltung, Justiz, Kultus und Unterricht –

sollten vom Landtag in Agram und von einer kroatischen Regierung unter dem Vorsitz eines „Banus" geregelt werden. Das waren aber nur halbherzige Maßnahmen. Der Banus wurde vom König auf Vorschlag der ungarischen Regierung ernannt, und der offizielle und amtliche Gebrauch des Kroatischen war nicht geduldet. Die Bemühungen der Kroaten um einen Trialismus zu ihren Gunsten blieben vergebens.

Diese Entscheidung Franz Josephs und seiner Regierung zeigte, wie wenig man sowohl die Ereignisse von 1848 als auch die Lehren Schwarzenbergs verstanden hatte. Man stützte sich auf die Deutschen und auf die Magyaren, um die Slawen niederzuhalten. Dabei hatte der Kaiser seinen Thron nur behalten, weil ihm die Nord- wie die Südslawen in den bittersten Stunden der Revolution eine oft passive, manchmal aktive, immer aber entscheidende Hilfe gegen seine deutschen und magyarischen Untertanen gewährt hatten, die ihn stürzen wollten. Und dies war nun der Dank dafür. Eine von Blindheit diktierte Undankbarkeit ist nicht einmal eine politische Tugend.

Schwarzenberg, der die Lehre der Ereignisse verstand, hatte dem jungen Herrscher eine andere Lektion hinterlassen. In der Verfassung von 1849 hatte er das Staatsrecht aufgehoben. Danach gab es kein Zurück. Wenn es nach Wiederherstellung des Friedens angebracht war, eines Tages den Völkern das Wort wieder zu erteilen, dann auf der Basis des Nationalitätenrechtes und nicht des Staatsrechtes. Aufgeklärte Geister hatten das eingesehen. Palacký, als Böhme naturgemäß geneigt, die Integrität seines Königreiches zu erhalten, also seines Staatsrechtes, hatte schon 1848 zugegeben, daß eine territoriale Teilung des Reiches nach den Nationalitäten vorzuziehen wäre.[16] Als derselbe Palacký den Abschluß des österreichisch-ungarischen Ausgleichs ahnte, sagte er voraus, daß sich in diesem Fall die Slawen von der Monarchie abwenden würden, um ihre politische Zukunft in einem anderen Rahmen zu suchen – in dem von Rußland gepredigten Panslawismus: „Der Tag, an dem der Dualismus proclamirt wird, wird zugleich durch unwiderstehliche Naturnothwendigkeit der Geburtstag des Panslavismus in seiner am wenigsten erfreulichen Gestalt werden; als Pathen werden ihm die Väter des Dualismus stehen. [...] Wir Slaven werden dem zwar mit gerechtem Schmerze aber ohne Furcht entgegensehen. Wir waren vor Österreich da; wir werden es auch nach ihm sein."[17] Diese Zeugnisse sind kostbar. Sie beweisen, daß es möglich war, die Folgen der Entscheidung schon zu einer Zeit vorauszusehen, als sie vom Kaiser getroffen wurde.

POLEN IM 19. JAHRHUNDERT ODER: DER KREUZWEG

Das im Jahr 1815 geschaffene „Kongreßpolen", dessen König kein anderer war als der Zar aller Reußen, behielt noch seinen Landtag, seine Armee, seine Finanzen, sein Unterrichtswesen und seine Sprache. Nach seiner Thronbesteigung im Jahr 1825 hatte Nikolaus I. nicht eher Ruhe, bis er diese Spuren einer Autonomie beseitigt hatte. 1830 riefen die Nachrichten von den Revolutionen im Westen große Aufregung hervor. Sogar Belgien hatte sich von den Niederlanden getrennt und am 4. Oktober seine Unabhängigkeit erlangt. Am 29. November erhob sich Warschau. Die Unabhängigkeit des Königreiches wurde ausgerufen. Aber Rußland war nicht Holland. Es hatte mehr militärische Mittel und weniger moralische Skrupel. Der Zar wollte übrigens seine Truppen auch nach Brüssel schicken, um den Aufruhr niederzuwerfen. Die Westmächte hinderten ihn daran. Statt dessen mußte er sich damit begnügen, den polnischen Aufstand niederzuschlagen – unter dem wohlwollenden Blick Metternichs und mit der Komplizenschaft des Preußenkönigs, der seine Grenzen abriegelte, um jede Hilfe für die Aufständischen zu unterbinden. Die beiden waren aber nicht die einzigen. Frankreich hatte eine Politik der „Nichteinmischung" betrieben – was in der Diplomatensprache soviel heißt wie Verweigerung von Hilfeleistung. Am 16. September 1831 machte sich Sebastiani, der Außenminister von Louis-Philippe, mit seinem berühmten Satz unsterblich: „In Warschau herrscht Ordnung." Tatsächlich: Landtag, Armee, Unterrichtswesen waren abgeschafft. Die Polen der ehemaligen Ostprovinzen des polnisch-litauischen Königreiches hatten am Aufstand teilgenommen. Sie wurden in Massen ins Innere des russischen Reiches deportiert. Der Zar begann damit gegenüber den Völkern Zentraleuropas eine Politik, die Stalin zu ihrem Höhepunkt führen sollte. Die unierte Kirche wurde zwangsweise in die orthodoxe zurückgeführt.

Die Zwangsrekrutierung der jungen, von der zaristischen Polizei ausgewählten Polen in die russische Armee – gewissermaßen ein *devşirme* nach St. Petersburger Art – löste im Januar 1863 einen Aufstand aus, der bis 1865 dauern sollte. Seine Niederschlagung hatte die völlige Aufhebung der legalen Existenz des Landes zur Folge. Seine letzten eigenen Einrichtungen wurden abgeschafft, und Polen verlor sogar seinen Namen. Russisch wurde die Unterrichts- und Verwaltungssprache und Warschau der Sitz einer russischen Universität. Die katholische Kirche, wie in Irland Zufluchtsort für das nationale Gewissen, wurde zum Gegenstand von Einschränkungen und Verfolgungen aller Art. Diese Lage sollte bis zu den liberalen Reformen des Jahres 1905 andauern.

Zur gleichen Zeit wurde jener Teil Polens, der Preußen zugefallen und 1871 ins Deutsche Reich integriert worden war, einer systematischen Germanisierung unterzogen. Die katholische Kirche, die bereits im ganzen Deutschen Reich im Namen des „Kulturkampfes" verfolgt wurde, hatte in den polnischen Gebieten noch mehr zu leiden. Selbst im Religionsunterricht war der Gebrauch des Polnischen untersagt, und der Erwerb von Grundstücken durch die Deutschen wurde begünstigt. Die alte Assimilierungstradition des Deutschen Ritterordens setzte sich ungebrochen fort.

IV

DIE ENTSTEHUNG
DES RUSSISCHEN REICHES
UND DIE ORIENTALISCHE FRAGE

*Diese [...] durch die Entbehrungen gierig gewordene
Nation büßt im voraus mit einer würdelosen
Unterwerfung in ihrem Land für die Hoffnung,
die anderen einst unterjochen zu können.*

MARQUIS DE CUSTINE, La Russie en 1839

RUSSLANDS ERSCHEINEN AUF DEM
EUROPÄISCHEN SCHAUPLATZ

Die Unterdrückung Polens im Jahr 1815 war die auffälligste aller
Folgen des russischen Eindringens in Zentraleuropa. Damit bran-
dete wie eine Welle die ganze ostslawische – das heißt osteuro-
päische – Welt gegen den westlichen Kontinent. Seit die Kosaken 1815 in Paris eingezogen waren, war dies eine Tatsache
geworden; der Wiener Kongreß hatte es nur noch offiziell anzuerkennen.

Um zu verstehen, wie es soweit hatte kommen können, ist ein
historischer Rückblick notwendig. Die Entstehung des russischen Reiches zeigt frappierende Parallelen mit jener des
Osmanischen Reiches: Dieses hatte sich um ein sehr bescheide-
nes Kerngebiet gebildet und sich gleichfalls in einem ständig
schneller werdenden Rhythmus und nach derselben „Gesetzmäßigkeit der Kreise" entwickelt.

So wie das Osmanische Reich aus einer kleinen Provinz
im Süden des Marmarameeres herauswächst, so entsteht das

russische Reich um einen zentralen Kern herum, nämlich um den Staat Moskau oder „Moskowien".

Doch wenn gerade „Moskowien" für diese Aufgabe bestimmt war, so ist dies nur das Ergebnis einer langen Vorgeschichte. Man muß auf sie zurückkommen, will man die späteren Entwicklungen verstehen.

Von Anfang an war das Siedlungsgebiet der Ostslawen Schauplatz des Aufeinanderprallens von westlicher und östlicher Welt. Diese Slawen verdanken die Errichtung ihres ersten Staatsgebildes – ja sogar ihren Namen – der Einwanderung von Normannen, die bereits an der Ostseeküste Niederlassungen gegründet hatten. Bei seinem weiteren Vordringen siedelt sich ein warägischer, skandinavischer Stamm namens „Rus" im Jahr 862 in Nowgorod an, nimmt dann den direkten Weg zum Schwarzen Meer, unterwirft die anderen Ostslawen und verlegt ein Jahrhundert später seinen Herrschaftssitz nach Kiew im Dnjepr-Becken. Der große Strom bietet den Zugang zum Schwarzen Meer und damit nach Byzanz. Das Reich der Kiewer „Rus", dessen Begründer nach echter normannischer Tradition einerseits Kaufleute, andererseits Piraten sind, bedroht nun den byzantinischen Kaiser in Konstantinopel. Die Verbindungen mit Byzanz erklären, warum Fürst Wladimir im Jahr 988 bei seiner Bekehrung die griechisch-orthodoxe Kirche wählte.

Die in diesem Reich vereinten Ostslawen bilden zu dieser Zeit noch ein einziges Volk. Erst der Zusammenbruch des Kiewer Reiches hat deren Differenzierung zur Folge. Sein Untergang ist nicht nur das Ergebnis interner Nachfolgestreitigkeiten. Er wird auch durch ein zweites Element herbeigeführt, das für die russische Geschichte bestimmend ist, nämlich durch das Eindringen der turk-mongolischen Kumanen, die die russischen Chronisten Polowzer nennen. Ihnen folgen noch zahlreiche andere; aber die entscheidende Invasion ist die der Mongolen, die von den Christen nach dem Namen eines ihrer Stämme als „Tataren" oder „Tartaren" bezeichnet werden: Es ist derselbe Stamm, der 1241 bis Polen und nach Ungarn vordringt. 1238 unterwerfen die Tataren die russischen Städte des Nordens – unter ihnen Moskau – und zerstören im Jahr 1240 Kiew. Die Mongolen ziehen sich aus Zentraleuropa zurück; ein Teil von ihnen läßt sich aber in Rußland unter dem Namen „Goldene Horde" nieder.

Die mongolische Invasion sollte auf die Staatenbildung der Ostslawen einen doppelten Einfluß ausüben.

Zunächst auf ihre politischen Vorstellungen, besonders auf jene der Russen. Als Abschluß seiner Untersuchung der russischen politischen Sitten im Mittelalter faßt Alfred Rambaud zusammen: „Wenn die mongolische Unterjochung die russische Entwicklung geprägt hat, so vor allem indirekt. Dadurch, daß sie Rußland vom Westen trennte und es politisch von Asien abhängig machte, förderte sie den Fortbestand einer byzantinischen Zivilisation, deren Unterlegenheit gegenüber der europäischen von Tag zu Tag deutlicher wurde: Wenn die Russen des 17. Jahrhunderts sich so sehr von den Abendländern unterscheiden, so hauptsächlich deshalb, weil sie beim gemeinsamen Ausgangspunkt stehengeblieben waren. Ebenfalls auf indirekte Weise hat die Eroberung durch die Tataren die Errichtung der absoluten Macht begünstigt. Die moskowitischen Fürsten, die dem Chan [der Goldenen Horde] für die öffentliche Ruhe und die Steuereintreibung verantwortlich waren [...], konnten leichter die Unabhängigkeit der Städte, den Widerstand der Teilfürsten, die Unruhen unter den Bojaren und die Vorrechte der freien Bauern beseitigen. Der Großfürst von Moskau schonte seine Untertanen nicht, weil auch er nicht geschont worden wäre und weil es um seinen Kopf ging. Der furchtbare Druck der mongolischen Schreckensherrschaft lastete auf der gesamten russischen Hierarchie und unterwarf die Adeligen noch stärker dem Fürsten und die Bauern noch stärker den Gutsherren. [...] Gewiß, die russischen Fürstentümer wären auf alle Fälle unter einer einzigen Herrschaft verschmolzen, aber die russische Einheit hätte sich wie die französische Einheit vollzogen, ohne daß die örtlichen Autonomien, die Privilegien der Städte und die Rechte der Untertanen aufgehoben worden wären: Der Druck der mongolischen Herrschaft hat jeglichen Keim einer politischen Freiheit erstickt."[1] In Verbindung mit dem byzantinischen Christentum gab der politische Einfluß der Mongolen Rußland eine Prägung, die es von den anderen europäischen Kulturen unterschied.

Durch sie sollte es sich auch von den Kulturen der anderen Slawen abheben, auch wenn diese – wie die Serben und die Bulgaren – ebenfalls den orthodoxen Glauben und die von diesem geprägte Weltanschauung angenommen hatten. Umso tiefer, wenn nicht sogar unüberwindbar, sollte der Gegensatz zu den Polen sein, die sich als Nordslawen zum Katholizismus bekehrt hatten und niemals den Mongolen unterworfen waren.

Zum anderen beeinflußte die Mongoleninvasion die politische Gestalt der russischen Territorien selbst. Weil die von den Mongolen unterworfenen russischen Fürstentümer unfähig waren, deren Joch abzuschütteln, übernehmen zunächst die Litauer, ihre westlichen Nachbarn, diese Aufgabe: Bereits in der zweiten Hälfte des 13. Jahrhunderts entreißen sie den Mongolen ein Fürstentum nach dem anderen; auf den Spuren der Waräger erobern sie Kiew zurück und erreichen am Ende des 14. Jahrhunderts das Schwarze Meer. Im Jahr 1386 vereinigen sich nun das Großfürstentum Litauen und das Königreich Polen. Innerhalb dieses neuen Gefüges teilt die „Union von Lublin" 1569 die eroberten russischen Territorien zwischen Litauen und Polen auf. Aus dieser Zeit und auf diesen Vertrag gegründet stammt die heute noch gültige Aufteilung der russischen Gebiete. Der Litauen unterworfene Teil bildet später „Weißrußland" mit Minsk als Kern, aus dem zum eigentlichen Polen gehörigen Teil wird „Kleinrußland" oder „Ruthenien", auch „Ukraine", das heißt „Grenzmark", genannt. Diese beiden Regionen unterscheiden sich somit von der dritten, unabhängig gebliebenen: von „Großrußland" – fälschlicherweise einfach „Rußland" genannt – mit Moskau als Mittelpunkt.

In Wirklichkeit ist gerade dieses „Moskowien" eine Mark im Verhältnis zu den anderen „Rußländern". Moskau ist nur eine späte Schöpfung der Kiewer Rus, es entstand durch deren Vordringen nach Nordosten. Da „Moskowien" weder von den Mongolen vernichtet – seine Fürsten sind loyale Untertanen der Goldenen Horde – noch Litauen eingegliedert wurde, wird es zum Ausgangspunkt für den Aufbau des Gesamtkomplexes Rußland. So wie Preußen in Deutschland und Piemont in Italien wird diese russische Mark zum Kern eines neuen Reiches. Dieses ist aber nicht eine Wiederauflage des Kiewer Reiches. Kiew blickte zum Schwarzen Meer, Nowgorod zur Ostsee, und beide blickten nach Europa. Moskau aber liegt im Herzen des Festlandes: Das Reich, das es sich zu gründen anschickt, wird ein kontinentales sein. „Moskowien" liegt an der nordöstlichen Grenze des slawischen Bereiches, am äußersten Rand Europas, den Mongolen am nächsten: sein Reich wird also ein asiatisches sein. Es wird hundert Jahre früher an den Pazifik gelangen als an das Schwarze Meer.

DIE TATARISCHEN UND SIBIRISCHEN GEBIETE ODER: DER ERSTE KREIS

Als Mehmed II. sich 1453 Konstantinopels bemächtigt, kann er sich noch so sehr mit dem Titel „Römischer Kaiser" schmücken – in den Augen der Christen ist dieser Titel vakant. Der Sultan kann das orthodoxe Patriarchat noch so sehr aufrechterhalten – in den Augen der Russen existiert das Patriarchat nicht mehr. 1472 heiratet der Großfürst Iwan III. Zoe – von den Russen Sophie genannt – aus dem Haus der Palaiologen, die Nichte des letzten Kaisers von Byzanz; zugleich übernimmt er den byzantinischen Wappenadler und erklärt Moskau mit Unterstützung der russischen, autokephal gewordenen Kirche zum „Dritten Rom".

Im Laufe der zweiten Hälfte des 15. Jahrhunderts erreicht Iwan III. erfolgreich zwei Ziele. Einerseits vollendet er die Bildung des russischen Kernlandes: Er vereinigt die russischen Gebiete, die nicht unter der Herrschaft Litauens stehen, vor allem Nowgorod und Twer, und nimmt den Titel „Selbstherrscher ganz Rußlands" an – sein Sohn wird später mit der Eroberung von Rjasan, Pskow, Wjatka, Rostow und Jaroslawl sein Werk fertigstellen. Andererseits befreit er seine Länder von der mongolischen Herrschaft: Die Goldene Horde wird 1480 besiegt.

Von nun an ist der Weg frei für den Aufbau eines Reiches – genauer gesagt: die Errichtung der Herrschaft eines Volkes über andere Völker. Dies wird das Werk Iwans IV. sein, der unter dem

Namen „der Schreckliche" in die Geschichte eingehen und den Cäsarentitel *Zar* annehmen wird.

Wie beim Osmanischen Reich geht der Aufbau des neuen Reiches nach der Logik der Kreise vor sich. Unter der Herrschaft Iwans des Schrecklichen vollzieht sich bereits die Eroberung des wesentlichen Teils des ersten Kreises.

Alles ist hier wichtig. Zuerst die Art der Entscheidung: Die Eroberung geht auf Asien zu und richtet sich gegen die Mongolen. Sodann die Art, wie diese sich abspielt. Ab 1552 erobert Iwan das Chanat von Kasan. Die Erinnerung daran ist auf Dauer im Gedächtnis der Russen verankert und läßt das Ganze nun die Ausmaße eines großen Heldenepos annehmen; einzelne Szenen sind von wilder Größe. So läßt etwa Iwan Gefangene an Pfähle vor den Mauern der Stadt binden, um deren Verteidiger zur Aufgabe zu zwingen. Diese durchbohren mit ihren Pfeilen die Gefangenen, denen sie dabei zurufen: „Lieber wollen wir euch durch unsere muslimischen Hände sterben sehen als durch die der unbeschnittenen Ungläubigen!" Aber die Belagerung von Kasan ist mehr als ein Heldenepos. Sie ist ein Kreuzzug. Überall fühlen die Menschen die Anwesenheit übernatürlicher Kräfte: Der Kampf zwischen dem Zaren und dem Chan von Kasan wird zum Kampf zwischen dem Stellvertreter Gottes und dem Werkzeug des Satans. Die *Geschichte der Herrschaft Iwans IV.* aus der Hand des Fürsten Kurbski berichtet von den Wundern, die sich bei der Belagerung zeigten: „Kurz nach Beginn der Belagerung der Stadt konnte man beim Sonnenaufgang Greise mit schneeweißem Haar, Männer und Frauen sehen, die sich auf dem Wehrgang versammelten. Alle schrieen satanische Sprüche, schwenkten ihre Kleider und drehten sich auf obszöne Art im Kreise. Sodann erhob sich ein starker Wind, Wolken verdunkelten den Himmel, obwohl der Tag schön begonnen hatte, und ein Regen setzte ein, der so stark war, daß die trockensten Stellen sich in Sümpfe voller Wasser verwandelten. Und das geschah einzig über den Stellungen unseres Heeres [...]. Die Zeugen [dieser Erscheinung] rieten dem Zaren, Boten nach Moskau zu schicken, um das Kreuz mit dem wundertätigen Holzstück herbeizuholen, das immer neben der Krone des Zaren liegt. [...] Als das Heilige Kreuz gebracht wurde – jenes, dem die wundertätige Holzpartikel eingefügt war vom Kreuze, auf dem unser Herr Jesus Christus für die Menschen gelitten hatte –, veranstaltete die versammelte Priesterschaft Prozessionen mit den üblichen christlichen Zeremonien. Nach kirchlichem Brauch wurde das Wasser mit dem wundertätigen Kreuz gesegnet und von da ab löste sich die heidnische Hexerei in nichts auf." Fürst Kurbski fügt noch hinzu: „Denn in jener Zeit stärkte Gott nicht nur unseren Geist und vermehrte unseren Mut, Er tat sich auch durch manche nächtliche Visionen kund, die würdigen Männern reinen Gewissens die bevorstehende Einnahme der ungetreuen Stadt ankündigten ..."[2] Während des ganzen Angriffs ließ Iwan die Fahne des heiligen Glaubens wehen. Und das Wunder geschah. Als die von den Russen ausgehöhlten Mauern zusammenstürzten, befand sich der Zar in der Kirche, wo der Diakon gerade den Evangelienvers las: „Es wird ein Hirt und eine Herde sein." Unter den schützenden Fittichen des Christengottes bleibt die Einnahme der Stadt Kasan im kollektiven Gedächtnis Rußlands der geheiligte Gründungsakt des Reiches schlechthin.

Dem Fall von Kasan folgt ein Sieg nach dem anderen. Innerhalb weniger Jahre unterwerfen sich alle Völker des Chanats von Kasan dem Zaren: die Tscheremissen, die Mordwinen, die Tschuwaschen, die Wotjaken, die Baschkiren. 1556 fügt Iwan der Eroberung von Kasan jene des Chanats von Astrachan hinzu. Iwan besaß im Norden bereits die Küste des Weißen Meeres, wo er im Jahr 1584 Archangelsk gründete. Im Süden brachte ihm die Einnahme von Astrachan das ganze Wolgabecken bis zum Kaukasus und zum Kaspischen Meer ein. Es gelang dem Zaren jedoch nicht, zu den europäischen Binnenmeeren – zum Schwarzen Meer und zur Ostsee – vorzudringen. Die Zugänge waren noch fest in den Händen der Krimtataren, der Schweden, der Litauer, der Polen und des Deutschen Ritterordens.

Iwan der Schreckliche mußte seinen Eroberungsdrang also auf Asien richten. Dort entfaltete er seine Macht. Jermak, Hetman der Donkosaken, überschritt den Ural und machte sich an die Eroberung der unendlichen Weite des Ostens. An der Spitze eines bunt zusammengewürfelten Haufens von Russen,

Kosaken, Tataren, deutschen und polnischen Gefangenen versetzt er die Bevölkerung mit seinen Feuerwaffen in Schrecken, schlägt den Chan Kutschum in die Flucht und nimmt dessen Hauptstadt Sibir ein. Er bemächtigt sich des Ob- und des Irtyschbeckens und macht Sibirien, seine Eroberung, dem Zaren zum Geschenk.

Dies war der zweite Gründungsakt des russischen Reiches. Wie die Einnahme von Kasan, so nimmt auch die Eroberung Sibiriens im Gedächtnis der Russen sakrale Züge an. Die Großtaten Jermaks werden in Heldenepen verewigt; sein Grab wird zum Gegenstand der Verehrung durch orthodoxe Priester und durch das Volk; es wird zum Schauplatz von Wundern.

Im Jahrhundert eines Pizzaro und eines Cortez war Jermak der *Conquistador* des russischen Reiches. Das Werden dieses ungeheuren Kontinentalreiches vollzieht sich grundsätzlich nach demselben Muster wie das Entstehen der europäischen Überseereiche. Seinem Wesen nach entsprach es genau denselben Zielen. Es ging immer darum, das Mongolenreich zu umgehen, um den Fernen Osten mit seinen sagenhaften Reichtümern zu erreichen. Die Portugiesen hatten es auf dem Weg um das Kap versucht. Kolumbus glaubte an einen direkten Zugang über den Atlantik. Während ihre westlichen Nachbarn den Seeweg gewählt hatten, versuchten es die Russen auf dem Landweg.

Die Eroberung Sibiriens bestätigt die im wesentlichen kontinentale Bestimmung Rußlands. Aber – und darin liegt seine bedeutende Originalität – zum Unterschied von den anderen europäischen Ländern ist sein Kolonialreich die unmittelbare territoriale Verlängerung des Mutterlandes. Rußland und seine Kolonie sind miteinander verschweißt, zwischen ihnen entsteht eine Art Osmose. Die Gründung von Tobolsk 1587, von Tomsk 1604, von Jenissejsk 1618 ist das Zeichen einer Verschiebung der russischen Bevölkerung von Nord nach Ost. Gleichzeitig „asiatisiert" sie Rußland.

Über seine kontinentale Bestimmung hinaus bestätigt umgekehrt dieses Vordringen nach Osten Rußlands politische Rolle in Europa. Nach der Einnahme der Chanate von Kasan und Astrachan läßt die Eroberung des Chanats von Sibir Rußland endgültig zum Bollwerk der seßhaften Völker Europas gegen die nomadischen Mongolen werden. Die Spätantike und das Mittelalter waren durch den Kampf zwischen diesen beiden Kulturen gekennzeichnet, die sich hauptsächlich durch ihr Verhältnis zur Bodennutzung voneinander unterschieden. Parallel zur Eindämmung der osmanischen Flut in Ungarn bedeutet die Herrschaft Iwans des Schrecklichen das Ende des Mittelalters in Europa.

Als seßhaftes Volk, das Städte gründete, und nicht als Nomaden, die die Steppen durchzogen, brauchten die Russen ein ganzes Jahrhundert, um in der entgegengesetzten Richtung den Weg zurückzulegen, den die mongolischen Reiter in wenigen Wochen bewältigt hatten. Kamtschatka wurde 1694 erreicht. Schon 1689 zog der Vertrag von Nertschinsk mit China die Grenze zwischen den russischen und den chinesischen Besitzungen. Der erste Kreis des Reiches war geschlossen.

WEISSRUSSLAND UND DIE UKRAINE
ODER: DER ZWEITE KREIS

War der erste Kreis asiatisch gewesen, so ist der zweite europäisch. Die Bemühungen der Russen, ihre Präsenz in Europa zu verstärken, waren bisher ohne Erfolg geblieben, denn sie wurden vom Süden und vom Osten her in ihrem Rücken bedroht. Die Unterwerfung dieser Gebiete ermöglichte es ihnen nun endlich, ihre gesamten Kräfte, vermehrt um das Potential Asiens, gegen Europa zu richten.

Die Errichtung des zweiten Kreises dauerte das ganze 18. Jahrhundert hindurch an, ja sogar darüber hinaus bis 1815. Peter I., genannt „der Große", hatte es ebenso wie Iwan der Schreckliche auf die Ostsee abgesehen. Nachdem er sich der Newamündung versichert, gründet er dort 1703 seine neue Hauptstadt St. Petersburg. 1721 bringt ihm der Vertrag von Nystad im Norden des Finnischen Meerbusens Karelien und im Süden Ingermanland, Estland und Lettland.

Nach Westen und Süden hin wird das Werk Peters des Großen durch Katharina II. vollendet. Nach Westen: Durch die drei aufeinanderfolgenden Teilungen Polens – 1772, 1793 und 1795 – gelingt es der Zarin, alle russischen Gebiete zu vereinigen: den Großteil der Ukraine, von der ein Stück bereits früher in Besitz genommen worden war, und Weißrußland in seiner Gesamtheit. Zu diesen Erwerbungen kommt noch das eigentliche Litauen, das die Ostseeseite des russischen Reiches verlängert.

Nach Süden: Durch eine Reihe von Verträgen mit der Pforte (1774–1792) kommt Rußland in den Besitz des Krimchanats und Odessas. Bis dahin hatten seine Grenzen nur bis zum Asowschen Meer gereicht, von nun an hat es vollen Zugang zum Schwarzen Meer. Die Pläne Iwans des Schrecklichen sind verwirklicht.

Bis 1815 bedeuten die späteren Vergrößerungen nur eine Stärkung der Errungenschaften des zweiten Kreises. Durch die Einnahme ganz Finnlands 1809 erhält Rußland eine gleichwertige Position an der Ostsee wie Schweden. Die Erwerbung Bessarabiens 1812 und die Siege der zaristischen Heere im Kaukasus verlängern das Krimchanat sowohl nach Westen als auch nach Osten. Schließlich ist die Eingliederung des Großteils von Polen mit Warschau im Jahr 1815 zwar nur die Folge der Eingliederung der Ukraine und Weißrußlands, aber dadurch faßt das russische Reich auf entscheidende Weise auch Fuß in Zentraleuropa.

DIE TURK-MONGOLEN ODER: DER DRITTE KREIS

Der im 18. Jahrhundert zustande gekommene zweite Kreis war ein europäischer gewesen. Da Rußland im Herzen Europas bereits an Preußen und an Österreich stieß, konnte es hier nicht mehr weiter vordringen: Dies sollte Gegenstand der „Orientalischen Frage" werden, auf die wir später noch zurückkommen. Das bedeutete jedoch nicht das Ende der russischen Expansion. Da Rußland im Westen nicht vorwärts kam, setzte es seine Eroberungen im Südosten fort: Der dritte Kreis, den das 19. Jahrhundert entstehen sieht, wird an den südlichen Grenzgebieten Sibiriens gebildet werden. Hauptsächlich auf Kosten Chinas zustande gekommen, wird er ein turk-mongolischer Kreis sein.

Im Westen des Kaspischen Meeres erobert Rußland den Kaukasus vollständig und dringt bis Georgien und nach Ost-armenien vor. Im Osten bemächtigt es sich ganz Westturkestans. In der ersten Hälfte des 19. Jahrhunderts verleibt es seinem Reich das Land der Kasachen ein, deren „Kleine Horde" bereits seit 1731 in einem Lehnsverhältnis zu St. Petersburg stand. In der zweiten Hälfte des Jahrhunderts bemächtigt sich Rußland der Chanate des Südens mit Taschkent und Samarkand, die heute unter den Namen Turkmenistan, Usbekistan, Tadschikistan und Kirgisien bekannt sind. China behält nur Ostturkestan unter dem Namen Sinkiang. An der Nordostflanke Chinas wird das ganze untere Amurbecken in der zweiten Hälfte des Jahrhunderts er-forscht und Sibirien angegliedert. Es erstreckt sich bis zum rechten Ufer des Ussuri. 1860 gründen die Russen im äußersten Süden dieses Gebietes am Japanischen Meer Wladiwostok, „die Beherrscherin des Ostens".

Die Begeisterung der Pioniere Sibiriens hatte sie noch weiter über Sibirien hinaus getrieben: In der Mitte des 18. Jahrhunderts hatten Behring und Tschirikow Alaska entdeckt. Aber als ob Rußland sich weigerte, sich noch über seine kontinentale Bestim-mung hinauszuwagen, und sich sammeln wollte, um seine neuen Gebiete in Europa und Asien zu assimilieren, verkaufte es 1867 den Vereinigten Staaten diesen Teil Amerikas, mit dem es nichts anzufangen wußte.

DIE ORIENTALISCHE FRAGE

Zwar stießen im Westen die Ambitionen Rußlands auf den Widerstand Preußens und Österreichs, doch bot ihm der Balkan noch ein Betätigungsfeld. Das Osmanische Reich war im Begriff zu zerfallen. Außerdem lebte dort im Gegensatz zu den katholi-schen Polen, den lutherischen Balten und den unierten Ukrainern eine mehrheitlich orthodoxe Bevölkerung. Also war für Rußland seit langem die Sache klar. Die Russen haben von den Griechen den rechten Glauben erhalten: den „orthodoxen". Die Gläubigen der römischen Konfession, die sich für „katholisch" hält, sind nur heterodox. Überdies hat sich auf dem Konzil von Florenz 1439 die Kirche von Konstantinopel aus Furcht vor den Türken freiwillig der römischen Kirche unterstellt. Sie gab zu, daß die lateinische Formulierung „Der Heilige Geist geht vom Vater und vom Sohn aus" gleichbedeutend sein konnte mit der traditionellen Formulierung des Konzils von Nicäa „Der Heilige Geist geht vom Vater durch den Sohn aus"; sie anerkannte den Papst als Haupt und Lehrer aller Christen. Diese Selbstaufgabe konnte später noch so oft von der Kirche von Konstantinopel verleugnet werden – der Verlust ihres Ansehens bei der russischen Kirche war nicht wiedergutzumachen. Übrigens versäumte Gott nicht, die Unwürdigen zu bestrafen: Bereits 1453 fiel der oströmische Kaiser. Er wurde durch den Padischah ersetzt, der, auch wenn er den Titel des Oströmischen Kaisers angenommen hatte, doch nur der Antichrist war, der dessen Namen und Stelle usurpierte. Gewiß hatte Mehmed II. das Patriarchat von Konstantinopel aufrechterhalten und es unter seinen Schutz genommen, was so weit ging, daß er ihm eine Eskorte von Janitscharen zur Verfügung stellte. In den Augen der Russen hatte das aber nur das Ansehen der griechischen Kirche endgültig zunichte gemacht. Was das Heilige Römische Reich Deutscher Nation betrifft, so existierte dieses seit dem Jahr 1806 nicht mehr. Bleibt also der Cäsar von St. Petersburg – dem neuen Rom unter dem Stellvertreter Christi –, der „Zar", der mit dem Patriarchat seiner autokephalen Kirche der einzige Vertreter des rechten Glaubens und damit der einzige legitime Inhaber der Kaiserwürde ist. Das Zeitalter Roms ist seit Jahrhunderten dahin. Das Zeitalter Wiens und Konstantinopels geht zu Ende. Jenes von St. Petersburg beginnt.

Die Waffen, über die Rußland zur Errichtung seiner Weltherrschaft verfügt, sind zwiefach. In dieser Zeit des aufflammenden Nationalismus gesellt sich zu dem Imperialismus göttlichen Rechts für zahlreiche slawische Völker – sowohl für die unter den Osmanen als auch für jene unter der deutsch-magyarischen Ordnung – nun die Ideologie des Panslawismus, deren Mittelpunkt ebenfalls die Hauptstadt des großen Cäsars der Slawen ist. Dies war der Endpunkt einer langen Entwicklung. Schon im März 1711 hatte Peter der Große seine Kriegserklärung an die

Hohe Pforte durch eine Proklamation begleitet, in der er die Völker des Balkans aufrief, sich gegen die Osmanen zu erheben „für den Glauben und für das Vaterland, für eure Ehre und euren Ruhm, für eure Freiheit und eure Unabhängigkeit, sowohl die eure als die eurer Nachkommen". Das war 1711: Das Projekt der Herstellung einer russischen Ordnung auf dem Balkan hatte also zu der Zeit begonnen, als sich in Zentraleuropa die deutsch-magyarische Ordnung etablierte.

Die Auflösung des Osmanischen Reiches wird sich weiter nach der Logik der Kreise vollziehen, die seine Entstehung bestimmt hatte – nun aber in umgekehrter Richtung. Der dritte Kreis wurde vom Haus Österreich im 17. und 18. Jahrhundert erobert. Nachdem es für kurze Zeit in den zweiten Kreis eingedrungen war, wurde Österreich von der Hohen Pforte 1739 wieder daraus verjagt. Nun war wieder der zweite Kreis an der Reihe: Griechenland, Albanien, Montenegro, Bosnien, Herzegowina, Serbien, die Moldau und die Walachei.

Die Stützpunkte, die die Osmanen weniger fest in der Hand hatten, fielen zuerst. Seit den Feldzügen von Selim und von Soliman hatte sich eine dritte Front aufgetan, und zwar an der Meeresseite. Sie ging als erste verloren: Die osmanische Flotte war nur noch ein Schatten ihrer selbst. Die Seeherrschaft war ja nicht nötig gewesen, solange keine fremde Macht die Aufstände am Balkan unterstützt hatte. Das zeigte sich in Griechenland. Ein 1821 begonnener Aufruhr war 1826 nach dem Fall von Missolunghi schon fast vollständig vom Sultan niedergeschlagen worden, als Nikolaus I. seine Flotte den Rebellen zur Hilfe sandte, was wiederum England und Frankreich zum Eingreifen bewog, da sie nicht von dem Gedanken begeistert waren, Rußland allein die Früchte seiner Intervention genießen zu lassen. Die Seeschlacht bei Navarino, der ein Landkrieg zwischen Rußland und der Pforte folgte, zwang den Sultan im Jahr 1829, die Unabhängigkeit Griechenlands im Frieden von Adrianopel anzuerkennen. Das neue Griechenland entstand in den Gebieten, die von Istanbul am weitesten entfernt waren, und zwar von Süden her. Es umfaßte den Peloponnes, Attika, die Kykladen und Euböa. Um Arkadien herum erstand Griechenland wieder.

Das Einschreiten Rußlands war umso bemerkenswerter gewesen, als Metternich, der darauf bedacht war, die europäische Ordnung aufrechtzuerhalten, den Sultan in seinem Krieg gegen Griechenland unterstützt hatte. Rußland hatte seine Hand in allen Aufständen auf dem Balkan. Unter den Provinzen des zweiten Kreises war Serbien die wichtigste. Seit 1804 rebellierte es gegen die Pforte. Nach verschiedenen Erfolgen hatte es 1830 die Anerkennung als autonomes, tributpflichtiges Fürstentum erreicht. Die Moldau und die Walachei grenzten ihrerseits selbst an Rußland. Um ihrer wirklichen Befreiung vom „osmanischen Joch" sicher zu sein, war der Zar in große Versuchung geraten, sie seinem Reich einzuverleiben. Er konnte ihr nicht widerstehen. Schon 1812 war der Hauptteil Bessarabiens Rußland eingegliedert. Der Feldzug von 1828, der wegen Griechenland gegen den Sultan geführt wurde, hatte den Einmarsch der russischen Armeen in die Moldau und anschließend in die Walachei zur Folge. Die Okkupation dieser Provinzen wurde 1829 durch denselben Friedensvertrag von Adrianopel besiegelt, der den Sultan zwang, die griechische Unabhängigkeit anzuerkennen. Wenn die Moldo-Walachen als Rumänen, die sie waren, sich auch gegen die Abhängigkeit von den Osmanen sträubten, so dachten sie doch nicht daran, sie gegen die Knechtschaft durch die Russen einzutauschen. Am 7. Juni 1848 erhoben sie sich gegen den Zaren, der nur dank der Hilfe des Padischah mit ihnen fertig wurde, indem er mit ihm ein Kondominium über diese Provinzen errichtete.

1853 versuchte Nikolaus I., mit der Türkei kurzen Prozeß zu machen. Er griff mit der erklärten Absicht an, sie aus Europa zu vertreiben und sich in Istanbul festzusetzen. Angesichts seiner Siege schritten Frankreich, England und Österreich ein und zwangen die russischen Armeen, die rumänischen Fürstentümer zu räumen. Der Friedensvertrag von Paris im Jahr 1856 anerkannte deren Unabhängigkeit. Im Januar 1859 schlossen sie sich zusammen und stellten sich beide unter die Herrschaft des Fürsten Alexander Cuza. 1861 verkündete dieser die Gründung des Staates Rumänien.

Diese Beispiele machten den anderen Völkern des Osmanischen Reiches, das zum „kranken Mann am Bosporus" geworden war, Mut. Serben aus Bosnien und der Herzegowina, Griechen aus Kreta und aus Thessalien, Mazedonier wurden von den Unruhen angesteckt. 1875 stürzten sich Serbien und Montenegro in einen Krieg gegen die Pforte. Rußland faßte die Gelegenheit beim Schopf. Alexander II. wäre dort beinahe erfolgreich gewesen, wo Nikolaus I. gescheitert war. Nach verbissenen Kämpfen – die Türken hielten die Russen sechs Monate an der Donau fest – zwang er dem Sultan am 3. März 1878 den Frieden von San Stefano auf. In den wichtigsten Klauseln wurden die Autonomie von Bosnien-Herzegowina und die Schaffung eines Groß-Bulgarien vereinbart, das als eine Art riesige slawische, dem russischen Reich tributpflichtige Provinz Konstantinopel in die Zange nahm und sich im Süden bis zum Ägäischen, im Westen beinahe bis zum Ionischen Meer erstreckte.

Rußland bemächtigte sich mehr und mehr des Balkans. England, das den Großteil der osmanischen Konkursmasse einzuvernehmen trachtete, reagierte rasch. Es entsandte ein Geschwader, das vor Istanbul kreuzte. Auch Österreich-Ungarn konnte die Schaffung eines großen slawischen Staates auf dem Balkan nicht dulden: Die Ansteckungsgefahr wäre nicht zu vermeiden gewesen. Durch seinen Außenminister, den Ungarn Andrássy, drohte es, Rußland den Krieg zu erklären, wenn der Vertrag von San Stefano nicht revidiert würde. Als Verbündeter Rußlands und Österreich-Ungarns mußte Bismarck vermitteln. Er rief einen Kongreß in Berlin zusammen, der vom 13. Juni bis zum 13. Juli 1878 tagte. In seiner Schlußakte reduzierte dieser Bulgarien auf einen Streifen Landes entlang dem rechten Donauufer. Als Entschädigung dafür bekam Rußland den Rest Bessarabiens bis zum Donaudelta, den es 1812 nicht annektiert hatte. Montenegro wurde vergrößert, und Serbien als unabhängiges Königreich anerkannt; die Verwaltung von Bosnien-Herzegowina wurde Österreich-Ungarn übertragen.

Der Berliner Kongreß legt auf dem Balkan eine Ordnung fest, die fast 40 Jahre, nämlich bis 1912, dauern wird. Nur vier Änderungen werden dazukommen: 1881 erweitert sich Griechenland um Thessalien; 1885 bemächtigt sich Bulgarien des im Süden angrenzenden Ostrumeliens – wo unter anderen auch eine türkische Bevölkerung lebt, die sogar noch am Ende des 20. Jahrhunderts den Gegenstand von Streitigkeiten zwischen Bulgarien und der Türkei bildet; 1898 wird Kreta autonom und einem Hochkommissar der europäischen Mächte unterstellt (dieser wird auf Vorschlag Griechenlands gewählt, dem Kreta bald angegliedert wird); 1908 annektiert Österreich-Ungarn Bosnien-Herzegowina, um es von den Unruhen fernzuhalten, die durch die Jungtürkenrevolution in Istanbul hervorgerufen wurden.

Diese Neuerwerbung mit ihrer Hauptstadt Sarajevo warf mehr Probleme auf, als sie löste. An die zwei Millionen Kroaten und Serben, noch dazu Katholiken, Orthodoxe und Muslime, waren nun einem Reich angeschlossen, in dem die Rechte der Slawen mit Füßen getreten wurden: Das bedeutete den Zuzug zweier Millionen Unzufriedener. Die Magyaren, denen bereits die Anzahl der Slawen in ihrem Königreich Sorgen bereitete, bestanden darauf, daß die neuen Annexionsländer nicht Transleithanien eingegliedert, sondern gemeinsam mit Cisleithanien regiert würden – nach dem Beispiel Elsaß-Lothringens, das als „Reichsland" von allen Bundesstaaten des neuen Deutschen Reiches gemeinsam verwaltet wurde. Tatsächlich sollte Bosnien-Herzegowina das Elsaß-Lothringen Österreich-Ungarns werden: Durch einen analogen Zuwachs an schwer assimilierbarer Bevölkerung, die sich zu Serbien noch stärker hingezogen fühlte als Elsaß-Lothringen zu Frankreich, sollte es im weiteren Verlauf die gleiche schicksalhafte Rolle spielen.

Das Osmanische Reich besaß noch immer einen breiten Landstreifen, der sich über den Balkan von der Adria bis zum Ägäischen und zum Schwarzen Meer erstreckte. Der erste Kreis, in den nur das neue Bulgarien hineinragte, hielt noch stand. Die Krise von 1912/13 wird ihn wegfegen und ganz Europa in den Krieg stürzen.

Die Politik der „Jungtürken", dieser Spätlinge des europäischen Nationalismus, die in Istanbul an die Macht gekommen waren und das Reich noch zu retten suchten, bemühte sich, den ersten Kreis zu „türkifizieren". Sie trieb den verzweifelten Zorn der christlichen Bevölkerung auf die Spitze. Ein Aufstand in

Mazedonien war durch ein Massaker niedergeschlagen worden, das bereits jenes an den Armeniern im Jahr 1915 vorankündigte. In seiner ohnmächtigen Wut stürzte sich das zu Tode gehetzte Osmanische Reich in einen wahren Blutrausch. In diesem Reich, das – alles in allem – Jahrhunderte hindurch das toleranteste in Europa gewesen war, hatte der Nationalismus sein Werk der Barbarisierung vollendet.

Daher hielten seine Nachbarn den Augenblick für günstig. Wieder einmal hatte Rußland die Hand im Spiel. Hartvig, einer seiner Diplomaten, bewog am 13. März 1912 Serbien und Bulgarien, ein Bündnis zu schließen, eine Teilung Mazedoniens zu vereinbaren und sich dem Schiedsspruch des Zaren im Falle von Meinungsverschiedenheiten zu unterwerfen. Griechenland und Montenegro traten dem Balkanbund bei, der am 13. Oktober nach einem an die Türkei gerichteten Ultimatum die Feindseligkeiten eröffnete. Der Sultan wurde bald besiegt und appellierte an die Großmächte. Am 3. Dezember setzten diese einen Waffenstillstand durch. Auf der Friedenskonferenz, die in London zusammentrat, konnten sich die Verbündeten nicht einigen. Vor allem Bulgarien, das die Erniedrigung durch den Berliner Kongreß niemals akzeptiert hatte und dessen militärische Operationen den Krieg entschieden hatten, erhob übertriebene Ansprüche auf Mazedonien, mit denen sich weder die Serben noch die Griechen abfinden konnten. Da sich die Verhandlungen endlos hinzogen, versuchte Bulgarien, eine Entscheidung zu erzwingen, indem es einen Überraschungsangriff gegen Serbien führte. Nun mischten sich alle in den Kampf ein: Die Rumänen und die Türken traten an die Seite der Serben und der Griechen. Von allen Seiten überwältigt, kapitulierte Bulgarien innerhalb von zwei Wochen. Der Konflikt zwischen den Serben, die von den Russen unterstützt und von den Franzosen bewaffnet waren, und den Bulgaren, die Hilfe von den Mittelmächten und Kriegsmaterial von den Deutschen erhielten, war die Generalprobe für den Weltkrieg – genau ein Jahr vor seinem Ausbruch.

Der am 10. August 1913 geschlossene Friede von Bukarest besiegelte das Ende der osmanischen Herrschaft auf dem Balkan. Die Türkei behielt nur mehr Ostthrakien von Adrianopel (Edirne)

– seiner ersten Hauptstadt in Europa – bis Istanbul. Es blieb nichts mehr als das Zentrum des ersten Kreises, das Herz der europäischen Türkei, dessen sich niemand in Zukunft bemächtigen sollte. Innerhalb von zwei Jahrhunderten war das Reich des Padischah ebenso unaufhaltsam geschrumpft wie das des Basileus. Wie beim Reich von Byzanz war auch beim Osmanischen Reich die langdauernde Agonie zum Großteil die Folge der Rivalitäten seiner Gegner.

Außerdem ließ der Friede von Bukarest Bulgarien nur Westthrakien als Fenster zum Ägäischen Meer. Er schuf Albanien, das unter österreichisch-ungarischem Einfluß stand und dessen Existenzberechtigung hauptsächlich darin lag, den Zugang Serbiens zum Meer zu verhindern. Er vergrößerte Griechenland um den Großteil Mazedoniens und Rumänien um die Dobrudscha.

Schließlich hatte er außer dem Ende der türkischen Herrschaft auf dem Balkan noch eine zweite wichtige Folge, die Serbien betraf. Dieses hatte sich um den westlichen Teil Mazedoniens erweitert und ging triumphierend aus dem Konflikt hervor. So baute sich vor den Toren Österreich-Ungarns die große slawische Balkanmacht auf, deren Entstehung die Doppelmonarchie so sehr befürchtete, als sich 1878 im Frieden von San Stefano Bulgarien vergrößert hatte. Aber was jetzt geschah, war noch schlimmer: Die neue Macht war noch näher und überdies von Serben bevölkert wie auch ein Teil Bosnien-Herzegowinas. Dieses Serbien war ganz offensichtlich dazu bestimmt, alle Südslawen um sich zu vereinen. Schon wurde es das „Piemont des Balkans" genannt. Es bedrohte die habsburgische Monarchie direkt in ihrer Existenz. Der Konflikt war von beiden Seiten erwünscht, wenn nicht gar gewollt; er war unvermeidbar und würde erbarmungslos sein.

Es fehlte nur noch sein unmittelbarer Grund. Am 28. Juni 1914 ermorden Sympathisanten der revolutionären panserbischen Organisation „Jung-Bosnien" den Thronfolger Österreichs, Erzherzog Franz Ferdinand, und seine Gemahlin bei deren offiziellem Besuch in Sarajevo. Die serbische Regierung war zwar nicht die Anstifterin des Attentats, hatte es aber trotz ihrer Informationen zugelassen. Österreich und mehr noch Ungarn sehen darin die Gelegenheit, Serbien zu zerschlagen. Die Doppelmonarchie braucht am 23. Juli nur noch ein unannehmbares Ultimatum an Belgrad zu richten und ihm nach Ablauf der Frist am 28. den Krieg zu erklären.

Das Zusammenspiel der Bündnisse besorgte das übrige. Innerhalb einer Woche hatte es einen kleinen Konflikt auf dem Balkan in einen Weltkrieg verwandelt. Der österreichisch-ungarische Ausgleich von 1867, der den Slawen die den Deutsch-Österreichern und den Magyaren zuerkannten Rechte verweigerte, hatte deren Extremisten dazu gebracht, ihre Blicke über die Grenzen der Monarchie hinaus zu richten, wie Palacký es vorausgesehen hatte. Nun waren seine letzten Früchte reif geworden.

V

VON DER ALLIIERTEN UNORDNUNG
ZUR RUSSISCHEN ORDNUNG

Sie ahnen nicht, mein Sohn, wie sehr die Torheit
das Geschick der Welt bestimmt.
Axel OXENSTIERNA, als er seinen Sohn mit den
Verhandlungen für den Westfälischen Frieden beauftragte

DIE DONAUSOLIDARITÄT

Im Habsburgerreich war die Wirklichkeit weit komplexer, als die
panslawistische Propaganda, die in Paris und London auf offene
Ohren stieß, es zugab. Wenn die Doppelmonarchie wirklich
soweit gewesen wäre, sich selbst aufzulösen – so behauptete man
es im Westen ständig, um die Friedensverträge von 1919 zu
rechtfertigen, die sie zerstückelten –, dann hätte sie das 1914
getan. Damals war jedoch sogar die Mobilisierung wider alles
Erwarten ohne Störungen vor sich gegangen. Mehr noch: Die
Truppen der Doppelmonarchie kämpften tapfer. Gewiß, es gab
Meutereien. Aber in diesem Konflikt, der nach Meinung der
Strategen innerhalb von drei Wochen entschieden werden sollte
und der dann schließlich mehr als vier Jahre dauerte, blieben
auch die deutschen und französischen Regimenter nicht von
Revolten verschont. Im Oktober 1917 waren die österreichisch-
ungarischen Heere immerhin noch imstande, den Italienern am
Isonzo eine vernichtende Niederlage zuzufügen. Die Angst vor
den Vorgesetzten ist keine Erklärung dafür: Sie hat noch niemals
eine Armee daran gehindert, sich aufzulösen, wenn sie nicht
kämpfen will.

Diese Haltung der österreichisch-ungarischen Armee hatte einen viel stärkeren, positiven Grund: das tiefe, uralte Gefühl aller Völker des Donaubeckens, zu einer Schicksalsgemeinschaft verflochten zu sein, die auf wirtschaftlichen Bindungen gründete, welche durch die Geographie gegeben waren, auf kulturellen Banden, die die Geschichte geknüpft hatte, vor allem aber auf dem Verteidigungsbedürfnis all dieser Völker, die allein zu schwach waren, ihre Identität gegenüber den mächtigen Nachbarn Deutschland und Rußland zu behaupten. Diese Stärke des Gefühls war es, die trotz allem, auch trotz des Ausgleichs von 1867, den politischen Organismus der Donauvölker zusammenhielt.

Eine Reform seiner Verfassung war notwendig: Sie sollte auf dem Recht der Nationalitäten und nicht auf dem Recht des Staates gründen. Bereits vor dem Krieg gab es zahlreiche Projekte in dieser Richtung. Überlegt wurde ein Trialismus – entweder zugunsten Böhmens oder zugunsten eines Südslawien, eines „Jugoslawien", dessen Schaffung durch die Eingliederung Bosnien-Herzegowinas in die Monarchie dringend geworden war. Die letztgenannte Lösung wurde von dem in Sarajevo ermordeten Erzherzog Franz Ferdinand bevorzugt. An eine ähnliche Reform seiner Länder dachte auch Karl I., der 1916 Franz Joseph abgelöst hatte. Die Notwendigkeit, den Slawen ihren Platz zuzuerkennen, hatte er klar erkannt. Dies sollte gleich nach Beendigung des Krieges eine der Prioritäten seiner Regierung sein.[1]

Im Ausland wurde diese Meinung ebenfalls mehrfach vertreten, nicht nur im Interesse der Donauvölker, sondern auch im Interesse des Friedens in Europa. 1917 hatte ein an das Verteidigungsministerium übermittelter Bericht des Geheimdienstes des französischen Generalstabes vor einer Auflösung Österreichs gewarnt. Der Bericht sagte voraus, daß „im Fall der Aufspaltung der Monarchie in ethnische, nationale Gruppen Deutschland kleinen, unabhängigen Staaten gegenüberstünde; das eigentliche Österreich würde für den Anschluß stimmen, die Ungarn würden die Unterstützung Deutschlands suchen". Der Bericht befürwortete die Umwandlung der Doppelmonarchie in „eine

Konföderation autonomer Staaten mit einem Bundesrat an der Spitze" und nahm an, daß „ein so verändertes Österreich Bayern anziehen würde, das Preußen haßte". Karl und seine Gemahlin Zita waren offenkundig Deutschland gegenüber kritisch eingestellt.[2] Ähnliche Ansichten hatten Poincaré bewogen, bei seinen Verhandlungen um einen Kompromißfrieden am 5. März 1917 dem Vermittler Österreich-Ungarns, dem Prinzen Sixtus von Bourbon-Parma, zu sagen: „Es liegt im Interesse Frankreichs, Österreich nicht nur zu erhalten, sondern es auch auf Kosten Deutschlands zu vergrößern."[3]

DER ABSOLUTE KRIEG

Man weiß, daß Clemenceau darüber anders dachte als Poincaré. Die ideologische Tradition des französischen „radicalisme", der er angehörte, forderte die Vernichtung der Habsburger-Monarchie, dieses multinationalen und ultramontanen Staates.

Der intelligente und sensible junge Kaiser Karl I. war tief berührt von seinen Besuchen bei den von der Front zurücktransportierten Verwundeten. Er wußte besser als jeder andere um die Kosten der absurden Verlängerung dieses sinnlosen Konflikts. Kurz nach seiner Thronbesteigung bemühte er sich, unabhängig von Deutschland bei der Entente einen Kompromißfrieden zu erreichen. Wenn dieser zustande gekommen wäre, so besteht kein Zweifel, daß das isolierte Deutsche Reich seinerseits bald die Waffen hätte strecken müssen. Karl bot den Alliierten annehmbare Bedingungen: Anerkennung der von Deutschland verletzten belgischen Neutralität, Wiedererrichtung Serbiens mit Zugang zur Adria, Unterstützung der französischen Ansprüche auf Elsaß-Lothringen; als Gegenleistung verlangte er nur die Aufrechterhaltung der österreichischen Integrität. Man muß das Werk von François Fejtö *Requiem für eine Monarchie* lesen, um bis in alle Einzelheiten die Bemühungen Karls um diesen Frieden verfolgen zu können, die das ganze Jahr 1917 über dauerten. Hier kann man nachlesen, wie diese Bemühungen kurz vor ihrem Ziel systematisch von Ribot und Clemenceau abgewürgt wurden, nachdem sie zunächst von Briand und von England günstig aufgenommen worden waren – letzteres wollte hauptsächlich seinen Rivalen Deutschland schlagen. Clemenceau machte diese Bemühungen endgültig zunichte, als er am 12. April 1918 den am 24. März 1917 an Poincaré gerichteten geheimen Brief Karls I. der Presse übergab: Seine Veröffentlichung fesselte Österreichs Kaiser bis zum Ende an den Kaiser des Deutschen Reiches.[4] Mit der Ablehnung dieser Vorschläge änderte der Krieg sein Gesicht. Es war der Übergang von der ersten Art des Krieges nach Clausewitz' Definition – wo es um das gewaltsame Erreichen bestimmter Eroberungen oder Vorteile geht – zur zweiten Art: dem „absoluten Krieg". Österreich-Ungarn mußte vernichtet werden.

DER TRIUMPH DES STAATSRECHTES

So geschah es. Am 10. September 1919 schaffte der Friedensvertrag von Saint-Germain Österreich ab und zerteilte es. Am 4. Juni 1920 reduzierte der Vertrag von Trianon Ungarn auf ein Minimum. Durch diese Umwälzungen im Herzen Zentraleuropas ergänzten beide Verträge den am 28. Juni 1919 in Versailles unterzeichneten, durch den in Nordeuropa Deutschland Danzig und das Memelland verlor und Polen Pommern sowie Westpreußen gewann. Dazu kamen schließlich für Südeuropa der Vertrag von Neuilly, der am 27. November 1919 Bulgarien verkleinerte, und der Vertrag von Sèvres vom 10. August 1920, der das Osmanische Reich zerteilte.

Offiziell waren die Nachkriegsgrenzen im Namen des Nationalitätenprinzips gezogen worden. Die französische geographische Schule hatte sich dabei wahrlich ausgezeichnet. Ihr zukünftiger Leiter, Emmanuel de Martonne, war 1919 der Berater Clemenceaus gewesen. 1931 wird er dann den vierten, Zentraleuropa gewidmeten Band der von Vidal de La Blache und Gallois herausgegebenen *Géographie universelle* verfassen. In einem Kommentar zur Nationalitätenkarte Zentraleuropas betont er dort: „Auf den ersten Blick zeigt sich die enge, obwohl zwangsläufig unvollkommene Anpassung der politischen Grenzen an die Ausdehnung der wichtigsten nationalen Gruppen."[5]

„Obwohl zwangsläufig unvollkommen ..." So kann man wohl sagen. In Wirklichkeit entsprach die Grenzziehung uneingestandenen politischen und strategischen Überlegungen. Österreich war auf einen nicht lebensfähigen Rumpfstaat reduziert worden, auf ein monströses Konglomerat aus bescheidenen Gebirgslandschaften und einer übergewichtigen Reichshauptstadt. Im Widerspruch zum Nationalitätenprinzip, im Namen dessen man die Doppelmonarchie zertrümmert hatte, untersagte man dem neuen österreichischen Staat, der fast ausschließlich von Deutschsprechenden bevölkert war, den Anschluß an Deutschland zu fordern. Der Vertrag von Saint-Germain ging sogar so weit, ihm die Führung des Namens „Deutsch-Österreich" zu verbieten. Der Gipfel war, daß dieser Staat nicht einmal die ganze deutschsprachige Bevölkerung des ehemaligen Cisleithanien umfaßte. Die Südtiroler waren zu Italien gekommen, die Sudetendeutschen Böhmens zur neuen Tschechoslowakischen Republik. Durch die Schaffung eines selbständigen Österreich hatte man möglichst viele Deutschsprachige daran hindern wollen, sich Deutschland anzuschließen. Diese selbe Logik wollte auch dem neuen Österreich seinerseits möglichst viele Deutschsprachige entziehen.

Ebenso wurde mit Ungarn verfahren. Es erlebte eine drastische Reduzierung seines Territoriums, dem drei Millionen Magyaren entzogen wurden: Im Süden kamen sie zu Jugoslawien; im Osten zu Rumänien – es stimmt zwar, daß die Verflochtenheit der Völker in Siebenbürgen komplex war, aber die Grenzziehung benachteiligte eindeutig Ungarn; im Norden kamen sie zur Tschechoslowakei, obwohl die Grenze sich ohne Schwierigkeit mit jener zwischen Magyaren und Slowaken gedeckt hätte, wäre sie weiter nördlich gezogen worden. Auf die gleiche Weise, wie man Österreich möglichst viele Deutsche weggenommen hatte, entzog man Ungarn so viele Magyaren wie man nur konnte. Den Nachbarstaaten der beiden Länder erwuchs die doppelte Aufgabe, sie in die Zange zu nehmen und deren Volksangehörige, die nun ihnen anvertraut waren, zu überwachen.

Dies war also die Strafe für die beiden Mächte, die im Vertrag von Saint-Germain als die an diesem Krieg Schuldigen angeprangert wurden. Bulgarien, das ihnen in dem Konflikt in der Hoffnung zur Seite gestanden war, in den Grenzen von San Stefano wiederhergestellt zu werden, verlor zugunsten Jugoslawiens seinen Teil von Mazedonien und zugunsten von Griechenland seine Ägäische Küste.

Was die Nationen betrifft, die der Vertrag von Saint-Germain unter die Bezeichnung „Sieger" reihte, so bauten sich ihre neuen Staaten auf mehr als seltsamen Prinzipien auf: Es waren monströse künstliche Gebilde. Die Tschechoslowakei entsprang scheinbar dem Nationalitätenprinzip, oder wenigstens annähernd. Es waren zwei Schwesternationen zusammengesteckt worden, die tschechische und die slowakische, mit verwandten Idiomen und einer noch gemeinsamen Schriftsprache. Diese Vereinigung war geschichtlich nicht begründet, da ja seit dem Untergang des Großmährischen Reiches von Svatopluk im Jahr 906 die beiden Nationen politisch getrennt gewesen waren. Die eine gehörte zum Königreich Böhmen, die andere zum Königreich Ungarn. Außerdem traf es bei weitem nicht zu, daß dieser Staat ausschließlich auf dem Nationalitätenprinzip basierte. Er zählte 3,300.000 Deutsche, 700.000 Magyaren, 550.000 Ruthenen. Die politischen und strategischen Interessen, nach denen diese Bevölkerungsaufteilung erfolgte, waren klar. Aber wenn nicht auf das Nationalitätenprinzip – auf welches Prinzip stützte sie sich dann? Auf kein anderes als auf das alte Recht des Staates. Wenn in der Tschechoslowakei Deutsche lebten, so deshalb, weil diese geschichtlich Untertanen der böhmischen Krone gewesen waren; wenn sie Magyaren und Ruthenen umfaßte, so deshalb, weil diese sich auf dem geschichtlichen Territorium des slowakischen Fürstentums befanden, das einst dem Königreich des heiligen Stephanus mit dem Namen Oberungarn eingegliedert war. Für ihre Slawen gründete die Tschechoslowakei auf dem Nationalitätenrecht; für ihre Nicht-Slawen auf einem doppelten Staatsrecht.

Dies galt auch für Polen. Erst die Niederlage Rußlands ermöglichte seine politische Auferstehung. Der Friedensvertrag von Versailles sah die Wiedererrichtung eines polnischen Staates vor, legte aber dessen Grenzen nur im Westen fest, wobei man sich im wesentlichen an die Grenzen des Königreiches vor seiner ersten Teilung im Jahr 1772 hielt. Danzig sollte eine mit Polen verbundene Freie Stadt sein. Im Osten, wo die Grenze offen blieb, wütete der Krieg zwischen dem neuen Staat und der Roten Armee. Nach einem Bewegungskrieg, dessen Wiederauflodern den Westen verblüffte, der gerade erst vier Jahre Stellungskrieg erlebt hatte, gelang es dem Präsidenten der neuen Republik, Marschall Piłsudski, einen Staat wiederherzustellen, der dem ursprünglichen Polen den Großteil dessen hinzufügte, was ihm seine Union mit dem Großfürstentum Litauen am Ende des 14. Jahrhunderts gebracht hatte: die ruthenischen und weißrussischen Gebiete und sogar einen Teil Litauens mit seiner Hauptstadt Vilnius, von den Polen Wilno genannt. Es lebten dort zwar Polen, besonders im Umkreis der Städte, aber sie bildeten nicht die Mehrheit. Dieses Gebilde entsprach dem ausdrücklichen Willen Piłsudskis, „die Völker des Großfürstentums Litauen" zu vereinen und auf diese Weise das historische Polen wiederherzustellen. Auf der Botschafterkonferenz vom 15. März 1923 sanktionierte der Westen die neuen Grenzen. Ebenso wie die tschechischen Grenzen beruhten sie auf dem Staatsrecht und nicht auf dem Nationalitätenrecht. Es gab beträchtliche Minderheiten im neuen Polen: im Osten 3,789.000 Ukrainer, 1,059.000 Weißrussen, 400.000 Litauer; im Westen 1,033.000 Deutsche.

Eine analoge Situation ergab sich in Rumänien. Im Gegensatz zur Tschechoslowakei und zu Polen existierte der rumänische Staat bereits vor dem Ersten Weltkrieg. Er bestand aus der Vereinigung zweier rein rumänischer Gebiete zwischen den Karpaten und dem Schwarzen Meer, nämlich der Moldau und der Walachei. Das Nationalitätenprinzip rechtfertigte den Anschluß Bessarabiens entlang dem linken Ufer des Pruth, das Rußland 1812 gewonnen hatte, ferner des Großteils des Temescher Banats und ganz Siebenbürgens. Diese beiden Gebiete waren zwar mehrheitlich von Rumänen bevölkert, zählten jedoch auch 1,700.000 Magyaren. „Das sind mehr als 30 Prozent der Bevölkerung Siebenbürgens und, was bezeichnender ist, 60 Prozent der Bevölkerung der Städte dieser Region", mußte selbst Emmanuel de Martonne konzedieren, der hinzufügte: „Zwangsläufig stellten die Magyaren als Verwaltungsbeamte, Kaufleute, Hausbesitzer das Gros der städtischen Bevölkerung dar. In einem wohlbekannten Prozeß assimilierten sie nach und nach die Landbewohner, die von der Stadt angezogen wurden." Er gab sogar zu: „Es existierten allerdings auch starke Kerne einer magyarischen Landbevölkerung."[6] Dieses erste Charakteristikum der Bevölkerungssituation wurde durch ein zweites noch verstärkt. In den Gebieten diesseits der Karpaten, die der neue Staat bekommen hatte, lebten auch Deutsche, die sich dort in Wellen angesiedelt hatten, hauptsächlich im 11., im 12. und im 18. Jahrhundert: Es handelte sich um die 240.000 „Sachsen" Siebenbürgens und die 250.000 „Schwaben" im rumänischen Teil des Temescher Banats. Da Rumänien auch im Norden die von 168.000 Deutschen besiedelte Bukowina bekommen hatte und in Bessarabien und in der Dobrudscha noch weitere 80.000 und in der Moldau-Walachei schon 60.000 lebten, so zählte der neue Staat rund 800.000 Deutsche insgesamt. Nimmt man noch die verschiedenen Slawen – Bulgaren, Ruthenen, Russen, Slowaken – hinzu, so erhält man eine Zahl von viereinhalb Millionen Nicht-Rumänen, somit fast ein Drittel der Gesamtbevölkerung. Sie wurden von der offiziellen Volkszählung von 1930 nicht berücksichtigt: Rumänien war offiziell nur von Rumänen bevölkert. Eine derartige Haltung konnte sich nur auf ein Recht des Staates stützen, das in diesem Fall durch das kurzlebige Reich Michaels des Tapferen wohl kaum gerechtfertigt wurde.

Jugoslawien konnte sich offiziell jedoch auf keinerlei Staatsrecht berufen. Der einzige Staat, der dort existiert hatte, war Serbien, das niemals ganz Jugoslawien umfaßt hatte. Dem Anschein nach entsprang Jugoslawien dem Nationalitätenprinzip. In diesen Staat wurden alle Völker zusammengeführt, die eine südslawische Sprache sprachen. Paradoxerweise wurde es durch den Nationsbegriff definiert, der dem deutschen entsprach, nämlich durch den der Sprachnation: Alle Menschen, die dieselbe Sprache sprechen, gehören zur selben Nation. Diese Definition war im 18. Jahrhundert von Herder formuliert und dann unter anderen von Fichte und von Jahn übernommen worden. In ihrem Namen hatte Deutschland 1871 Elsaß-Lothringen annektiert. Freilich hatte man bei Jugoslawien einen extensiven Gebrauch dieses Prinzips gemacht. Es hatte den Zusammenschluß der Volksgruppen slowenischer mit jenen serbokroatischer Sprache gerechtfertigt. Es war zwar nicht dieselbe Sprache, aber es waren zwei südslawische Sprachen: das genügte. Innerhalb dieser Gruppen gab es übrigens unendlich viele Varianten dieser Idiome.

Die Konstruktion Jugoslawiens berücksichtigte keineswegs die religiösen Unterschiede. Die Slowenen und die Kroaten waren mehrheitlich katholisch, die Serben orthodox. Weite Bevölkerungsteile in Bosnien-Herzegowina, in Montenegro, im Kosovo und in Mazedonien, die sich zur Zeit der türkischen Besetzung zum Islam bekannt hatten, waren muslimisch geblieben. Diese religiösen Unterschiede, die die Weltanschauung auf verschiedene Weise beeinflußten, hatten beträchtliche kulturelle Divergenzen mit sich gebracht.

Ebensowenig berücksichtigt wurden die Unterschiede in den historischen Traditionen. Ein Teil des Landes war dem Osmanischen Reich unterworfen gewesen, der andere war dem Habsburgerreich angeschlossen. Diese Teile waren ihrerseits wieder geteilt. Von den Ländern, die einst unter türkischer Herrschaft standen, hatte Serbien seine Autonomie zu Beginn des 19. Jahrhunderts erhalten, hundert Jahre also vor den anderen Provinzen. Im habsburgischen Herrschaftsbereich sind drei Fälle zu unterscheiden. Slowenien – ehemals Krain und die Untersteiermark – war seit Karl dem Großen dem Reich und später Österreich zugehörig; seit dem Ausgleich von 1867 gehörte es zu Cisleithanien. Kroatien war seit dem Mittelalter ein Teil des Königreiches Ungarn und als solcher ein Teil Transleithaniens geworden. Bosnien-Herzegowina schließlich wurde erst spät – 1878 – den Osmanen entrissen und offiziell im Jahr 1908 ein Teil der Doppelmonarchie, der gemeinsam von Cisleithanien und Transleithanien verwaltet wurde. Jedes dieser Länder hatte seine eigenen politischen Traditionen. Daher rührten Gegensätze, deren heftigster der Antagonismus zwischen Serben und Kroaten war.

Er war für den Staat von äußerster Gefährlichkeit, denn er zerriß die beiden zahlenmäßig wichtigsten Gruppen, die noch dazu sprachlich einander am nächsten waren. Jede von beiden war überzeugt, das wichtigste konstitutive Element Jugoslawiens zu sein: die Kroaten wegen ihrer Bemühungen, eine gemeinsame Sprache zu schaffen und wegen ihres ständigen Widerstandes gegen die Magyaren; die Serben aufgrund ihrer Zahl und der hartnäckigen Behauptung ihrer Identität gegen die Türken.

Zu diesen religiösen, kulturellen und politischen Differenzen gesellten sich bedeutende wirtschaftliche und soziale Unterschiede, denn die Gebiete, die am längsten unter osmanischer Herrschaft geblieben waren, waren in dieser Hinsicht am wenigsten entwickelt. Die Durchquerung Jugoslawiens von Westen nach Osten war wie eine Zeitreise vom 20. Jahrhundert ins Mittelalter.

Dazu kam noch, daß die südslawischen Sprachen nicht einmal ein Kriterium für die Einheit des Landes waren. Dieses zählte 500.000 Deutsche, 450.000 Magyaren, 400.000 Albaner, 180.000 Rumänen, 150.000 Türken und 130.000 Nordslawen, Nachkommen der von Maria Theresia angesiedelten tschechischen, slowakischen und ruthenischen Kolonisten.[7] Weder sprachlich noch religiös, noch kulturell oder historisch stellte Jugoslawien also eine Einheit dar.

Was wieder beweist, daß die Einheit dieses Staates, der im Prinzip auf dem Begriff der Sprachnation gegründet war, in Wirklichkeit nur auf dem Recht einer Staatsnation fußte. Da gab es aber nur eines: das Recht des Staates Serbien, des einzigen Königreiches, das sich auf seine Unabhängigkeit noch vor der Errichtung Jugoslawiens berufen konnte, was auch die Wahl seiner Hauptstadt als Hauptstadt des neuen Staatsgebildes gerechtfertigt hatte. Von Belgrad aus pochte es auf ein altes Staatsrecht, das in gewisser Weise durch die Zahl seiner Bevölkerung – der verhältnismäßig höchsten – legitimiert schien, und das es ihm *de jure* oder *de facto* erlaubte, seinen Willen den anderen Teilen des Staates aufzuzwingen.

Das Porträt Zentraleuropas nach dem ersten Weltkonflikt wäre unvollständig ohne die Erwähnung der baltischen Länder.

1917 hatte der Zusammenbruch Rußlands ihre Wiedergeburt ermöglicht. Estland, Lettland und Litauen waren einer langen Sklaverei entronnen. Alle drei entsprachen einer nationalen Realität, obwohl in ihnen deutsche – vor allem im Memelland –, polnische und russische Minderheiten lebten.

Wenn man die beiden besiegten Länder – Österreich und Ungarn – ausnimmt, so haftete der Errichtung der Länder Zentral- und Balkaneuropas nach 1919 derselbe Kardinalfehler an. Da man aus den oben genannten Gründen dafür gesorgt hatte, in die meisten von ihnen eine Fraktion einer, ja sogar mehrerer benachbarter Nationen einzubauen, erstand quasi in Miniaturform inmitten der neugeschaffenen Staaten das Nationalitätenproblem wieder, das Österreich-Ungarn so sehr geplagt hatte, diesmal in der Form des „Minderheitenproblems". Das waren die Besen des Zauberlehrlings. Jede Minderheit wurde als Fremdkörper betrachtet, der die nationale Einheit bedrohte. Die meisten von ihnen wurden systematisch eingeschränkt, sogar unterdrückt, ja in manchen Fällen verfolgt. Jene Nationen, die im Namen des Nationalitätenprinzips zu Staaten geformt worden waren, hatten nichts Eiligeres zu tun, als dieses Prinzip mit Füßen zu treten. Sie maßten sich ein Recht über ihre Minderheiten an, das kein anderes war als jenes Recht des Staates, das sie damals so sehr bekämpft hatten, als sie noch unter dem Doppeladler lebten.

Mehr noch als der soeben überstandene Krieg hatte der Frieden diese Staaten verarmen lassen. Gleich nach ihrem Entstehen waren sie darauf bedacht, Zollschranken zu errichten, in der für die Volkswirtschaft der Zwischenkriegszeit charakteristischen Hoffnung, zu dem erstrebenswerten Ziel einer gewissen Autarkie zu gelangen. Der deutlichste Effekt dieser Politik war die Zerstörung des verhältnismäßig harmonischen Wirtschaftskomplexes, den die Habsburger-Monarchie im Donaubecken geschaffen hatte und der im wesentlichen auf der gegenseitigen Ergänzung des industrialisierten Westens und der Agrarländer des Ostens beruhte. Diese jungen Staaten wurden umso härter von der großen Wirtschaftskrise getroffen.

DIE ORGANISIERTE UNORDNUNG

Die Verträge von 1919 und 1920, die das neue Zentral- und Balkaneuropa gestalteten, hatten der deutsch-magyarischen Ordnung ein Ende gesetzt, die im 18. und 19. Jahrhundert die osmanische Ordnung verdrängt hatte. Betrachtet man die im 18. Jahrhundert noch gemäßigten, dann aber im Laufe des 19. Jahrhunderts immer entschiedeneren Bemühungen Rußlands, die deutsch-magyarische Ordnung zu hintertreiben, so wäre man versucht zu glauben, daß diese nun einer russischen Ordnung weichen sollte. Dieser Gedanke inspirierte Renan 1870 zu einer berühmten Prophezeiung. In seinem zweiten Brief an Strauß verkündete er eine Zeit, in der nun die Slawen, geschart um die über Asien herrschenden Russen, die germanischen Völker unterdrücken werden. „Und der Slawe wird wie der Drache der Apokalypse, dessen Schwanz ein Drittel der Sterne vom Himmel fegt, eines Tages hinter sich die Herde Zentralasiens herziehen, das alte Gefolge des Dschingis Chan und des Tamerlan."

Das alles war jedoch durch den Zusammenbruch der Zarenarmee in Frage gestellt worden, denn diese hatte den Sieg den Westmächten allein überlassen. Deren Kernland war Frankreich: Es war die große europäische Kontinentalmacht im Gegensatz zu den angelsächsischen Mächten. Dies hatte Frankreich ausgenützt, um in Saint-Germain, in Trianon, in Neuilly und in Sèvres seine eigene europäische Ordnung zu diktieren. Frankreich hatte Europa zersprengt – wie es ein Wort ausdrückt, das zu diesem Anlaß erfunden wurde: es hatte Europa „balkanisiert".

Die neue europäische Ordnung, die es errichtete, war in Wirklichkeit nur eine Unordnung. Diese ganze unrealistische, um nicht zu sagen surrealistische Konstruktion beruhte auf der Idee – oder vielmehr auf dem Traum –, daß der Friede in Zentraleuropa viel besser durch einen Haufen Kleinstaaten verteidigt werden könnte als durch ein Gleichgewicht zwischen Deutschland und einem erneuerten Österreich. Als einzelne zu schwach, um sich Deutschland oder Rußland entgegenzustemmen, wären diese dann gezwungen, eine Art Klientel Frankreichs zu bilden. Mit deren Hilfe könnte es von Zentraleuropa aus gleichzeitig die kommunistische Bedrohung im Osten und die pangermanischen Anwandlungen im Westen eindämmen. Es war die Zeit, wo Außenminister Pichon in einem Ausbruch medizinischer Lyrik das neue Zentraleuropa mit einem „Cordon sanitaire" verglich, einem hygienischen Sperrgürtel. Dieser Traum war durch eine ganze Reihe von Verträgen besiegelt worden, mit denen Frankreich die Sicherheit der jungen Staaten garantierte, die sich ihrerseits in der „Kleinen Entente" organisierten.[8]

Ehrgeizige Pläne, die nicht über die Mittel zu ihrer Verwirklichung verfügen, sind dem Untergang geweiht. Nun war es aber so, daß Frankreich sich selbst der notwendigen Mittel beraubte. Auf dem politischen Sektor brachte es sich durch seine chronischen Kabinettskrisen um jede konsequent verfolgte Außenpolitik. In strategischer Hinsicht war eine der fundamentalen Schwächen des Systems die Tatsache, daß Frankreich im Gegensatz zu allen früheren Mächten, die ihre Ordnung in Zentral- und Balkaneuropa errichtet hatten – ob das nun das Osmanische Reich, Österreich oder das Königreich Ungarn war –, nicht in unmittelbarer Nähe der Länder lag, die es zu leiten, ja sogar im Fall einer Bedrohung zu unterstützen vorgab. Anscheinend ohne es zu merken, glitt Frankreich von dieser Schwäche in die Machtlosigkeit, indem es einen guten Teil seines Militärbudgets – welches für ein Land, das Europa zu bevormunden strebte, ohnedies schon ungenügend war – dazu benützte, seine Armee in der Maginotlinie einzugraben. Es beraubte sich selbst der Mittel, auf der Bühne Europas eine Rolle zu spielen. 1927 kommentierte Atatürk die Entscheidung zum Bau der Maginotlinie mit dem lakonischen Satz: „Frankreich hat den nächsten Krieg verloren." Die Länder Zentral- und Balkaneuropas waren ihrem Schicksal überlassen.

DIE WIEDERGEBURT DER TÜRKEI

Schon kurz nach dem Krieg vermittelten die Ereignisse im Orient einen Eindruck von der Unfähigkeit Frankreichs und seiner Alliierten, die Ordnung, die sie aufgestellt hatten, auch respektieren zu lassen. Nicht zufrieden damit, Österreich-Ungarn vernichtet zu haben und Zentral- und Balkaneuropa an seiner Stelle zu beherrschen, hatten sie mit dem Friedensvertrag von Sèvres in einer Parallelaktion das Osmanische Reich zerteilt, dessen Überreste im Nahen Osten sie sich zu bemächtigen gedachten. Auf diese Weise sollte die berühmte orientalische Frage zugunsten Frankreichs und Großbritanniens geregelt werden, eine Frage, bei der es nur darum ging, zu wessen Vorteil das Reich der Söhne Osmans zerstückelt werden sollte.

Der Sieger im Kampf um die Dardanellen, Mustafa Kemal Pascha, weigerte sich, den schändlichen Vertrag anzuerkennen, den der Sultan wohl oder übel zu unterzeichnen bereit war. Er sammelte alle Kräfte um sich, die sich mit dem Verschwinden der Türkei nicht abfinden wollten, und begann am 20. Juni 1920 den Unabhängigkeitskrieg gegen die Griechen, die mit Zustimmung Frankreichs und Englands in Anatolien einmarschiert waren. Nach militärischen Operationen gegen die Franzosen in Kilikien und erbitterten Kämpfen gegen die griechischen Streitkräfte vor allem am Sakarya, der das Verdun dieses Krieges wurde, konnte Mustafa Kemal Ende August 1922 seinen berühmten Tagesbefehl ausgeben: „Soldaten! Vorwärts! Zielvorgabe: das Mittelmeer." Zwei Wochen später – am 9. September 1922 – hatte die türkische Armee Smyrna wieder eingenommen; am 18. hatte der letzte griechische Soldat Kleinasien verlassen. Frankreich, das realistischer dachte als England, hielt dieses von einem Eingreifen ab. Als am 6. Oktober 1923 die türkische Armee in Istanbul einzog, war der erste Entkolonisierungskrieg des 20. Jahrhunderts zu Ende. Die Alliierten hatten die Türkei nicht einmal drei Jahre behalten, und noch dazu nie in ihrer Gesamtheit. Am 24. Juli 1924 wurde in Lausanne ein neuer Friedensvertrag unterzeichnet. Er errichtete eine unabhängige Türkei in Ostthrakien und Anatolien mit Ankara im Mittelpunkt:

Im Herzen des Territoriums gelegen, war es nur mehr die Hauptstadt eines Staates und nicht wie Istanbul, das am Schnittpunkt zweier Welten lag, die Hauptstadt eines Reiches.

Aus den Ruinen dieses Reiches erstand ein moderner Staat. Er verwischte dessen Spuren. Bereits am 1. November 1922 wurde das Sultanat abgeschafft, und zwei Jahre später war dann das Kalifat an der Reihe. Am 29. Oktober 1923 wurde die Republik ausgerufen, zu deren Präsidenten Mustafa Kemal, der später den Namen Atatürk annahm, erhoben wurde. Von nun an widmete dieser seine ganze Kraft dem Aufbau eines laizistischen Staates nach westlichem Muster und der tiefgreifenden Umwandlung eines Nomaden- und Kriegervolkes in eine seßhafte Nation, die von der Landwirtschaft und der Industrie lebte. Es war eine erstaunliche Kulturrevolution – und zwar eine echte –, die kaum die Aufmerksamkeit des Westens auf sich zog, denn sie ging nicht im Namen jener Ideologien vor sich, die damals die *Intelligentsia* in Erregung versetzten. Sie wäre wohl nicht möglich gewesen, wenn die Türkei nicht seit dem Anfang des 15. Jahrhunderts – nach der Schlacht bei Ankara – ihren Schwerpunkt in Europa gehabt hätte.

Dieser türkische Staat verdankte sein Entstehen seinem nationalen Bewußtsein, das mit Füßen getreten worden war. Er beruhte in erster Linie auf dem Nationalitätenrecht. Aus verschiedenen Gründen jedoch, unter denen die strategischen keine geringe Rolle spielten, ragte sein Territorium im Osten über die Gebiete hinaus, die von Türken bevölkert waren. Es umfaßte einen Teil Armeniens und Kurdistans, ursprünglich sogar auch die Region um Mossul, die wegen ihrer Ölfelder unter dem Einfluß der Engländer im Jahr 1926 an den Irak, damals ein englisches Protektorat, abgetreten wurde. Diese Gebiete waren zur Zeit der Eroberungen Selims I. unter türkische Herrschaft gekommen. Mit demselben Recht, in dessen Namen die Tschechoslowakei ihre Herrschaft über das Sudetenland oder Polen die seine über Litauen begründete, konnte die Türkei diese Territorien zurückfordern: nämlich mit dem Staatsrecht. Am Rande Südosteuropas hatte Atatürk ein Unternehmen durchgeführt, das jenem von Piłsudski im Nordosten glich.

DIE NEUE DEUTSCH-MAGYARISCHE ORDNUNG

Überall überlagerte die Logik des Staatsrechtes die des Nationalitätenrechtes. Im Nachkriegseuropa waren die besiegten Länder auf ihr nationales Territorium reduziert und noch dazu an allen Ecken und Enden amputiert worden. Die Sieger übten eine Autorität aus, die auf dem Recht des Staates beruhte. Das Ziel der Besiegten würde also sein, die Gesamtheit der Gebiete zurückzubekommen, die sie im Namen des Nationalitätenrechtes forderten, und dazu noch jene, die sie im Namen ihres Staatsrechtes beanspruchten.

Der erste Staat, der diesen Weg einschlug, war jener, der noch die Mittel dazu hatte: Deutschland. Es war das einzige Land, das die Alliierten nicht zerstückelt hatten, weil dies bedeutet hätte, sich allzu offen zum Nationalitätenprinzip in Widerspruch zu setzen, mit dem sie sich drapierten, um Europa wiederaufzubauen oder vielmehr: abzubauen.

1848 hatte es allein der Widerstand des habsburgischen Kaisers gegen eine Aufteilung seines Reiches verhindert, daß seine deutschen Länder an das neue Deutschland angeschlossen würden. Als die Alliierten siebzig Jahre später die Doppelmonarchie zerstörten, hatten sie selbst das wichtigste Hindernis für diesen Anschluß beseitigt. Im Namen des Nationalitätenrechtes forderte Deutschland die Vereinigung der deutschsprachigen Länder des ehemaligen Cisleithanien mit dem „Mutterland". Nachdem es vor den Augen der untätigen Alliierten eine Wehrmacht aufgestellt hatte, deren Stärke schon 1937 die der französischen Armee übertraf, annektierte es am 13. März 1938 Österreich. Das Ausbleiben der internationalen Reaktion auf diese Verletzung des Vertrages von Saint-Germain ermutigte Deutschland bereits im darauffolgenden September, seine Ansprüche auf das Sudetenland zu präzisieren. Am 29. und 30. September wurde dieses von Daladier und Chamberlain in München Hitler ausgeliefert, was in ausdrücklichem Widerspruch zur Allianz vom 25. Januar 1924 stand, mit der Frankreich die Integrität des tschechoslowakischen Territoriums garantiert hatte. Zwar hatte sich Daladier nicht täuschen lassen, aber er war machtlos. Chamberlain dagegen war davon überzeugt, in Europa einen dauerhaften Frieden hergestellt zu haben, indem er die im Namen des Nationalitätenrechtes legitim erhobenen Forderungen Deutschlands befriedigt hatte.

Das hieß aber die Grundsätze verkennen, auf denen Nachkriegseuropa erbaut worden war. Die Alliierten selbst hatten hinter dem Nationalitätenrecht das Recht des Staates versteckt gehalten. Die unerbittliche Logik erfüllte sich, der Spieß wurde zugunsten der ehemaligen Besiegten umgedreht. Deutschland besaß schon das Rahmengebiet des „böhmischen Vierecks", wo dessen Befestigungsanlagen standen. Jetzt, am 15. März 1939, bemächtigte es sich der Reste von Böhmen und Mähren, die zum „Protektorat" wurden. Seinem Nationalitätenrecht war Genüge getan, nun schritt es zur Erfüllung seines Staatsrechtes: Seit dem Mittelalter gehörte das Königreich Böhmen in seiner Gänze zum Heiligen Römischen Reich Deutscher Nation, dessen Nachfolge das von Bismarck 1871 gegründete „Reich" antreten wollte.

Während sich Deutschland Böhmen und Mähren einverleibte, eignete sich der andere große Besiegte in Zentraleuropa, nämlich Ungarn, vom 4. bis 11. November 1938 den Großteil der Slowakei an; und bald schon folgte am 13. März 1939 die Annexion des subkarpatischen Ruthenien. Auch hier handelte Ungarn im Namen des Staatsrechtes. Die Slowakei und ihre ruthenische Verlängerung hatten von 906 bis 1919 fast ohne Unterbrechung zum Königreich Ungarn gehört.

Den Besitz des Sudetenlandes hatte die Tschechoslowakei mit dem böhmischen Recht des Staates begründet; die Herrschaft über ihre Magyaren und Ruthenen rechtfertigte sie mit dem slowakischen Staatsrecht. Sie selbst wurde im Namen des Staatsrechtes des Heiligen Römischen Reiches im Westen, im Namen des ungarischen Staatsrechtes im Osten zerteilt. Die unheilvolle Macht des Staatsrechtes, das die Verträge von 1919 und 1920 legitimiert hatten, wendete sich nun gegen seine Nutznießer.

Nichts zeigt besser die Gewalt der damals entfesselten Leidenschaften als die Reaktion Polens auf diese Ereignisse. Am 16. März 1938 nützte es den Einmarsch der deutschen Truppen in Österreich aus, um Litauen durch ein Ultimatum zur Anerkennung der polnisch-litauischen Grenze zu zwingen. Statt sich der

Aufteilung der Tschechoslowakei zu widersetzen – wo doch alle Anzeichen schon dafür sprachen, daß es selbst das nächste Opfer sein würde –, machte sich Polen dabei zum Komplizen. Am 28. Juli 1920 hatte die Botschafterkonferenz der Tschechoslowakei den reichsten Teil des schlesischen Territoriums von Teschen zuerkannt, einer wichtigen Bergbau- und Industriegegend, die mehrheitlich von Polen bewohnt war. Als die Tschechen sie im Namen des Staatsrechtes im Januar 1919 an sich genommen hatten, war sie von den Polen im Namen des Nationalitätenrechtes gefordert worden. Die Konferenz entschied zugunsten der Tschechoslowakei, weil sie deren Wirtschaft konsolidieren wollte. Polen wurde dadurch tief gekränkt. In der Auslöschung der Tschechoslowakei sah es nun die Gelegenheit, bei der Verteilung der Beute dabei zu sein. Am 2. Oktober 1938 bemächtigte es sich des ganzen Gebietes von Teschen.

Die Zerschlagung der Tschechoslowakei war nur der erste Schritt zur Wiedererrichtung der deutsch-magyarischen Ordnung in Zentraleuropa. Diese setzte sich in der Teilung Polens und der baltischen Länder fort. Auch hier fehlte es nicht an „Rechten". Rußland forderte den weißrussischen und ukrainischen Teil des Landes im Namen einer Art von ostslawischem Nationalismus, der – wenngleich die neue offizielle sowjetische Doktrin seinen Namen verschwieg – ebenso real war wie früher. Was die baltischen Völker betrifft, so gehörten sie schon so lange zum Zarenreich, daß Rußland ihren Besitz als ein Recht ansah – dem Recht des Staates zufolge. In diesen baltischen Staaten war das Memelland hauptsächlich von Deutschen bevölkert und hatte zu Preußen gehört: Seine Heimkehr nach Deutschland war durch das Nationalitätenrecht und durch das Recht des Staates legitimiert, und zwar diesmal durch das preußische. Bismarcks Deutsches Reich hatte nämlich nicht nur das Staatsrecht des Heiligen Römischen Reiches übernommen; da es durch Preußen gegründet worden war, hatte es auch das preußische Staatsrecht behalten. Und dieses hatte immer den Besitz Polens impliziert.

Die Auflösung der Tschechoslowakei am 15. März 1939 war erst der Anfang. Einmal in Fahrt geraten, konnte Deutschland doch nicht stehen bleiben. Am 22. März bemächtigten sich die deutschen Truppen wieder des Memellandes: Wenn die Westmächte sich in der Frage der Tschechoslowakei passiv verhielten, so würden sie auch für Litauen keinen Finger rühren. Ihre Untätigkeit war die Garantie für Straflosigkeit. Der am 23. August 1939 abgeschlossene deutsch-sowjetische Nichtangriffspakt, der die Verträge zwischen Preußen und den Zaren wiederaufleben ließ, ermöglichte es Hitler am 1. September, die westlichen zwei Drittel Polens zu überfallen, ohne von den Russen gestört zu werden, die ihrerseits in das östliche Drittel einfielen, nachdem sie nebenbei Finnland unterworfen und die baltischen Länder annektiert hatten.

Die Eröffnung der Feindseligkeiten brachte nur die Fortsetzung dieser Annexionsbewegung. Stalins Rußland, damals noch neutral, nützt die Gelegenheit, um Rumänien am 29. Juli 1940 Bessarabien und die Nordbukowina wegzunehmen. Die rumänische Regierung wird unter Druck gesetzt und zur Annahme des „Schiedsspruchs" von Ribbentrop und Ciano am 29. August 1940 gezwungen, der Ungarn zwei Drittel von Siebenbürgen – das sind 45.000 Quadratkilometer und 2,370.000 Bewohner – zurückgibt. Die „neue Ordnung", von der Hitler spricht, ist in Wirklichkeit eine sehr alte: Es ist die deutsch-magyarische Ordnung, die wieder über Zentraleuropa herrschen soll – nur daß die Haßgefühle und die Schrecken des 20. Jahrhunderts noch dazukommen. Nebenbei begünstigt sie wie im 19. Jahrhundert die Ostslawen: nicht nur die Russen, sondern auch die Bulgaren, denen Rumänien – vom Dritten Reich dazu gezwungen – die Süddobrudscha am 7. September abtreten muß.

Schließlich formte die deutsch-magyarische Ordnung fast den ganzen Balkan um. Sie schaffte den jugoslawischen Staat ab, der aus den Verträgen von 1919 hervorgegangen war. Das Dritte Reich annektierte Slowenien. Das eigentliche Serbien sah sich auf einen Deutschland ergebenen Rumpfstaat reduziert. Der Rest des ehemaligen Serbien wurde dreigeteilt: ein Teil wurde von Deutschland verwaltet, der andere Ungarn übergeben, der dritte von Bulgarien annektiert. Blieb noch Kroatien, dem ein großer Teil seiner dalmatinischen Küste durch Italien unter Berufung auf die Tradition des venezianischen Staatsrechtes amputiert wurde. Die Ustascha – der „Aufstand" – hatte dort unter dem wohlwollenden Blick der Achsenmächte die Herrschaft an sich gerissen. Am 10. April 1941 hatte ihre Bewegung der „nationalen Befreiung" in Agram den unabhängigen Staat Kroatien ausgerufen, in dem sie eine Deutschland völlig ergebene Diktatur errichtete.

Jugoslawien löste sich gemäß der geschichtlichen Logik auf. Slowenien, das seit dem Frühmittelalter zum Deutschen Reich gehört hatte, kehrte wieder zu diesem zurück. Kroatien, das immer gegen die Magyaren protestiert und sich den Deutschen zugewandt hatte, nahm dieselbe Haltung wieder an, um diesmal gegen zwanzig Jahre serbischer Hegemonie zu protestieren. Die noch übriggebliebenen Reste teilten sich die Deutschen, die Ungarn und ihr bulgarischer Verbündeter.

Was Griechenland anbelangt, so wurde dort nach seiner Eroberung durch Deutschland ebenfalls die deutsch-magyarische Ordnung etabliert. Nie war deren Herrschaft über Zentral- und Balkaneuropa vollständiger gewesen.

DIE WIEDERGEBURT RUSSLANDS

Offiziell hörte das russische Reich im Jahr 1917 auf zu existieren: Es wurde theoretisch zu einer Union freier Republiken umgeformt. Außerdem wurden im Westen alle nichtrussischen Länder von seinem Territorium abgetrennt, die somit ihre Unabhängigkeit wiedererlangten: Finnland, Estland, Lettland, Litauen und Polen. Rumänien bekam Bessarabien zurück, und Polen erhielt sogar einen Teil Weißrußlands und der Ukraine.

In Wirklichkeit aber lebte der Geist des Reiches weiter. Die Revolutionäre blieben mit ihrer Politik genau auf der Linie der zaristischen Politik. Sie hatten die Gebietsabtrennungen nicht akzeptiert. Trotzkis Rote Armee hatte Gegenoffensiven in den baltischen Ländern und gegen Polen geführt: 1920 hatte Tuchatschewskij Warschau bedroht. Das Imperium lebte fort: Es hatte nur einen der momentanen Rückschläge erlitten, wie sie seine

Geschichte nur zu oft gekannt hatte. Es würde die Stunde seiner Revanche mit der Geduld jener Völker erwarten, die die endlosen Winter und die ungeheure Weite der Steppen gewohnt sind.

Diese Stunde schlug 1945. Der neue Herr Rußlands, Jossif Wissarionowitsch Dschugaschwili, *Stalin*, „der Stählerne", genannt, der sich von Eisenstein offiziell mit den symbolischen Zügen Iwans des Schrecklichen hatte verherrlichen lassen, knüpfte bewußt an die Politik des ersten Zaren an. Er wurde wie dieser ein unerbittlicher „Sammler der Länder".

Die Expansion geschah dorthin, wo die Amputation vollzogen worden war: nach Westen. Weißrußland und die Ukraine wurden in alter Form wiederhergestellt und dem Imperium eingegliedert, ebenso nichtrussische Länder wie Bessarabien – Moldawien genannt – und die baltischen Staaten. Außerdem dehnte sich Rußlands Einfluß nicht nur auf die ihm bereits im Laufe der Geschichte unterworfenen Länder – Finnland und Polen – aus, sondern erstreckte sich bis ins Herz Europas.

DIE RUSSISCHE ORDNUNG

Gleich nach dem Zweiten Weltkrieg sah sich Zentral- und Balkaneuropa einer – diesmal wirklich – neuen Ordnung unterworfen. Die Friedensverträge von 1919/20 waren von den angelsächsischen Mächten und von Frankreich diktiert worden. Die Ordnung nach 1945 war diesmal bestimmt durch die angelsächsischen Mächte und Rußland, das als Kontinentalmacht den Platz Frankreichs eingenommen hatte. Dieses war zwar bei der Unterzeichnung der deutschen Kapitulation dabei, aber nicht in Jalta und auch nicht in Potsdam. Nach der französischen Unordnung, die das kurzlebige, aber umso stärkere Wiederaufleben der deutsch-magyarischen Ordnung begünstigt hatte, war nun endlich die Zeit für die russische Ordnung gekommen, die 1919 nur hinausgeschoben worden war. Stalin war der Testamentsvollstrecker Nikolaus' II.

Zwei Grundzüge charakterisierten diese neue Ordnung. Erstens war Österreich wiederhergestellt, aber durch den Eisernen

Vorhang von den anderen Ländern getrennt, die weniger als vierzig Jahre zuvor noch zur Doppelmonarchie gehört hatten. Abgeschnitten war es vor allem von Ungarn, mit dem immer besondere Bindungen bestanden hatten. Mit Budapest hatte Wien das Reich des Doppeladlers regiert. Zusammen mit Österreich war Ungarn der einzige aus der Doppelmonarchie hervorgegangene Staat gewesen, der von der Entente als Anstifter des Ersten Weltkriegs angesehen wurde. Und schließlich waren die beiden Länder als unmittelbare Nachbarn durch die große Verkehrsader der Donau verbunden. Historisch wie geopolitisch lag es in der Natur der Sache, daß sie bevorzugte Verbindungen miteinander unterhielten. Die neue politische Gestalt Europas deckte sich nicht mit diesen Gegebenheiten. Um die Absurdität auf die Spitze zu treiben, war im neuen Europa östlich des Eisernen Vorhangs das deutschsprachige Element, das anstelle Österreichs trat, durch einen dem ehemaligen Deutschland willkürlich entrissenen Teil repräsentiert, der weder geographisch noch kulturell auch nur die geringste Beziehung mit Donaueuropa unterhalten hatte. Die Grenzen des Ostblocks, dieses neuen russischen Reiches, die das seit 1871 geeinte Deutschland durchtrennten und Österreich von Ungarn schieden, teilten gewachsene Ganzheiten: Da sie nach strategischen Überlegungen gezogen waren, achteten sie nicht auf die historischen Gegebenheiten. Diese Mißachtung sollte sich auf die Dauer verhängnisvoll auswirken.

Der zweite Grundzug dessen, was von Zentraleuropa geblieben war, war seine neue Organisation. Zunächst seine geographische. Überall war sie durch eine Verschiebung der Grenzen der Sowjetunion nach Westen gekennzeichnet. Seine neuen Verbündeten bestätigten Stalin die Vorteile, die ihm der Pakt mit Hitler eingebracht hatte. Dieses neue russische Reich behielt die baltischen Länder, annektierte einen Teil Finnlands und machte das zum Vasallen, was davon noch übrig blieb: Rußland behielt seine Stellung als erste Macht an der Ostsee.

Es löschte Polen zwar nicht aus, aber dessen Freiheit war nur mehr eine Erinnerung. Es sollte ebenso „unabhängig" von Rußland sein wie das 1815 geschaffene Kongreßpolen. Dieses „neue Polen" war in Wirklichkeit ein sehr altes Polen. Neu war es nur seiner Form nach. Die Sowjetunion behielt das östliche Drittel und verwirklichte so dessen Vereinigung mit Weißrußland und der Ukraine zu ihren Gunsten. Die polnische Bevölkerung, die in diesen Regionen wohnte, wurde nach Schlesien, nach Hinterpommern und in den Süden von Preußen deportiert, also in ehemals deutsche Gebiete, deren hauptsächlich deutsche Bewohner vertrieben worden waren. Diese Umschichtung hatte eine dreifache Wirkung. Erstens führte sie die Grenze zwischen Polen und Deutschen auf die Linie zurück, die zur Zeit Ottos des Großen bestanden hatte. Zweitens machte sie Polen zu einem echten Anrainerstaat der Ostsee. Und drittens reichte Rußland nun dank dieses Vordringens bis an die Tschechoslowakei, mit der es früher keine gemeinsame Grenze hatte. Die Tschechoslowakei, deren Sudetendeutsche ebenfalls vertrieben oder sogar getötet worden waren, erstand wieder, um das Teschener Gebiet verkleinert. Die Sowjetunion behielt jedoch das subkarpatische Ruthenien, das sie ihr im März 1939 abgenommen hatte und nun der Ukraine einverleibte. Auf diese Weise gewann sie ebenfalls eine gemeinsame Grenze mit Ungarn, das seinerseits auf das Territorium von 1919 beschränkt wurde: Siebenbürgen kam an Rumänien zurück; Rußland erleichterte dieses wiederum, sozusagen auf dem Tauschweg, um Bessarabien und die Nordbukowina, die es ihm schon im Juni 1940 abgenommen hatte. Außerdem bestand Stalin darauf, daß die Süddobrudscha in den Händen Bulgariens blieb. Er hatte eine Zeitlang erwogen, aus Bulgarien eine Republik der Sowjetunion zu machen; da es aber geographisch durch Rumänien von ihr getrennt war, hatte er schließlich darauf verzichtet. Jedenfalls bot dieser koloniale Vorstoß der Sowjetunion den ungeheuren Vorteil der direkten Kontaktnahme mit den wichtigsten Ländern ihres westlichen Vorfeldes: mit Polen, der Tschechoslowakei, Ungarn und Rumänien. Die starken Garnisonen, die die Sowjetunion dort errichtete, sollten auf diese Weise in unmittelbarer Verbindung mit ihrem Mutterland stehen. Schließlich war Jugoslawien wiederhergestellt und um einen Teil Istriens und des Julischen Venetiens vergrößert worden. Gegen den Willen Englands gelang es Stalin, zumindest vorübergehend, dort ebenso wie in Albanien den russischen Einfluß geltend zu machen. Einzig das neutrale Österreich, Griechenland und die Türkei konnten sich in Zentral- und Balkaneuropa der russischen Ordnung entziehen.

Diese geographische Neugestaltung wurde von einer gewaltigen politischen Reorganisation begleitet. Unter der Zuchtrute der Kremlherren, die sie mit Sehnsucht an die Herrschaft der Habsburger zurückdenken ließen, mußten diese Länder wohl oder übel ihre Streitigkeiten begraben. Mehr noch: Zum ersten Mal seit dem Ende der Doppelmonarchie waren sie zu einer wirtschaftlichen Zusammenarbeit in der Form des COMECON gezwungen.

An sich hätten solche Veränderungen für die Entwicklung dieser Länder günstig sein können. Aber sie hatten perverse Aspekte, die ihre möglichen positiven Seiten wieder aufhoben. Nach den Zerstörungen des Krieges begünstigte die Zwangsverstaatlichung keineswegs die Entwicklung der Wirtschaft. Die durch Bürokratie gebremste und durch Ideologie verzerrte Planwirtschaft einerseits und das Ertöten jeder Privatinitiative andererseits riefen die üblichen Verheerungen hervor. Außerdem zeigte die wirtschaftliche Zusammenarbeit unter den „Bruderländern" die verhängnisvolle Tendenz, zur Ausbeutung der Satellitenstaaten durch die Sowjetunion auszuarten. Schließlich wurde das wirtschaftliche Siechtum dieser Länder durch die beträchtlichen unproduktiven Ausgaben für das Militärbudget noch weiter verschlimmert; denn die geistige Einheit dieser Staaten mußte ja ständig durch die Psychose eines unmittelbar drohenden Krieges gegen den „revanchistischen Kapitalismus", wie die offizielle Propaganda ihn zu nennen pflegte, aufrechterhalten werden.

DER VIERTE KREIS DES RUSSISCHEN IMPERIUMS

Gewöhnlich stellt man diese Ausdehnung des russischen Einflusses nicht wie eine tatsächliche Vergrößerung seines Imperiums dar. Aber in Wirklichkeit war es eine. Die offizielle Aufrechterhaltung der Souveränität dieser Staaten war nur eine Fiktion.

Die Regierungsmacht in den Hauptstädten existierte nur dank der in ihren Ländern stationierten sowjetischen Besatzung. Es waren echte Satrapien, die ihre Befehle aus der Moskauer Zentrale empfingen. Wenn es dafür eines Beweises bedurft hatte, so wurde er durch die Ereignisse in Ost-Berlin 1953, in Budapest 1956 und in Prag 1968 erbracht. Da es sich jedoch um alte europäische Staaten mit starken politischen Traditionen und fest verwurzelten nationalen Identitäten handelte, war es nicht möglich gewesen, sie dem Imperium kurzerhand offiziell einzugliedern. Dies war aber für Rußland – unter Wahrung des Scheins – eine Möglichkeit, die neuen Provinzen auf diskrete, aber umso wirkungsvollere Weise zu lenken, da ja deren Regierungen die Aufgabe zufiel, an Ort und Stelle die Probleme zu regeln, die die Exekution der politischen Entscheidungen des Kreml mit sich brachte.

„Osteuropa" war in Wirklichkeit der vierte Kreis des Imperiums. Es war der monströse Auswuchs des zweiten Kreises, der im Europa des 18. Jahrhunderts unter Peter dem Großen und Katharina II. entstanden war und sich unter Alexander I. bereits nach Finnland, nach Bessarabien und bis ins Herz Polens ausgedehnt hatte.

Der vierte Kreis des Reiches berührte indessen auch Asien. So wie Turkestan in ein russisches und ein chinesisches Turkestan geteilt worden war, wurde auch die Mongolei geteilt. Ihr nördlicher Teil war schon 1911 unter dem Namen Äußere Mongolei von China abgetrennt und nach dem Krieg in eine Republik umgewandelt worden. Sie segelte im Kielwasser Moskaus, das auch in diesem Fall die traditionelle zaristische Politik der Herrschaft über die Mongolen und der Zurückdrängung Chinas fortsetzte – gleichgültig, ob dieses sich auf den Kommunismus berief oder nicht. Im Orient war der vierte Kreis die Weiterentwicklung des dritten, der im 19. Jahrhundert entstanden war. So war der von Moskau 1978 angezettelte Staatsstreich von Kabul und die darauffolgende militärische Intervention in Afghanistan zur Unterstützung des neuen Vasallen sowohl historisch als auch geographisch nur die Folge der Annexion Turkestans im vorigen Jahrhundert.

Diese grenzenlose Ausdehnung lag in der Logik der großen Kontinentalmacht Rußland. Um seine Sicherheit immer besser zu gewährleisten – die zugegebenermaßen in seinen Anfängen oft bedroht wurde –, war dieses Land gleichsam von einem inneren Bedürfnis beseelt, die Grenzen seiner Herrschaft, seines „Reiches", immer weiter hinauszuschieben. Aber für alle Reiche kommt eines Tages der Augenblick, wo die Konstruktion so gigantisch geworden ist, daß der Kernstaat trotz aller Anstrengungen nicht mehr imstande ist, sie aufrechtzuerhalten.

Mehr noch: Diese Anstrengungen selbst werden zum wesentlichen Faktor seines Zusammenbruchs. Die Intervention in Afghanistan stieß auf lebhafte Ablehnung bei den Völkern Turkestans, die mehr denn je spürten, daß sie einem Imperium untertan waren, das ihre Brüder angriff. Als Gefangener seiner zugleich russischen und imperialistischen Logik bemühte sich das darauf bedachte Moskau, russisches Blut zu schonen, das Imperium durch das Imperium selbst zu vergrößern. Es entsandte in die afghanischen Schluchten so viele nichtrussische Soldaten wie nur möglich, vor allem Balten. Den Gefahren eines Krieges ausgesetzt, der nicht der ihre war, kämpften diese ohne Überzeugung; vor allem aber konnten sie ermessen, wie schwach ein Reich sein mußte, das seine ganze Stärke einzig aus ihrer Unterwerfung bezog. Wenn sie schon ihr Leben lassen mußten, dann eher für die Befreiung ihres eigenen Landes. Ohne das ungeheure psychologische Echo des afghanischen Krieges wäre der spätere Widerstand vor allem der baltischen Völker gegen Rußland nicht so entschlossen gewesen. Gerade die Anstrengungen des Imperiums zu seiner Vergrößerung liefen darauf hinaus, es in die Luft zu sprengen. Niemals war die russische Herrschaft so gewaltig gewesen wie in den achtziger Jahren des 20. Jahrhunderts. Beim Anbruch der neunziger Jahre zerfiel sie.

Die Gründe für ihren Zusammenbruch waren interner Natur. In mehr als einer Hinsicht erinnert die sowjetische Ordnung an die osmanische. Wie diese war sie auf militärische Macht gegründet, und daher hatte ihre wirtschaftliche Organisation zu ihrer Erhaltung bald nicht mehr gereicht. Nur die wirtschaftliche Stärke fließt von der Peripherie wieder ins Zentrum zurück, das die Früchte seiner Investitionen erntet. Die physische Stärke, die ständig unproduktive militärische Investitionen erfordert, ruiniert auf die Dauer die Wirtschaft des Zentrums, das dann nicht mehr imstande ist, die Peripherie zu erhalten. Zu diesem wirtschaftlichen Ruin kommt noch der politische. Die Kräfte des Gründerstaates, der das Reich errichtete, haben sich in der Erhaltung dieses Reiches erschöpft und wurden nicht dazu verwendet, den Staat auszubauen, so daß er schließlich in den Sturz des Reiches mit hineingerissen wird. Er kann zwar aus den Trümmern des Reiches wiedererstehen: Der deutsche Staat, der türkische Staat beweisen es. Aber sie bezeugen auch, daß diese Wiedergeburt sich nicht ohne Mühen vollzieht. Rußland, das in eine neue Zeit der Wirren eingetreten ist, scheint sich derzeit in dieser dritten Phase zu befinden.

In Zentral- und Balkaneuropa hatte sich die Sowjetunion mit Hilfe von manipulierten Statistiken, denen der Westen geflissentlich einen entweder stupiden oder verdächtigen Glauben zu schenken pflegte, zwar den Anschein gegeben, eine gesunde Wirtschaftsordnung und ein stabiles politisches Gleichgewicht wiederhergestellt zu haben. In Wirklichkeit war ihr weder das eine noch das andere gelungen. Der Zusammenbruch der russischen Ordnung, der endlich die Veröffentlichung echter Zahlen möglich machte, ließ das ganze Ausmaß dieses Debakels erkennen.

Von all den Ordnungen, die Zentral- und Balkaneuropa auferlegt wurden, war die russische von kürzester Dauer. Die osmanische und die deutsch-magyarische Ordnung hatten jeweils zwei Jahrhunderte gedauert. Die russische dauerte nicht einmal ein halbes.

VI

AUF DEM WEG ZU EINER
EUROPÄISCHEN ORDNUNG?

*Die Quintessenz aller Regeln ist
der gesunde Menschenverstand.*
LUDWIG XIV.

„ENDE DER GESCHICHTE" ODER ENDE EINES ZYKLUS?

Fast ein halbes Jahrhundert nach dem Zusammenbruch der faschistischen und nationalsozialistischen Diktatur ließ der Bankrott des sowjetischen Totalitarismus bei gewissen Denkern – Francis Fukuyama ist der bekannteste unter ihnen – den gleichen Glauben an das „Ende der Geschichte" entstehen, den bei Hegel die Ausbreitung der Französischen Revolution, bei Gioacchino da Fiore das Mittelalter in seiner Hochblüte oder bei Polybios die Apotheose des Römischen Reiches hervorgerufen hatten.

Selbstverständlich kann vom Ende der Geschichte nicht die Rede sein. Dagegen ist eines unbestritten: Wenn der Zusammenbruch des russischen Imperiums als ein Ereignis mit weltweiten Auswirkungen auch nicht das Ende der Geschichte bedeutet, so bezeichnet er jedoch das Ende eines ihrer Abschnitte.

Die Ratlosigkeit, die sich in diesem Stadium der Geister bemächtigt, ist von zweifacher Art. Sie betrifft zunächst die zeitliche Ebene und entsteht aus dem Gefühl des Bruchs einer historischen Kontinuität. Wenn man auch den Eindruck hat, aus einem historischen Zyklus herausgetreten zu sein, so erscheint der, in den man nun eintritt, absolut geheimnisvoll.

Die Ratlosigkeit betrifft aber auch die räumliche Ebene. Die geopolitische Welt, in der sich der menschliche Geist seit fast einem halben Jahrhundert bewegte und die Ereignisse begriff, ist Vergangenheit geworden. Innerhalb weniger Tage verschwand das Europa der Zwölf, welches das östlichste Ende einer westlichen Welt mit Schwerpunkt in den Vereinigten Staaten von Amerika zu sein schien, in einem nun endlich vollständigen, plötzlich wiederhergestellten Europa, von dem es nur mehr der atlantische und zum Teil mediterrane Rand ist. Dieses Europa selbst befindet sich nun am äußersten westlichen Ende eines weit größeren Gebildes, eines gleichermaßen slawischen und türkischen Asien, mit dem es seine Beziehungen von Grund auf neu definieren muß. Kurz, das Europa der Zwölf ist vom östlichen Ende der „westlichen Welt" zum westlichen Ende eines riesigen Eurasien geworden: Es ist nun wieder jenes „Kap Asiens", das es nie aufgehört hatte zu sein, ohne sich jedoch überhaupt noch daran zu erinnern. Diese Lage macht aus ihm den geometrischen Ort, an dem Nordamerika und Westasien – aber auch Afrika übrigens, mit dem Westeuropa besondere Beziehungen unterhält – einander begegnen. Europa, das sich daran gewöhnt hatte, nur die Sackgasse der Neuen Welt zu sein, sieht sich am Ende des 20. Jahrhunderts, fünfhundert Jahre nach der Entdeckung Amerikas, im Mittelpunkt einer neuen Welt.

Europa verfügt aber weder über die chronologischen noch über die geographischen Parameter, die es brauchen würde, um der Größe der Aufgaben gewachsen zu sein, vor denen es plötzlich steht. Diese gilt es nun zu finden.

DIE JAHRHUNDERT-RHYTHMEN

Die Konstellationen der Jahrhunderte

Zunächst also die chronologischen Parameter – die geographischen sind Gegenstand des nächsten Kapitels. Seit dem Anbruch dessen, was die Historiker „die Neuzeit" nennen – zwischen der Mitte des 15. und dem Beginn des 16. Jahrhunderts –, gehorcht die Geschichte Europas einem Jahrhundert-Rhythmus, der wiederum durch Brüche in der Mitte der Jahrhunderte skandiert wird. Es geht dabei keineswegs um irgendeine Zahlen-

169

mystik. Handelt es sich um biologische Menschheitszyklen oder um kollektive mentale Rhythmen, die beide mit der Erneuerung der Generationen zusammenhängen? Die Gründe, die die Menschen dazu geführt haben, die Zeit in Jahrhunderteinheiten zu gliedern, sind übrigens keineswegs durchschaubar. Fest steht aber, daß nur der Tag und das Jahr einer objektiven Realität entsprechen. Das Jahrhundert ist eine rein menschliche Erfindung, die, wenn überhaupt, einer rein menschlichen Realität entspricht. Wie dem auch sei, um das Phänomen festzustellen, brauchen wir dessen Grund nicht zu kennen.

Jedem Jahrhundert entspricht eine wesentliche politische Konstellation. Das 16. Jahrhundert wird durch die Vorherrschaft Spaniens und des Osmanischen Reiches bestimmt. Das 17. ist das Jahrhundert der Vormachtstellung Frankreichs. Das 18. Jahrhundert bringt die „geteilte Vorherrschaft" Frankreichs und Englands, während Österreich sich als die große Macht Zentraleuropas behauptet. Das 19. wiederum ist das Jahrhundert Englands und Deutschlands, während zu Österreich, aus dem Österreich-Ungarn wird, in Osteuropa Rußland kommt. Das 20. Jahrhundert erlebt den Niedergang der traditionellen europäischen Mächte – Englands, Frankreichs und, nach einem kurzen Aufflackern, Deutschlands, ganz zu schweigen von der Vernichtung Österreichs –, einen Niedergang, den die Hegemonie der neo-europäischen Mächte Rußland und Vereinigte Staaten besiegelt.

Die Brüche der halben Jahrhunderte

Quer durch die Mitte eines jeden Jahrhunderts geht ein Bruch. Im 15. Jahrhundert ist dies 1453 der Sturz des Oströmischen Kaiserreiches durch die Türken, der so entscheidend ist, daß die Einnahme Konstantinopels die Ära der Neuzeit einleitet. In der Mitte des 16. Jahrhunderts – 1555 – beendet der Friede von Augsburg im Heiligen Römischen Reich den Konflikt zwischen Protestanten und Katholiken, der dieses während der ersten Hälfte des Jahrhunderts zerrissen hatte, während 1559 der Tod Heinrichs II. Frankreich in die Religionskriege stürzt, die es in der zweiten

Hälfte des Jahrhunderts verheeren werden; 1552 ist die Einnahme Kasans durch Iwan den Schrecklichen der entscheidende Schritt, mit dem Rußland seine Eroberungen im Osten einleitet. Im 17. Jahrhundert festigt der Westfälische Friede 1648 endgültig die Vormachtstellung Frankreichs, während 1659 der Pyrenäenfriede den Niedergang Spaniens besiegelt. Im 18. Jahrhundert wird Preußen 1741 durch die Annexion Schlesiens zur europäischen Großmacht, und der „Umsturz der Bündnisse" von 1756, mit dem Frankreich sich auf die Seite Österreichs stellt, ist die entscheidende Wende in den diplomatischen und strategischen Gegebenheiten Europas. Im 19. Jahrhundert stürzt die Revolution von 1848 – die erste, die sich auf ganz Europa erstreckt – die 1815 in Wien festgelegte Ordnung um, vor allem durch ihre engeren und weiteren Auswirkungen: die Errichtung des Zweiten Kaiserreiches in Frankreich und – in Zentraleuropa – die deutsche Vormachtstellung auf Kosten Österreichs. Im 20. Jahrhundert unterstellt das Ende des Zweiten Weltkrieges 1945 Europa *de facto* der Vormundschaft der Vereinigten Staaten und der Sowjetunion.

Die Jahrhundertwenden

Die Erschütterungen, die die Wende von einem Jahrhundert zum anderen charakterisieren, sind bedeutend länger als die Brüche, die ihre Mitte kennzeichnen. Diese Übergangzeiten sind Perioden des Wandels – der von den Menschen als eine „Krise" erlebt wird –, während derer sich die alte Ordnung auflöst, um einer neuen Platz zu machen.

1492 bedeutet der Fall Granadas die Vollendung des spanischen Staates, und die Entdeckung Amerikas setzt ihn in die Lage, sein Weltreich zu errichten. Diese Periode dauert bis ins zweite Jahrzehnt des 16. Jahrhunderts an: 1519 verändert die Wahl Karls V. zum Kaiser die Machtverhältnisse der abendländischen Monarchien, und die Reformation, die Europa in zwei religiöse Lager spaltet, ist ab 1521 unwiderruflich; im selben Jahr fällt Belgrad in die Hände der Osmanen und öffnet ihnen so den Weg durch das Donautal nach Zentraleuropa.

Dasselbe gilt für das 16. Jahrhundert. Seine Ordnung wird 1588 in Frage gestellt, als die Vernichtung der Armada den Niedergang Spaniens und den Aufstieg Englands einleitet; 1589 kündigen sich mit der Thronbesteigung Heinrichs IV. in Frankreich das Ende der Religionskriege und die Wiederherstellung der königlichen Autorität an. Das empfindliche Gleichgewicht, das das 16. Jahrhundert charakterisierte, zerbricht 1618 endgültig mit dem Ausbruch des Dreißigjährigen Krieges.

Die im 17. Jahrhundert von Frankreich erreichte Vormachtstellung steht 1689 auf dem Spiel, als die Angriffspolitik Ludwigs XIV. zu einer Verteidigungspolitik wird. Seit der Eroberung Ungarns durch den Kaiser 1686 hat die osmanische Flut begonnen zurückzuweichen. Die neue politische Konstellation im Westen kommt indessen erst durch die Verträge zustande, die den Spanischen Erbfolgekrieg 1714 beenden, und im Osten durch den 1718 zwischen Wien und Konstantinopel geschlossenen Frieden von Passarowitz.

Schon 1789 beginnt die Umwälzung des für das 18. Jahrhundert charakteristischen Ordnungsgefüges. Dennoch wird erst der Wiener Kongreß 1815 die vorhergegangene Ordnung durch eine nunmehr dauerhafte ersetzen. Das Ende des 19. Jahrhunderts beginnt bereits 1890 mit dem Sturz Bismarcks, der den Weg zum französisch-russischen Bündnis von 1893 ebnet. Dieses führt Frankreich aus seiner diplomatischen Isolierung heraus und ermöglicht dessen spätere Annäherung an Großbritannien. Aber die Ordnung – besser die Unordnung – des 20. Jahrhunderts entsteht erst richtig durch die Friedensverträge, die den Ersten Weltkrieg beenden.

1492–1521, 1589–1618, 1689–1718, 1789–1815, 1890–1919: die Jahrhundertwenden, während derer sich die europäische Ordnung immer wieder neu gestaltet, dauern rund dreißig Jahre. Unser Jahrhundert macht dabei keine Ausnahme. Das Ende der deutschen Teilung, dessen Symbol der Fall der Berliner Mauer ist, war 1989 das erste einer Folge von Ereignissen, welche die Europa seit Jahrzehnten aufgezwungene Ordnung umstürzten. Da unser Jahrhundert im Hinblick auf die Auslösung der Krise keine Ausnahme von der Regel macht, kann man wohl mit Recht

annehmen, daß diese Periode der Zerstörung der alten Machtverhältnisse und der Herstellung eines neuen Gleichgewichts, in der
wir uns nun befinden, bis in die zwanziger Jahre des kommenden
Jahrhunderts dauern wird.

Gewiß ist dies nur eine Überlegung aufgrund von Analogie-
schlüssen – mit Sicherheit die schlechtesten, wie die Logik lehrt.
Nun ist aber diese Analogie wahrscheinlicher Ausdruck eines
Rhythmus, der unserem Jahrhundert und den vorhergehenden
Jahrhunderten innewohnt. Wie dem auch sei, wir verfügen jedenfalls hier über keine angemessenere intellektuelle Verfahrens-
weise. Durch den Vergleich unseres Jahrhunderts mit den vor-
herigen Jahrhunderten können wir Ereignisse, die wir gerade
erleben, in einen längeren Zeitraum einordnen, und die Projek-
tion durch die Analogie bietet eine wahrscheinliche Hypothese
über die Dauer des Zyklus, in dem wir uns befinden. Eine
ganzheitliche Betrachtung verschafft uns die chronologischen
Parameter, mit deren Hilfe wir die Krise begreifen und daher
beeinflussen können, anstatt sie bloß zu erdulden.

Dies ist von zentraler Bedeutung. Gemessen an dem Gewicht
des historischen Erbes, kann der Anteil der menschlichen Freiheit lächerlich erscheinen. Dennoch ist diese Freiheit wesentlich:
Denn sie bestimmt die Richtung, in welche sie die ererbten
Gegebenheiten lenken wird. Aus den vorhergehenden Zyklen
sind entweder stabile Ordnungsgefüge – wie im 18. Jahrhundert – oder labile Konfigurationen entstanden, die den Keim
späterer Umwälzungen in sich trugen: so etwa im 16. und mehr
noch im 20. Jahrhundert. Alles hängt schließlich vom ordnenden
Tun ab, das der vom Verstand erhellte Wille des Menschen auf
die Dinge ausübt.

DIE AUFLÖSUNG ZENTRAL- UND BALKANEUROPAS

Zurück nach Saint-Germain

Seit 1945 hatte Sowjetrußland die meisten Staaten Zentral- und
Balkaneuropas zur Einheit gezwungen; währenddessen hielt es
die Teilung Deutschlands aufrecht. 1990 hat der russische Rück-

zug ein doppeltes Phänomen bewirkt: Während Deutschland sich wiedervereinigte, kehrte gleichzeitig der Rest Zentraleuropas in den früheren Zustand der Zerstückelung zurück. Das wiedererstehende Zentral- und Balkaneuropa ist – wenn schon nicht in der exakten Grenzziehung, so doch wenigstens im Prinzip – nichts anderes als das Europa nach dem Ersten Weltkrieg. Sogleich entsteht auch wieder das gestörte Gleichgewicht, das für dieses Europa typisch war. Das Problem des europäischen Ungleichgewichtes kommt nicht von der Wiedervereinigung Deutschlands, wie man in Paris und in London nur allzuoft glauben möchte. Diese Wiedervereinigung ist naturgegeben und daher legitim. Das Problem stammt vielmehr aus der seinerzeit in Paris und London vollzogenen Zerstörung des österreichisch-ungarisch-slawischen politischen Gebildes, das ein Gegengewicht zu Deutschland darstellte.

Die inneren Gründe der Destrukturierung
Zentral- und Balkaneuropas

Gipfelpunkt der Ironie und des Unglücks: Der Zerfall der von Moskau aufgezwungenen gemeinsamen Strukturen hat den Resten einer noch bestehenden Organisation in Zentral- und Balkaneuropa den Todesstoß versetzt. Die Situation, die daraus erwächst, erscheint unbegreiflich. Der Hauptgrund liegt darin, daß man sich seit beinahe einem halben Jahrhundert daran gewöhnt hatte, die Länder Zentral- und Balkaneuropas als ein Ganzes zu betrachten. Daher erwartete man, daß sie nun sozusagen in Reih und Glied von der Plan- zur Marktwirtschaft, vom diktatorischen Regime zu demokratischen Institutionen marschieren würden. Die Vielfalt der Bewegungen, die plötzlich lebendig werden, verwirrt gar manchen im Westen und ruft sogar eine unleugbare Ratlosigkeit hervor.

Hier wie anderswo kann allein das historische Langzeitgedächtnis eine Hilfe zum Verständnis der gegenwärtigen Ereignisse bieten, die ja nichts anderes als die Folge vergangener Ereignisse sind. Nun zeigt uns da die Geschichte ein sehr merkwürdiges Phänomen, das der freiheitliche Westen vielleicht als letzter richtig verstehen kann. Im Osten kommen die Menschen aus einer jahrzehntelangen, bis heute beispiellosen Diktatur: sie überwachte sie mit allen Mitteln der modernen Technik, sie schränkte den menschlichen Freiheitsraum in einem Ausmaß ein, welches nicht einmal die Diktaturen des 19. oder des beginnenden 20. Jahrhunderts gekannt hatten. Fast ein halbes Jahrhundert hindurch wurden die Menschen manipuliert, so daß sie lernten, die Sprache im sozialen Leben nur zu gebrauchen, um ihre Gedanken zu verbergen, statt sie auszudrücken. Diese folgenschwere Perversion des Werkzeugs geistigen und ethischen Handelns, die eine richtiggehende psychologische Behinderung hervorrief, übt auch im politischen Bereich ihre verheerende Wirkung aus.

Es wäre sinnlos, ja fast tragisch, die Zentral- und Osteuropäer nach ihrer Meinung über Wirtschaft, Gesellschaft oder Außenpolitik zu fragen: Auch wenn sie wissen, was sie verwerfen, so sind sie doch in ihrer überwiegenden Mehrheit nicht mehr fähig, sich konstruktive Vorstellungen zu machen. Da sie in der zweiten Hälfte des 20. Jahrhunderts weder intellektuell noch psychisch die Entwicklung der Welt verfolgen konnten, waren sie auch nicht in der Lage, die neuen Konzepte oder Denkweisen zu erarbeiten, die sie gebraucht hätten, um sie zu begreifen und sich ihr anzupassen. Jetzt, wo die offizielle Ideologie zusammengebrochen ist, bleiben ihnen als intellektuelle Hilfsmittel nur jene, die sie sich vor der Diktatur, das heißt im Verlauf der zweiten Hälfte des 19. und am Anfang des 20. Jahrhunderts, geschaffen hatten.

Für diese intellektuelle Krise Zentral- und Osteuropas gibt es noch tiefere Gründe. Während Marx vom Sozialismus die innere Befreiung des Individuums aus der Entfremdung und seine Entfaltung erwartete, hatte Nietzsche schon 1886 in *Menschliches, allzu Menschliches* im Kern des Sozialismus eine unbesiegbare Tendenz zur Tyrannei erkannt. Der Sozialismus ist nach seiner Definition „der phantastische jüngere Bruder des fast abgelebten Despotismus, den er beerben will; seine Bestrebungen sind also im tiefsten Verstande reaktionär. Denn er begehrt eine Fülle der Staatsgewalt, wie sie nur je der Despotismus gehabt hat, ja er überbietet alles Vergangene dadurch, daß er die förmliche Vernichtung des Individuums anstrebt: als welches ihm wie ein unberechtigter Luxus der Natur vorkommt und durch ihn in ein zweckmäßiges Organ des Gemeinwesens umgebessert werden soll." Das Ziel des Sozialismus ist die Errichtung eines „unbedingten" Staates, „wie niemals etwas Gleiches existiert hat; und da er nicht einmal auf die alte religiöse Pietät gegen den Staat mehr rechnen darf, vielmehr an deren Beseitigung unwillkürlich fortwährend arbeiten muß – nämlich weil er an der Beseitigung aller bestehenden Staaten arbeitet –, so kann er sich nur auf kurze Zeiten, durch den äußersten Terrorismus, hier und da einmal auf Existenz Hoffnung machen. Deshalb bereitet er sich im stillen zu Schreckensherrschaften vor …"[1] Dieser Text, der den Stalinismus und dessen Surrogate am treffendsten voraussagte, kündigte gewiß nur einen Aspekt der anbrechenden Diktatur an; Nietzsche erkannte noch nicht, wie Kostas Papaioannou in *L'Idéologie froide*[2], die beiden großen Werkzeuge, die die ideologische „Orthodoxie" sowie deren Treuhänder und weltlicher Arm, die totalitäre Partei, sein sollten. Nietzsche prangerte jedoch einen wesentlichen Zug des Sozialismus an: die Unterdrückung der Individualität in den Menschen und in den Gemeinschaften, die sie bilden. Der Despotismus des 20. Jahrhunderts zwang die Individuen, sich einer sozialen Ordnung anzupassen, die nicht ihre Zustimmung hatte; ebenso zwang er die Staaten, deren Grenzen er meist willkürlich fixiert hatte, ihre Streitigkeiten im Namen der ideologischen Brüderlichkeit zu beenden. Die Staaten daran zu hindern, sich zu ihren Meinungsverschiedenheiten zu bekennen und somit über sie zu diskutieren, um sie zu lösen oder zumindest abzuschwächen, bedeutete in Wirklichkeit, sie weiterbestehen zu lassen: Die Gegensätzlichkeiten, die Zentraleuropa in der Mitte des 20. Jahrhunderts zerrissen, wurden ohne Unterbrechung bis zum Vorabend des 21. Jahrhunderts weitergeschleppt. Der universale Sozialismus, der sich als einziges System der Zukunft anpries, war auf sozialem Gebiet reaktionär, weil er einen Rückschritt der Demokratie zu einem Despotismus eines anderen Zeitalters bedeutete – und auf diplomatischer Ebene war er konservativ, weil er zahlreiche Streitfälle aus

der Erbmasse von Versailles, Saint-Germain und Trianon fort-
schrieb.

Die Befreiung vom Totalitarismus hatte eine Explosion des
Individualismus zur Folge. Nicht nur auf der privaten, sondern auch auf der kollektiven Ebene, wo er sich in der Form
eines Wiederaufflammens nationalistischer Antagonismen ausdrückte. Die Wiedererlangung ihrer nationalen Identität erschien
den Mitgliedern der verschiedenen Gemeinschaften als Mittel,
wieder in den Besitz ihrer individuellen Identität zu kommen.
Die Spannungen, die daraus entstehen, sind von unterschied-
licher Intensität; im Extremfall können sie wie bei den Südslawen zum Konflikt ausarten.

Die Explosion des Individualismus begünstigt das Wiederaufleben des Nationalismus, welches durch den Bankrott der
sozialistischen Ideologie als solcher noch verschärft wird. Der
Sozialismus hatte einen doppelten Aspekt. Er war theoretisch
und praktisch sicherlich ein Wirtschaftssystem, aber er war noch
weit mehr: ein seinem Wesen nach humanistisches und uni-
versalistisches Ideal für die Schaffung des Gemeinwesens. Nun
wurde aber der Sozialismus bloß als Wirtschaftssystem durch
den Liberalismus ersetzt, nicht aber als Ideal. Der Liberalismus
ist ein Ideal für aufgeklärte und leicht skeptische Eliten, nicht
aber für die Massen auf der Suche nach einem Glauben. Dagegen
kann die geistige Leere, die der in Verruf geratene Sozialismus
hinterläßt, durch ein Wiederaufleben religiöser Begeisterung
oder ein neuerliches Aufflammen nationalistischer Leidenschaften kompensiert werden. Im übrigen widersprechen die beiden
Phänomene einander nicht, denn religiöse Antagonismen und
nationale Gegensätze treffen oft zusammen. Man konnte wieder
einmal erleben, wie auf dem Balkan Waffen von Priestern gesegnet wurden. Der Nationalismus pervertiert den Glauben, der
irregeleitete religiöse Eifer nährt den nationalen Haß.

Die Geschichte nimmt zwar wieder ihren Lauf, aber von da
aus, wo sie stehengeblieben ist: irgendwo zwischen 1938 und
1940. Deshalb gibt es Reaktionen, die zwar verwirrend in den
Augen des Westens, dennoch aber historisch von unerbittlicher
Logik sind.

Die äußeren Gründe der Destrukturierung
Zentral- und Balkaneuropas

Zu den inneren Gründen der Destrukturierung Zentral- und
Balkaneuropas kommen auch noch äußere Gründe. Die inneren
waren das Vermächtnis der sowjetischen Herrschaft. Die äußeren
sind in deren Widerpart zu suchen – in der Europäischen Gemeinschaft, der jetzigen Europäischen Union, die den kalten
Krieg überlebte.

Von außen her übt die Europäische Union auf Zentral- und
Balkaneuropa eine Anziehungskraft aus, die dessen Uneinigkeit
noch verstärkt und es zur politischen Zersplitterung verleitet. Der
Fall der Tschechischen Republik ist in dieser Hinsicht bezeich-
nend: Nur um die wirtschaftlich zurückgebliebene Slowakei
loszuwerden, hat die Prager Regierung die von Bratislava un-
überlegt gebotene Gelegenheit ergriffen und die Unabhängigkeit
Tschechiens verfügt, in der Hoffnung, damit rascher in die
Europäische Union, in der sie eine Art Klub der Reichen sah,
aufgenommen zu werden. Nicht anders war es zu Beginn in
Jugoslawien: Wenn Slowenien und Kroatien so wenig davon
angetan waren, in einer jugoslawischen Föderation zu bleiben,
deren finanzielle Last sie zur Hälfte trugen, dann lag der Grund
dafür in der unmittelbaren Nähe der Europäischen Union, der
anzugehören ihr Wunschtraum war. Durch ihre bloße Existenz
ist die Europäische Union weitgehend verantwortlich für die
Zersplitterung der beiden Länder, die die Alliierten im ehemaligen österreichisch-ungarischen Raum errichtet hatten: Statt
Zentraleuropa bei der Neustrukturierung nach dem Zusammenbruch des COMECON zu helfen, hat die Gemeinschaft kräftig zu
seinem Auseinanderfallen beigetragen. Dadurch verhindert sie
eine mögliche politische Gesamtorganisation Zentral- und
Balkaneuropas und damit die politische Organisation Europas
überhaupt.

Die Europäische Union destabilisiert Europa durch das, was
sie ist: ein beträchtlicher wirtschaftlicher Anziehungspunkt. Sie
destabilisiert es außerdem durch das, was sie *nicht* ist: eine
politische Macht. Ihre politische Ohnmacht ist ebenso groß wie

ihre wirtschaftliche Macht. In der Außenpolitik der Europäischen Union gibt es nur gegensätzliche Interessen. In Nebensächlichkeiten zwar einig, sind die Staaten Westeuropas in den wesentlichen Dingen jedoch gespalten. Dieses diplomatische und militärische Nichtvorhandensein der Gemeinschaft als solcher hat bewirkt, daß sie dem Krieg in Jugoslawien als Zuschauer beigewohnt hat, ohne zu reagieren. Immer schnell bereit, wenn es gilt, die Verletzung der Menschenrechte am anderen Ende der Welt anzuprangern, sieht Westeuropa bei den Verbrechen der national-kommunistischen Regierung Belgrads – Massakern und Deportationen – nach wie vor mit jener Gleichgültigkeit zu, die es bis 1939 gegenüber den Verbrechen zur Schau getragen hatte, welche der Nationalsozialismus mit derselben Grausamkeit im Namen derselben Prinzipien beging. Um gerecht zu sein, muß man feststellen, daß einzelne Staaten sich über diese Situation höchst besorgt zeigten, vor allem die österreichische und die deutsche Regierung, die besser begriffen, worum es auf dem Balkan ging. Die britische und die französische Regierung dagegen haben nie davon abgelassen, Serbien zu unterstützen – aus niedrigen Motiven: die Briten, weil sie fürchteten, die irische Revolte gutzuheißen, wenn sie die sezessionistischen Republiken unterstützten, die Franzosen im Namen der „französisch-serbischen Freundschaft" und stets darauf bedacht, der deutschen Diplomatie entgegenzuarbeiten. Nur durch das politische Nichtvorhandensein der Europäischen Union ist diese Lähmung möglich geworden.

Zurück zu den Grenzen des Mittelalters

Mit einem Wort – das einzige strukturierte Gebilde Europas beschleunigt die Auflösung Zentral- und Balkaneuropas, statt ihm bei einer Neustrukturierung zu helfen. Wenn sich diese Auflösung fortsetzt, wird das neue Zentral- und Balkaneuropa nach 1989 nur vorübergehend das von Saint-Germain und Trianon gewesen sein. Zwar hatten die Siegermächte des Ersten Weltkrieges Österreich-Ungarn zerstört, aber sie hatten im Donauraum zwei Österreich-Ungarn *en miniature* geschaffen:

die Tschechoslowakei und Jugoslawien. Die sich überstürzenden Ereignisse bei der Befreiung Zentral- und Balkaneuropas vom sowjetischen Joch enthüllten den künstlichen Charakter dieser Staatskonstruktionen.

Deren Auflösung vollzog sich nicht nach dem Gesetz des Zufalls, sondern sie folgte der ehemaligen mittelalterlichen Grenzziehung, die Österreich-Ungarn seinerzeit übrigens respektiert hatte. Die Grenze zwischen Tschechien und der Slowakei ist keine andere als jene, die ein Jahrtausend lang Böhmen und Mähren von „Oberungarn" getrennt hatte. Slowenien und Kroatien – selbst zwei verschiedene Länder, die zu Cisleithanien beziehungsweise Transleithanien gehörten – haben sich von Serbien getrennt, von dem sie sich vom Mittelalter bis zum 20. Jahrhundert unterschieden hatten. Bosnien-Herzegowina, das bis zum Ende des 19. Jahrhunderts das Objekt der Rivalitäten zwischen Österreich-Ungarn, Serbien und dem Osmanischen Reich war, wurde zwischen deren Erben – Kroaten, Serben und muslimischen Bosniern – zerrissen.

Die einzigen mittelalterlichen Grenzen, die strittig blieben, sind die Kroatiens. Im Namen des Staatsrechtes forderte Agram das gesamte kroatische Gebiet des Mittelalters, während Belgrad im Namen des Nationalitätenrechtes von Kroatien die Gebiete der alten österreichischen „Militärgrenze" verlangte, wo Österreich seit dem 18. Jahrhundert die Ansiedlung von Serben zugelassen hatte.

DIE WIEDERERRICHTUNG EINER
EUROPÄISCHEN ORDNUNG

Wenn Europa im Gefüge unserer heutigen Welt im 21. Jahrhundert als unabhängiges Ganzes bestehen und die Rolle spielen will, die ihm zukommt, so muß es eine einzige Herausforderung bestehen: seine Re-Organisation zu einer politischen Ganzheit – im wörtlichen Sinne der Entstehung eines lebenden Organismus.

Der Rückzug Sowjetrußlands hat einerseits gezeigt, daß die Europäische Gemeinschaft nur den westlichen und maritimen

Rand des Kontinents darstellt; andererseits hat er die totale Auflösung Zentral- und Balkaneuropas herbeigeführt. Daher ist das europäische Problem in Wirklichkeit ein zweifaches: zum einen handelt es sich darum, ein organisches Gewebe zwischen Westeuropa und Zentral- und Balkaneuropa wiederherzustellen; zum anderen muß Zentral- und Balkaneuropa selbst neu organisiert werden. Wieder einmal ist dieser Teil des Kontinents, der mehr denn je die Bezeichnung „zentral" verdient, im Brennpunkt der europäischen Problematik: Von seiner Zukunft hängt auch die Zukunft Europas ab.

DIE ZWEI MODELLE FÜR DIE GESTALTUNG ZENTRALEUROPAS

Die geopolitischen Fakten sind zweifacher Art. Einige dieser Fakten sind zwingend. So verlangt die geographische Beschaffenheit Europas aus Sicherheitsgründen die Herrschaft über die angrenzenden Meere; wegen des Fehlens fast aller Rohstoffe, die für sein Überleben nötig sind, ist die freie Verbindung mit dem Rest der Welt unerläßlich.

Daneben gibt es geopolitische Fakten, die nur richtungweisend, aber nicht zwingend sind: Sie stecken nur den Rahmen ab, innerhalb dessen die menschliche Freiheit des Handelns ausgeübt werden kann. Die Konfiguration Zentraleuropas ist ein typisches Beispiel für diese zweite Art.

In diesem von der Natur vorgegebenen Rahmen können im großen und ganzen zwei Arten politischer Organisation vom Menschen errichtet werden. Das erste Modell ist das 962 von Otto dem Großen gegründete Reich. Diese Organisation hat Deutschland als Epizentrum: Um dieses gruppieren sich die ehemaligen „Niederlande" – die heutigen Beneluxländer –, ferner Böhmen und Mähren – das heutige „Tschechien" –, die „Ostmark" und die „Karantanische Mark" – heute Österreich und Slowenien – und schließlich Norditalien. Dieses Gefüge hielt sich in seiner ausgeprägten Form fast drei Jahrhunderte hindurch, bis zum Tod Friedrichs II. von Hohenstaufen im Jahr 1250.

Das zweite für Zentraleuropa mögliche Modell ist jenes, das die Habsburger von der zweiten Hälfte des 13. Jahrhunderts an zu errichten beginnen und in den Anfängen des 18. Jahrhunderts vollenden. Von Österreich aus entwickelte sich östlich von Deutschland im Donauraum ein politisches Gebilde, also auch ein „geopolitischer" Raum: Um den österreichischen Kern herum gruppierten sich Böhmen und Mähren, die Slowakei, Ungarn, Siebenbürgen, Kroatien, Slowenien und ein kleiner Teil von Norditalien. Mehrere dieser Länder – die Slowakei, Siebenbürgen und Kroatien – waren bereits zu einem Staatensystem durch Ungarn in ihrer Mitte verbunden worden, so daß das neue Donau-System in erster Linie der Tatsache entspringt, daß Österreich, die ehemalige Grenzmark des *regnum teutonicum*, sich politisch von den deutschsprachigen Ländern getrennt hat, um sich mit Böhmen einerseits und mit Ungarn andererseits zu verbinden. Diese Verschiebung schuf im Zentrum Europas einen weiten politischen Bereich, der – als Pendant zu Deutschland und Rußland – für das Gleichgewicht des Kontinents und somit für seine Stabilität sorgte.

Die Geschichte hat gezeigt, daß die Gestaltung Zentraleuropas nur nach einem dieser beiden Modelle möglich ist. Sogleich nach der Zerstörung der „österreichischen" Ordnung Zentraleuropas durch die Alliierten – 1919 in Saint-Germain, 1920 in Trianon – entstand wieder jenes Ungleichgewicht, das bereits 1938 – also in weniger als zwanzig Jahren – zur Neugestaltung dieses Raumes um Deutschland herum führte: Im Prinzip war dies die Konfiguration des ottonischen Reiches.

Die russische Ordnung, die von 1945 an theoretisch den alten Zustand der politischen Zersplitterung Zentral- und Balkaneuropas wiedereingeführt und es praktisch dem großen Imperium des Ostens eingegliedert hatte, war nur ein Zwischenspiel. Jetzt, nachdem diese Ordnung zerbrochen ist, stellt sich die Frage der Gestaltung Zentraleuropas nach einem der beiden großen Grundmuster von neuem in ihrer ganzen Schärfe.

DIE ZWEI MODELLE FÜR DIE GESTALTUNG EUROPAS

Im Prinzip wird die Wahl zwischen den beiden Grundmustern für eine Gestaltung Zentral- und Balkaneuropas davon abhängen, welches von beiden Grundmustern für eine Gestaltung Europas überhaupt gewählt wird. Diese Gestaltung kann entweder nach einem föderativen Schema erfolgen, das zur Schaffung eines gigantischen Bundesstaates führen wird, oder nach einem konföderativen, das die Errichtung eines Staatenbundes zur Folge haben wird.

DAS INTEGRIERTE EUROPA
ODER: DAS UNGLEICHGEWICHT

Das heutige Europa der Union, das vorgibt, der Keim des zukünftigen politischen Europa zu sein, tendiert implizite zur ersten Lösung. Nun ist die Europäische Union aber mit einer Erbsünde behaftet. Entstanden aus der „Montanunion", wurde sie unter einem wirtschaftlichen Gesichtspunkt konzipiert. Ihre Bannerträger glaubten lange Zeit, daß aus der Wirtschaftsunion quasi durch Urzeugung eine politische Union entstehen würde. Schließlich begriff man, daß aus der Materie nur Materielles entstehen kann, aus der Wirtschaft also nur Wirtschaftliches. Daraufhin entdeckte man die Notwendigkeit eines „politischen Willens". Aber so originell dieser sich auch gibt, so begnügt er sich doch meist in jämmerlicher geistiger Beschränktheit damit, die ökonomischen Prinzipien, die beim Aufbau Europas maßgeblich waren, auf die politische Ebene zu transponieren. Wenn das politische Europa nach dem Muster des wirtschaftlichen Europa zustande kommt, so wird es auf dem Grundsatz einer totalen Integration basieren – mit einem einzigen Parlament und einer einzigen Regierung. Diese Integration wird jedoch die Desintegration der Nationalstaaten nach sich ziehen.

Das Konzept eines Brüsseler Superstaates, der über die Nationen hinweg den Dialog direkt mit den Regionen führen würde, hat in vielfacher Hinsicht fatale Folgen.

In erster Linie schafft oder verschärft es Spannungen innerhalb der Länder Westeuropas, die schon Mitglied des Gemeinsamen Marktes sind: Belgien und Italien stehen dafür als charakteristische Beispiele. Die kulturellen Unterschiede zwischen Flamen und Wallonen, zwischen Nord- und Süditalien machen schon jetzt den internen Dialog in diesen Ländern nicht gerade leicht; wenn aber dazu noch die wirtschaftliche Ungleichheit kommt, so gerät die reichere Region in Versuchung, ihre Autonomie, ja sogar ihre Unabhängigkeit anzustreben. Durch seine falsche Vorstellung von einer politischen Union zerstört Westeuropa selbst bereits seine eigene Struktur.

In zweiter Linie trägt diese Vorstellung von einem politisch integrierten Europa zur Destrukturierung Zentral- und Balkaneuropas bei. Es wurde bereits gesehen,wie die Europäische Gemeinschaft durch ihre Anziehungskraft entschieden dazu beigetragen hat, die Bande der wirtschaftlichen Solidarität zu lösen, die in Zentral- und Balkaneuropa vorhanden waren. Dadurch hat sie auch zur Zerstörung seiner politischen Existenz beigetragen: Denn wenn Böhmen-Mähren, Slowenien und Kroatien hoffen konnten, durch ihre Unabhängigkeit auf absehbare Zeit ihre wirtschaftliche Situation zu verbessern, so haben sie dennoch das spezifische politische Gewicht verloren, das sie noch als Teil der Tschechoslowakei beziehungsweise Jugoslawiens besaßen.

Dadurch, daß das Europa der Union auf diese Weise zur Destrukturierung Zentral- und Balkaneuropas beiträgt, formt es diesen Raum nun wieder nach den Grundsätzen um, die für die Errichtung des ottonischen Reiches maßgebend waren. Die Länder, die einst zu diesem Reich gehörten – Böhmen und Mähren, Österreich, Slowenien –, wenden sich der Europäischen Union zu, die wirtschaftlich vom wiedervereinigten Deutschland dominiert wird. Diese selbe Bewegung bedroht sogar Italiens Einheit Das einzige zusätzliche Element dieses neuen Gebildes wäre Kroatien, das nie Teil des Reiches war, das sich aber wieder völlig in seine Rolle als „Bollwerk der Christenheit" – der westlichen – hineinfinden würde, die ihm einst der Papst zugeteilt hatte. Hier wird der Zusammenhang zwischen der Vorstellung von einer politischen Union Europas und der Neustrukturierung

Zentral- und Balkaneuropas deutlich: Nach dem Konzept eines wirtschaftlich und politisch integrierten Europa wird der zentraleuropäische Raum praktisch nach den Grenzen des Heiligen Römischen Reiches gestaltet.

In dritter Hinsicht birgt ein derartiges Konzept einer europäischen Organisation seine eigene Zerstörung in sich, was noch schwerer wiegt. Es ist wider die Natur Europas. Durch seine ausgezackte geographische Gestalt ebenso wie durch sein unregelmäßiges Relief hat Europa Nationen entstehen lassen, die sich meistens zu Staaten heranbildeten. Wenn Europa Nationen entstehen ließ, so geschah dies nicht durch Zufall, sondern aufgrund der Eigenart seiner Struktur. Die Folge war, daß Europas Geschichte seit tausend Jahren aus der Geschichte dieser Nationen bestand. Weder die räumlichen Gegebenheiten noch das geschichtliche Erbe können durch die Entscheidung irgendeines „Weisenrates" in Brüssel oder sonstwo ausgelöscht werden. Keine Vision kann Realität werden, wenn sie die Realitäten nicht beachtet. Nun haben sich die politischen Einheiten Europas auf der Basis der Gemeinden, ferner der Regionen und dann der Staaten gebildet; daher muß Europa bei seiner Errichtung notwendigerweise *alle* diese Stufen der Zusammengehörigkeit, die die politische Kultur seiner Völker bestimmen, integrieren – und zwar integrieren im doppelten Wortsinn des Hegelschen „Aufhebens": *abschaffen* und *bewahren*. Der Universalismus, wie Brüssel ihn versteht, ist ein falscher, denn er ist ein abstrakter Universalismus. Ein realer, also anwendbarer Universalismus kann nur einer sein, der alle Stufen von Partikularismen umfaßt, einschließlich der traditionellen Staaten. Es ist unmöglich, die Vereinigten Staaten von Europa nach dem – nicht ausdrücklich genannten – Muster der Vereinigten Staaten von Amerika zu konzipieren. Diese haben sich nur auf der Basis von Staaten ohne eigene Geschichte gebildet, sozusagen auf einer historischen *tabula rasa;* dazu muß auch daran erinnert werden, daß selbst dieses politische Gebilde erst nach einem Krieg zwischen Staaten Wirklichkeit werden konnte, durch den den Südstaaten die Auffassungen der Nordstaaten aufgezwungen wurden.

Solange man sich also bemüht, den Völkern des Kontinents

diese Auffassung eines integrierten Europa aufzuzwingen, wird sie auf Abwehrreaktionen nach dem Beispiel des ersten Nein stoßen, das die Dänen der Ratifizierung des von ausgesprochen übernationalem Geist geprägten Vertrags von Maastricht entgegensetzten. Wenn dieser Vertrag schließlich in Dänemark angenommen wurde, so erst nachdem er ausgehöhlt worden war, ähnlich wie in Großbritannien. Frankreich hat ihm nur halbherzig und mit einer lächerlichen Mehrheit zugestimmt. Was die Länder außerhalb der Gemeinschaft betrifft, so erklärte der Ministerpräsident von Tschechien, Vaclav Klaus, im September 1993, daß die Tschechen, deren Schicksal vier Jahrhunderte lang in Wien und fünfzig Jahre in Moskau bestimmt worden war, über ihre Zukunft nun selber verfügen möchten. Weit davon entfernt, ein Einzelfall zu sein, ist diese Meinung kennzeichnend für die vorherrschende Denkweise in Zentral- und Balkaneuropa. Und schließlich ist, ganz allgemein gesehen, der im Namen eines Superstaates und der Regionen geführte Kampf gegen die Staaten von vornherein zum Scheitern verurteilt, denn die alten Nationen der europäischen Peripherie – Frankreich, Großbritannien, Spanien, aber auch die skandinavischen Länder, gar nicht zu reden von Griechenland – werden nicht zulassen, daß man sich an ihrer kulturellen Identität vergreift, die in ihrem Fall eine nationale Identität ist, welche sich politisch in der Form von Staaten ausdrückt.

DAS KONFÖDERATIVE EUROPA
ODER: DAS GLEICHGEWICHT

Diese Überlegungen stellen den Gemeinsamen Markt nicht in Frage, er existiert nun einmal, und seine unheilvollen Auswirkungen auf die Strukturen Zentral- und Balkaneuropas sind bereits sichtbar; sie haben auch nicht den Zweck, künftige Mitglieder von einem Beitritt abzubringen, wenn diese ihn für ihre Wirtschaft als wünschenswert erachten. Was sie dagegen in Frage stellen, ist der Versuch, das Konzept eines politisch integrierten Europa nach dem Muster des wirtschaftlich integrierten

Europa als zwingend hinzustellen – ein Konzept, das noch lange seine fatale Wirkung ausüben wird.

Der Primat des Politischen

Es ist höchste Zeit umzudenken, um die Verkehrung der Wirklichkeit wieder aufzuheben und vor allem zu erkennen, daß die derzeitige Konstruktion Europas zutiefst falsch ist, weil ihr Ausgangspunkt wirtschaftlicher Natur ist. Die Konstruktion Europas beruht wie jede Konstruktion innerhalb einer menschlichen Gemeinschaft auf einem in seinem Wesen politischen Willen. Die Europäische Wirtschaftsgemeinschaft ist in gewissem Sinn das Gegenteil Österreich-Ungarns. Dieses basierte auf genau festgelegten politischen, diplomatischen und militärischen Abmachungen: Es existierte, weil Österreich und Ungarn sich zu einer gemeinsamen Politik auf Dauer entschlossen hatten. Die wirtschaftlichen Vereinbarungen zwischen beiden waren hingegen jeweils nur zehn Jahre gültig und überdies nicht automatisch erneuerbar. Österreich-Ungarn war zwar fehlerhaft in seinen *Modalitäten* – es gewährte seinen verschiedenen Völkern nicht deren legitime Rechte –, und das war auch die Ursache für seinen Untergang; aber es war richtig in seinem *Prinzip,* das ein politisches Prinzip war. Und dadurch konnte es immerhin mehr als ein halbes Jahrhundert tatsächlich existieren. Das heutige Wirtschaftseuropa hat immer noch kein politisches Europa hervorgebracht. Und wenn es dieses in der von ihm propagierten – integrierten – Form zustande bringt, so wird es auf seiten der verletzten nationalen Gefühle Abwehrreaktionen wecken, die zu seiner Lähmung oder zu seiner Zerstörung führen. Es ist unerläßlich, die Existenz der Nationen zu berücksichtigen, will man nicht die verheerenden Auswirkungen der Nationalismen erleiden.

Diese Wiedereinsetzung des Primats des Politischen über das Ökonomische hat für den Bau Europas eine bedeutende Konsequenz: Für die Schaffung eines politischen Europa braucht man nicht die Verwirklichung eines Wirtschaftseuropa abzuwarten. Man braucht auch nicht die Jahrzehnte abzuwarten, die zur

Wiederherstellung der Wirtschaft in Zentral- und Balkaneuropa nötig sind, um zwischen den Staaten im Zentrum und im Westen Europas politische, diplomatische und militärische Abkommen zu schließen, die nach außen hin eine gemeinsame Diplomatie und eine gemeinsame Sicherheitspolitik festlegen und nach innen gutnachbarliche Beziehungen garantieren – unter anderem durch die gegenseitige Beachtung der Minderheitenrechte. Diese Zusammenarbeit ist die notwendige Bedingung für den Frieden, der wiederum unerläßlich ist für die wirtschaftliche Gesundung des Kontinents.

Derzeit ist die Diplomatie des Westens außerstande, einerseits in politischen Kategorien statt in wirtschaftlichen zu denken und andererseits Europa als ein Ganzes zu begreifen. Deshalb läßt sie es zum einen zu, daß sich das Chaos in den inneren Beziehungen Zentral- und Balkaneuropas immer mehr ausbreitet, und zum anderen, daß die Staaten dieses Bereiches ihre Sicherheit in einem Beitritt zur NATO suchen, was direkt dazu führen würde, das Entstehen eines eigenen europäischen Verteidigungssystems und einer europäischen Außenpolitik zu verhindern.

Das grundlegende Prinzip

Will man in naher Zukunft ein politisches und militärisches Europa schaffen, so ist ein grundlegendes Prinzip zu beachten: das Prinzip des Gleichgewichts.

„Es ist gewiß, und die Völker werden immer mehr daraufkommen, daß in der Welt der Politik wie in der der Physik die Gesetze der Zahl, des Gewichts und des Maßes gelten", hatte Fontenelle erklärt. Die Idee des europäischen Gleichgewichts war immer das Prinzip der alten Diplomatie gewesen. Im 17. und im 18. Jahrhundert war sie in Versailles, in Wien und in London maßgebend gewesen und hatte die aufgeklärtesten Politiker des Ancien régime inspiriert: Richelieu, Ludwig XIV., Kardinal de Bernis, Fürst Kaunitz, Castlereagh, Talleyrand. Sie hatte noch die Entscheidungen der Verhandlungspartner des Wiener Kongresses geleitet, denen es gelungen war, zwischen den Mächten ein System zu errichten, das Europa zum ersten Mal in seiner Geschichte ein halbes Jahrhundert lang konfliktfrei hielt. Die Politik Napoleons III., die an der Unterminierung der Grundfesten dieses Gebäudes arbeitete, hatte aber ihren Zweck erfüllt: Sie hatte 1866 Österreich zum Außenseiter gemacht, 1870 Frankreich geschlagen, die Errichtung der deutschen Vorherrschaft im darauffolgenden Jahr ermöglicht und schließlich das Gleichgewicht auf dem ganzen Kontinent zerstört. Die Frucht dieser Politik war der bewaffnete Friede gewesen, dem dann der Erste Weltkrieg entsprang.

Die Unterhändler der Friedensverträge, die den Krieg beendet hatten, waren nicht mehr vom Grundsatz des europäischen Gleichgewichts, sondern von der nationalistischen Ideologie geleitet, in deren Namen Zentraleuropa zerstückelt, aber die deutsche Einheit aufrechterhalten wurde. Was wiederum auf absehbare Zeit erneut die deutsche Vorherrschaft in Zentraleuropa erstehen ließ, deren Folge schließlich der Zweite Weltkrieg war.

Dieser hatte die Hegemonie Deutschlands nur gestürzt, um die Hegemonie Rußlands über die eine Hälfte Europas zu errichten und als Gegengewicht die Vereinigten Staaten von Amerika über dessen andere Hälfte gebieten zu lassen. Das Gleichgewicht, das nun in Europa zu herrschen schien, war aber nur eine Sonderform des Weltgleichgewichts zwischen den beiden außereuropäischen Großmächten. Europa war seiner Identität beraubt; diese doppelte Vormundschaft war nur die Konsequenz aus dem Zerbrechen seines inneren Gleichgewichts, das sich bereits 1870 abzeichnete und 1919 voll zum Tragen kam. Wenn es eines Gegenbeweises zum Gleichgewichtsprinzip im politischen Bereich bedurfte, so hatte ihn das letzte Jahrhundert europäischer Geschichte auf virtuose Weise erbracht.

Der Rückzug des russischen Imperiums, der früher oder später den der amerikanischen Hegemonie nach sich ziehen wird, läßt Europa im Zustand des Ungleichgewichts, in den es die Verträge von 1919 und 1920 gestürzt hatten.

Schon 1920 hatte der Historiker Jacques Bainville, ein von der Richtigkeit des europäischen Gleichgewichtsprinzips überzeugter Denker, unter dem Titel *Les Conséquences politiques de la Paix* („Die politischen Konsequenzen des Friedens") eine Analyse der eben unterzeichneten oder noch zu unterzeichnenden Verträge veröffentlicht. Er faßte seine meisterliche Situationsanalyse in folgenden Worten zusammen: „Kein Österreich-Ungarn mehr. Ein derzeit barbarisches und feindseliges Rußland, dessen Zukunft beunruhigend ist. Zwischen diesem Rußland und Deutschland und von der Ostsee bis zum Schwarzen Meer ein Konglomerat von Nationen, deren zahlenstärkste, die polnische, zwischen zwei Feuerlinien geraten ist. Auf dem europäischen Kontinent gibt es keine Großmächte mehr, die helfen könnten, das Gleichgewicht herzustellen, das wegen der Existenz eines deutschen Blocks notwendig geworden ist. Und dieser Block ist als einziger homogen und durchorganisiert inmitten einer alles umfassenden Auflösung: Das kann man unmöglich aus den Augen lassen."[3]

Bainville sagte auch die Politik der kleinen Staaten voraus, die eben in Zentraleuropa entstanden waren. „Diese Völker sind schwach, und das Kennzeichen der Schwachen ist der Egoismus. Sie werden naturgemäß dazu neigen, Verbindungen zu suchen, die sie vermeintlich vor den allzu mächtigen Nachbarn schützen, was übrigens ein unfehlbares Mittel ist, die Galgenfrist zu verkürzen und sich diesen auszuliefern. Wenn die Nationalitäten die jetzt wiedererworbene Unabhängigkeit einst verloren hatten, so war das nicht ohne Grund geschehen. Sie waren Opfer der organisatorischen und zahlenmäßigen Überlegenheit ihrer mächtigen Nachbarn gewesen, und jetzt, im Europa von 1919, werden die Kleinen immer noch von den Giganten beherrscht." Bainville schloß mit den Worten: „Und nicht zuletzt gibt es zwischen diesen kleinen Staaten Haßgefühle und Streitigkeiten, die sie blind machen gegenüber dem allgemeinen und dem eigenen Wohl. [...] Balkanische Sitten – die ewiggleichen Sitten der kleinen Staaten – werden die logische Folge [ihrer] Spaltung sein."[4]

Mit ganz wenigen Retuschen könnte dies das Porträt Europas im letzten Jahrzehnt des 20. Jahrhunderts sein. Wenn Europa nicht noch einmal wie in der Zwischenkriegszeit die Folgen des

Ungleichgewichts erleiden will, so sieht es sich vor die Aufgabe gestellt, sein inneres Gleichgewicht wiederherzustellen.

Es muß dieses völlig neu nach den Prinzipien der alten Diplomatie überdenken und diese Prinzipien den geopolitischen Realitäten Europas samt dessen geschichtlichem Erbe anpassen.

Die Wiederherstellung der Ausgewogenheit: das Prinzip der Föderationen

Die Alternative zu einem föderativen, also integrierten Europa – einem europäischen Bundesstaat – ist ein politisch konföderatives Europa – ein europäischer Staatenbund.

Allerdings mit einem ausdrücklichen Vorbehalt: dieser „Staatenbund" soll keine Konföderation der europäischen Staaten in ihrem jetzigen Zustand sein. Ein solcher Staatenbund würde nur das Ungleichgewicht zwischen den westlichen Großmächten und einer Menge Kleinstaaten in Zentraleuropa und auf dem Balkan verewigen. Überdies wäre eine Konföderation von dreißig oder mehr Staaten völlig außerstande, die Linie einer gemeinsamen Außen- und Sicherheitspolitik zu finden. Die Zahl der Mitglieder eines europäischen Areopags, der die Aufgabe hätte, eine solche Politik zu beschließen, darf nicht viel höher als zehn sein. Daher muß eine europäische Föderation neben den großen Staaten auch *Staatenföderationen* umfassen. Anders ist an eine Ausgewogenheit dieses Gefüges nicht zu denken.

Diese Föderationen würden ihrer Definition nach nicht auf dem nationalen Gedanken basieren; sie könnten nur übernational sein. Die österreichische Monarchie hatte nicht das mindeste nationale Fundament. Wenn sie vom Spätmittelalter bis zum Beginn des 20. Jahrhunderts lebensfähig war, so deshalb, weil sie den wirtschaftlichen, politischen, strategischen Erfordernissen der durch das Donaubecken miteinander verbundenen Länder entsprach: Sie war der einzige Garant von deren Unabhängigkeit und nicht zuletzt deren jeweiligen nationalen Identitäten gewesen, wie Palacký es in klarer Erkenntnis formuliert hatte. Gerade deshalb, weil er ein glühender Verteidiger der tschechischen und slowakischen Kultur war, hatte Palacký die Schlußfolgerung gezogen, daß Österreich erfunden werden müßte, wenn es nicht schon existierte. Da es ja nicht mehr existiert, bleibt uns nur noch, es wiederzuerfinden.

Das Paradox ist nur ein scheinbares: Gerade ihr übernationaler – genauer: multinationaler – Charakter sichert den Föderationen der kleinen Nationen ihre Unabhängigkeit. Und wenn aus der Krise, die die Welt der Südslawen erschüttert, nur eine Lehre gezogen werden kann, so die, daß es keine dauerhafte politische Ordnung in Europa geben wird, die nicht die nationalen Realitäten berücksichtigt.

Man hat sich stets auf diese Krise berufen, um zu behaupten, daß die Errichtung übernationaler Föderationen in Zentraleuropa unmöglich sei. Eine nähere Betrachtung aber führt genau zum gegenteiligen Befund. Auch wenn der Wunsch Sloweniens und Kroatiens, sich von Serbien zu trennen, unleugbar war, so sind es ihre Bemühungen, sich Österreich, ja sogar Italien zu nähern, nicht minder. Umgekehrt ist die Rolle, die Österreich bei der Abspaltung Sloweniens und Kroatiens spielte, für niemanden mehr ein Geheimnis. Was Ungarn betrifft, so vervielfacht es seine Annäherungsbestrebungen an Österreich. Dieses fürchtet allerdings, daß allzu enge Bindungen an seine östlichen Nachbarn seine wirtschaftliche Entwicklung bremsen könnten; aber ebenso spürt Wien auch immer stärker das Gewicht des neuen Deutschland, so daß manche Anzeichen darauf hindeuten, daß es in naher Zukunft seine Position revidieren könnte. Das Wesentliche dazu sagte der Präsident der Vereinigung *Slovenska Matiza* von Laibach, Primoz Simoniti, im Beisein des damaligen Ministerpräsidenten Sloweniens, Lojze Peterle, bei einem von Professor Paul Lendvai geleiteten „Runden Tisch" im österreichischen Fernsehen: „Wenn Österreich – nach der deutschen Wiedervereinigung – nicht zu einem unbedeutenden Teil des deutschen Sprachraums werden will, so kann es seine Eigenart viel besser wahren, indem es sich mit seinen slowenischen, ungarischen, tschechischen und anderen Nachbarn verbindet. Das sind alles kleine Länder, und sie bleiben sogar gemeinsam noch kleiner als die ganz großen. Hier sehe ich Zukunftsperspektiven."[5]

Somit ist eines klar: Weit davon entfernt, die Unmöglichkeit neuer Föderationen zu beweisen, zeigt das Beispiel des Zerfalls Jugoslawiens im Gegenteil deutlich deren Notwendigkeit. Es bedeutet ganz einfach, daß diese Föderationen sich anhand der echten geschichtlichen und kulturellen Grenzen bilden müssen, so wie sie nun wieder nach und nach hinter den 1919 künstlich fabrizierten Föderationen sichtbar werden.

Eine Zone zentraler Stabilität: die Achse Wien–Budapest

Die große nordeuropäische Tiefebene und der Balkan sind Zonen mit fluktuierender Bevölkerung. In ersterer hat das Fehlen jeglicher natürlicher geographischer Grenzen ständige Verschiebungen der Bevölkerungsgrenzen bewirkt, wie es sich am Beispiel Deutschlands und Polens zeigt. Auf dem Balkan haben die geologischen Faltungen extreme Verflechtungen von Völkern bewirkt, die sie veranlaßten, ihre Gebietsansprüche ständig auf Kosten anderer zu behaupten.

Zwischen diesen beiden Zonen erstreckt sich ein Bereich mit relativ stabiler Bevölkerungsstruktur, der durch die ungarische Tiefebene, das „böhmische Viereck", die slowakischen Berge und die österreichischen Alpen gebildet wird. Er gliedert sich um die Donau als Achse innerhalb eines historischen Dreiecks, dessen Eckpunkte Wien, Prag und Budapest sind. Sein Symbol ist Wien, die ehemalige Hauptstadt des multinationalen Donaustaates.

Heute ist vielleicht in Ungarn der Sinn für die Notwendigkeit einer neuen Donauföderation am stärksten lebendig. Ungarn war immer eines jener Länder, in denen das historische Bewußtsein stark ausgeprägt ist und deren Politiker die kühnsten Visionen haben und die entschiedensten Taten setzen. Diese unternehmen immer wieder positive Schritte, die bei ihren Nachbarn wie bei den Westmächten nicht allzeit den Widerhall finden, den sie verdienen würden.

So gesehen, muß Wien sich unbedingt darüber klar werden, daß seine wirtschaftliche Zukunft zwar in noch engerer Bindung an Westeuropa, seine politische Zukunft aber in Zentraleuropa liegt. In seinem berühmten Brief hatte Palacký ausgerufen: „Um des Heils von Europa willen darf Wien zu einer Provinzialstadt nicht herabsinken!" Dieses Los, das ihm bereits beschieden ist, könnte sich nur noch verschlimmern, wenn Wien sich in die südöstliche Ecke eines in sich geschlossenen deutschsprachigen Gebildes abgeschoben sähe. Zu groß für das kleine Österreich, ist es in Wirklichkeit zur Hauptstadt eines größeren politischen Gebildes berufen, wenn es nur seine Ausstrahlung in seinem naturgegebenen Raum, Zentraleuropa, weiter entfaltet und seine überragende Stellung wie im 19. Jahrhundert mit Budapest teilt. Um die Achse Wien–Budapest herum muß sich Zentraleuropa wieder neu gestalten. Diese Achse muß ein wesentliches Element des Gleichgewichts im Europa der Zukunft sein.

Die österreichische Kulturwelt

Die Errichtung oder vielmehr die Wiederrichtung eines politischen Raumes um die Achse Wien–Budapest liegt in der Natur der Dinge: Er entspricht einem spezifisch „österreichischen" Kulturraum im alten Sinn des Wortes.

Die Entwicklung des österreichischen Nationalgefühls seit 1945 ist nichts anderes als ein Sichbesinnen auf den spezifischen Charakter der österreichischen Kultur, die ja in Wirklichkeit bedeutend älter als das heutige Österreich ist.

An die wichtigsten Daten ihrer Geschichte sei hier erinnert.[6] Der Krieg von 1866 begründete nicht nur implizit das künftige Deutschland, sondern entschied auch über die Zukunft der deutschsprachigen Völker der Donaumonarchie. Eigentlich war auch diese Entscheidung das Ergebnis eines viel früher eingeleiteten Prozesses. Das selbständige politische Leben Österreichs seit dem 17. und noch eindeutiger seit dem frühen 18. Jahrhundert hatte die Entstehung und die Entfaltung eines selbständigen kulturellen Lebens zur Folge gehabt.

Seit dieser Zeit war Wien eigentlich nicht mehr Hauptstadt eines Römischen Reiches Deutscher Nation, sondern eines multinationalen, zentraleuropäischen Staates. Aus den Beziehungen seiner Dynastie zu der gegenreformatorischen Kirche folgte, daß die meisten literarischen Werke, vor allem die Jesuitendramen, in lateinischer Sprache verfaßt und gespielt wurden. Diese literarische Bewegung, die Tausende von Werken umfaßte, kulminierte in den „kaiserlichen Spielen", den „ludi caesarei" des Südtirolers Avancini, dessen *Pietas Victrix* die berühmteste literarische Verherrlichung des Hauses Österreich ist. Da man aber unmöglich eine altertümliche Sprache im Alltag verwenden kann, bediente man sich des Italienischen, das die offizielle Sprache des Wiener Hofes geworden war. Die ganze österreichische Barockarchitektur wurde von Italienern gegründet – und zwar von den größten, wie etwa Pater Pozzo. Die berühmtesten österreichischen Architekten wurden in Italien ausgebildet, etwa Lucas von Hildebrandt oder Johann Bernhard Fischer von Erlach. Italienische Maler ließen sich in Österreich nieder und gründeten ganze Dynastien von sogenannten „Austroitalienern". Opernlibrettisten dichteten bis ins späte 18. Jahrhundert in italienischer Sprache; der große italienische Dichter Metastasio stand im Dienst des Wiener Hofes. Nach einer, allerdings überspitzten Formulierung des Historikers Pierre Chaunu war Wien im 18. Jahrhundert eine „deutschsprachige italienische Stadt". Von hier aus strahlte diese Kultur über den ganzen Donauraum aus: nach Prag, Ofen, Preßburg, Agram, Krakau. In all diesen Zentren, in ihrer Umgebung und im ganzen Kommunikationsnetz, das sie miteinander verbindet, wuchs allmählich, angeregt durch die von Wien ausgehenden Einflüsse, eine originelle Kultur zusammen, die vom 18. Jahrhundert in das nächste überging und deren autonomes Leben sich ständig bereicherte und entwickelte.

Die politische Welt ließ somit eine Kulturwelt entstehen, die sich auch immer mehr der deutschen Sprache als gemeinsamen Kommunikationsmittels bediente. Die deutsche Sprache wurde im 19. Jahrhundert für den Donauraum nichts anderes als das, was das Lateinische und das Italienische im 18. Jahrhundert war, nämlich eine Art „koine". Die deutsche Sprache war jedoch keineswegs das einzige Kommunikationsmittel dieser Kulturwelt. Die österreichische Elite las sowohl in deutscher als auch in ungarischer oder tschechischer Sprache. Außerdem muß betont werden, daß diese Kulturwelt, wenn sie auch meistens deutsch sprach, mit der deutschen Kulturwelt keineswegs identisch war. Diese wurde von viel wichtigeren Faktoren als der Sprache bestimmt. Um nur ein Beispiel zu nennen: Ein Dichter wie Hugo von Hofmannsthal, wenn er auch deutsch schrieb, stand eigentlich in seinen Werken einem d'Annunzio unvergleichlich näher als einem Georg Heym. Bediente sich die österreichische Literatur der deutschen Sprache als Ausdrucksmittel, so blieb sie dennoch eine süd- und mitteleuropäische Literatur, die sich von der zur gleichen Zeit in Deutschland entstehenden deutlich unterschied. Diese Verhältnisse überlebten das Ende der Doppelmonarchie sowie alle Umwälzungen des 20. Jahrhunderts.

Allerdings ist in Deutschland oft zu hören, daß Österreich, wenngleich von Deutschland politisch getrennt, Bestandteil einer „deutschen Kulturnation" wäre. Dieser Begriff bedarf einer Erläuterung: Der Kern dieses sehr breiten und zugleich vagen Konzeptes ist der Begriff „Nation". Worte sind keine neutralen Entitäten. Sie bergen Vorstellungen in sich, die meistens unkritisch und gedankenlos akzeptiert werden. Die Sprache enthält eine Vielzahl solcher Begriffe, von denen „Nation" als einer der wichtigsten und in der gegenwärtigen europäischen Krise als der gefährlichste erscheint.

In der deutschen Sprache wurde der Begriff „Nation" wesentlich von Fichte und Jahn bestimmt: „Deutschland" war überall da, wo deutsch gesprochen wurde; oder, wie Arndt es dichterisch formulierte: *Was ist des Deutschen Vaterland? / So nenne mir das große Land! / So weit die deutsche Zunge klingt / Und Gott im Himmel Lieder singt, / Das soll es sein!*

Wenn man auch die nationalistische Vereinnahmung des lieben Gottes als poetische Übertreibung betrachten kann, bleibt dennoch die Grundauffassung eindeutig. Dies war aber ursprünglich die französische Auffassung der Nation. Schon Heinrich IV. wollte Frankreich alle Provinzen einverleiben, deren Sprache französisch war. Zwischen dem Ancien régime und der Revolution gab es in dieser Hinsicht nicht den geringsten Bruch. Über zwanzig Jahre lang hat Frankreich im Namen dieser Auffassung Belgien besessen. Nie ist es Frankreich gelungen, dieses Land dem bereits bestehenden Ensemble einzuverleiben, selbst in einer Zeit, wohlgemerkt, da ganz Belgien – nicht bloß Wallonien – französisch sprach. Ursache dafür war, daß die Schicksale beider Länder zu lange getrennt waren. Mit anderen Worten, daß die habsburgische Herrschaft, als Erbe der burgundischen, eine eigenartige Kultur hatte entstehen lassen, die von der des Staates der Valois und der Bourbonen grundsätzlich verschieden war. Diese Ereignisse haben die französischen Staatstheoretiker von der rein sprachlichen Auffassung der Nation abgebracht und zu einer neuen geführt, die – von rein kultureller Art – in der berühmten Formulierung von Ernest Renan enthalten ist: „La nation est le désir de vivre ensemble" („Nation besteht aus dem Willen, zusammen zu leben").

Diese Auffassung wird noch im Europa des ausgehenden 20. Jahrhunderts bestätigt. Entgegen dieser Auffassung der Nation haben die Alliierten nach dem Ersten Weltkrieg Jugoslawien ins Leben gerufen. Der neue Staat beruhte auf dem alten, längst überholten Nationsbegriff. Es bedurfte nur weniger Jahre, um der Weltöffentlichkeit zu zeigen, daß die gemeinsame Sprache noch lange nicht genügte, um Kroaten und Serben – um nur die zahlreichsten Völker zu nennen –, die zwei verschiedenen Kulturen angehörten, zusammenzuhalten. Nicht einmal ein halbes Jahrhundert aufgezwungenen Friedens ermöglichte nach dem Zweiten Weltkrieg, diese Differenzen zu überwinden, so daß sich die Tragödie heute vor unseren Augen wiederholt.

Sogar innerhalb des serbischen Stammes selbst sieht man, daß die im 17. Jahrhundert erfolgte Bekehrung eines Teils dieser Bevölkerung zum Islam die Bräuche, Sitten, Verhaltensweisen und Anschauungen so weit verändert hatte, daß die Moslems den Anspruch erhoben, eine eigene Nation zu bilden – ein Recht, das die orthodox gebliebenen Serben, wohlgemerkt, im Namen einer sprachlichen Definition der Nationalität bestritten. Der verzweifelte Widerstand der islamischen Serben ist das beste Zeugnis für das Bewußtsein einer nationalen Identität, bei deren Bildung die Sprache nicht die geringste Rolle spielt.[7]

Auf diesen kulturellen und nicht auf sprachlichen Fundamenten basiert die österreichische Identität. Sie hat noch einen zusätzlichen Aspekt: Die österreichische Kultur zeigt eine viel tiefere Verwandtschaft mit jener beispielsweise von Böhmen-Mähren, von Slowenien und von Ungarn als mit der deutschen. Alle diese Länder sind die Erben einer alten „österreichischen" Kultur im früheren Sinn des Wortes – oder, wenn man will, einer „österreichisch-ungarischen" Kultur. Aus dem geopolitischen Raum entstand ein kultureller. Dieser wiederum ließ eine gemeinsame kulturelle Sprache entstehen, die eine Einladung an diese Nationen ist, sich in einer Föderation wieder zusammenzufinden.

Die zentraleuropäische Föderation

Eine zentraleuropäische Föderation darf sich aber nicht auf Österreich, Ungarn, Tschechien und die Slowakei beschränken. Im Norden sollte sie Polen einschließen. Da dieses von katholischen Slawen bevölkert wird, ist seine Kultur mit der der Tschechen und Slowaken eng verwandt. Auch seine geschichtlichen Verbindungen mit den Staaten Zentraleuropas sind zahlreich. Schlesien war vom Mittelalter bis zum 17. Jahrhundert eine Provinz des Königreiches Böhmen, und Galizien war fast ohne Unterbrechung von 1772 bis 1919 ein Kronland der österreichischen Monarchie. Während die Beziehungen Polens zu Preußen und Rußland denkbar schlecht waren, war sein Verhältnis zu Österreich nicht von derselben Feindseligkeit geprägt. Von allen Mächten, die Polen geteilt hatten, war Österreich die einzige gewesen, die den ihr zugefallenen Teil nicht unterdrückte: Das österreichische Galizien war der große Bewahrer des politischen und kulturellen polnischen Lebens gewesen, aus dem das moderne Polen hervorgehen konnte. Der Beitritt Polens, dieses Teils der großen Ebene des Nordens, zu einer zentraleuropäischen Staatenföderation würde dieser nicht nur eine wahrhaft europäische Dimension verleihen; er würde auch dazu beitragen, Polen zu konsolidieren und, so weit wie möglich, den labilen Norden Kontinentaleuropas zu stabilisieren.

Im Süden müßte die zentraleuropäische Föderation Slowenien und Kroatien, die südlichen Pendants Polens, Böhmens und der Slowakei, miteinschließen. Die Zivilisation dieser beiden slawischen Nationen, die eine westliche Kultur und eine habsburgische politische Tradition – Slowenien seit dem Mittelalter, Kroatien seit der Renaissance – ihr eigen nennen, ist von der deutschen Gegenreformation zutiefst geprägt worden: Das Bild ihrer Städte und Dörfer unterscheidet sich nicht vom Aussehen städtischer und ländlicher Siedlungen im benachbarten Österreich.

Die baltische Föderation

Von Polen bis nach Kroatien erstreckt sich ein ziemlich genau abgegrenzter menschlicher Lebensraum, dessen Kultur trotz seiner zentraleuropäischen Lage westlich orientiert ist und der sich von der traditionellen nationalen Welt der Deutschen abhebt.

Ausgehend von diesem Lebensraum und nach demselben föderativen Prinzip müßten sich die restlichen Länder Europas ihrerseits ebenfalls *organisieren* – im vollen Sinne des Wortes: Organismen bilden. Im Norden sollten die Länder, die sich nun von der sowjetischen Vormundschaft befreien konnten – Litauen, Lettland, Estland, Finnland – und welche die Geographie, die Geschichte, die Kultur und ihr gemeinsamer Nachbar geeint haben, dieser Einheit konkreten Ausdruck in einer baltischen Föderation verleihen. Diese müßte bevorzugte Kontakte mit den skandinavischen Ländern unterhalten, die am jenseitigen Ufer des großen Binnenmeeres des Nordens liegen. Es wäre eventuell auch eine nordeuropäische Föderation denkbar, die die baltischen und die skandinavischen Länder Norwegen, Schweden und Dänemark umfaßt. Die Bindungen zwischen diesen Anrainerstaaten der Ostsee sind nicht nur geographischer Natur, das heißt, sie betreffen nicht nur gemeinsame wirtschaftliche und strategische Interessen. Es sind auch kulturelle Bindungen, da die großen städtischen Zentren am Ostufer des Baltischen Meeres zumeist skandinavische Gründungen waren – Schwedisch ist ja die zweite Sprache in Finnland. Eine solche Föderation würde diesen Staaten auf politischer Ebene die Stimme verleihen, die ihnen im Konzert der europäischen Länder zukommt.

Die serbische Aggression und die westliche Passivität haben einen Teil des Balkans in eine Bebenzone verwandelt; die Stöße, die wir derzeit registrieren, werden wahrscheinlich nicht die letzten sein. Der Primat der Gewalt über das Recht hat gewissermaßen ein gigantisches Palästinenserlager innerhalb Europas entstehen lassen. Die in Enklaven zusammengepferchten Überlebenden der muslimischen Bevölkerung werden immer tiefer im Elend versinken und ein noch stärkeres Bevölkerungswachstum erleben als bisher. Dieser ständige Konfliktherd wird die Schaffung eines echten Friedens in diesem Teil der Balkanhalbinsel verhindern, wo er eine Art neuen Dreißigjährigen Krieg einleitet.

Dies ist ein zusätzlicher Grund, die übrigen Länder auf dem Balkan – Mazedonien, Bulgarien, Rumänien, Albanien, Griechenland und die Türkei – einzuladen, sich ebenfalls zu einer Föderation zusammenzufinden, nachdem sie ihre Minderheitenprobleme nach Schweizer Muster geregelt haben.

Ein solcher Vorschlag mag überraschen. Es war jedoch bereits die klare Erkenntnis ihrer gemeinsamen Interessen, die am 9. Februar 1934 die Türkei, Griechenland, Rumänien und Jugoslawien dazu geführt hatte, den Balkanpakt zu schließen. Dieser gegen Deutschland und Rußland gerichtete Pakt war eine gegenseitige Beistandsgarantie und der Ausdruck der Bemühung, zu einer gemeinsamen Außenpolitik zu finden. Der Pakt überlebte die Umwälzungen durch den Krieg nicht und schon gar nicht die neue politische Ausrichtung Rumäniens und Jugoslawiens. Als der Pakt geschlossen wurde, hatten diese Länder eine Reihe von Kriegen – Balkankrieg, Weltkrieg, griechisch-türkischer Krieg – hinter sich, von denen einer grausamer war als der andere. Heute haben die Völker keinen derartigen Konflikt zu überwinden, sie wissen, wie hoch der Preis ihrer Uneinigkeit war, und entscheiden endlich frei über sich selbst: Es wäre hoch an der Zeit, daß diese große Geistes- und Willensanstrengung, die der Balkanpakt darstellte, nun endlich, um Bulgarien erweitert, wieder stattfinde. Dies ist längerfristig die Bedingung für eine dauerhafte Konfliktregelung zwischen Serbien und seinen Nachbarn.

Solche Föderationen werden allerdings nur dann entstehen, wenn die betroffenen Länder sie wünschen oder sie zumindest akzeptieren. Das entbindet den Westen, der sie 1919 umorganisiert und 1939 fallengelassen hatte, nicht von der Aufgabe, sie dazu zu ermutigen. Es wäre sogar seine Pflicht, und diese würde sich überdies mit seinen Interessen decken. Die Situationen in der Politik, wo Moral und Vorteil übereinstimmen, sind so selten, daß es unverzeihlich wäre, sie nicht auszunützen. Hier liegt ohne jeden Zweifel ein weites Feld für die westeuropäische Diplomatie.

Lauter Hirngespinste, wird man sagen. Jedoch realistische: diese Hirngespinste – Donauraum, Balkanpakt – waren ja schon einmal Realität. Realistisch sind sie auch, weil sie die Lehre der Fakten berücksichtigen. Die Realität resultiert aus einem Spiel der Kräfte, nicht nur der materiellen übrigens, sondern auch der geistigen und moralischen, zu denen auch das Nationalgefühl gehört – und das darf nicht unterschätzt werden. Jede stabile Ordnung ist nur ein Ergebnis des Gleichgewichts, das zwischen diesen Kräften hergestellt wird. Daher sind diese Vorschläge das einzige Mittel, der Störung des Gleichgewichts in einem politisch integrierten Europa zu entgehen. Und übrigens – ist dieses integrierte Europa nicht ein noch viel größeres Hirngespinst? Denn hier würde es sogar darum gehen, nicht bloß gewisse Staaten zu Föderationen zu verbinden, sondern alle Staaten Europas in ein Ganzes zu pressen. Ein Hirngespinst, das bei seiner Verwirklichung sehr schnell zum Alptraum mutieren würde: Die Vormachtstellung eines seiner Glieder würde in Zentraleuropa ebenso wie in Westeuropa unkontrollierbare Reaktionen der verletzten Nationalgefühle nach sich ziehen, die schließlich und endlich die ganze Konstruktion in die Luft sprengen würden, von der ihre Erfinder in ihrer Blauäugigkeit genau das Ende der Nationalismen erwarten.

Die Idee einer Donauföderation, einer baltischen und einer Balkanföderation entspricht einer unumgänglichen Notwendigkeit, die nichts anderes ist als die Gesetzmäßigkeit der politischen Statik. Daher ist diese Idee nicht modern, dafür aber aktuell.

EURASISCHE PERSPEKTIVEN

Der Weise geht nicht aus, um Unbill
zu erleiden, er geht ihr entgegen,
um sie aus der Welt zu schaffen.

Baltasar GRACIÁN

EUROPAS ZWEIFACHE GEOPOLITISCHE DEFINITION

Man mag sich noch so sehr um das Gleichgewicht und die politische Einigung Europas bemühen – wenn die Sicherheit in seinem Umfeld nicht gewährleistet ist, wird diese Mühe immer fragwürdig bleiben. Die am Anfang des vorigen Kapitels dargestellten chronologischen Parameter der jetzigen politischen Krise des Kontinents müssen nun um die geographischen Parameter ergänzt werden, die für jede ganzheitliche europäische Politik bestimmend sind.

Geographisch kann man Europa als Kap Asiens, oder wenn man will, als sein Vorfeld bezeichnen. Die fundamentalen Gegebenheiten Europas sind daher aus geopolitischer Sicht zweifacher Natur: denn Europa wird in gleichem Maße durch seine Beziehung zum Meer wie durch seine Beziehung zum Festland bestimmt.

DIE MEERE

Europas Gestalt als riesige Halbinsel bedingt eine vor allem maritime Beziehung zur Welt. Europa ist in steter Beziehung zu den Meeren, und die Meere verbinden es mit allen Völkern und allen Kontinenten an ihren Ufern. Schon Karl V. konnte von seinem Reich sagen, daß in ihm die Sonne nie untergeht. Die Errichtung des ungeheuren Kolonialreiches der Europäer in der ganzen Welt, vor allem ihr Eindringen in Amerika, ist nichts anderes als die letzte Fortsetzung der großen Wanderungswellen, die einst die Völker Asiens bis an die Grenzen des Abendlandes getragen hatten.

Heute wird diese Verbindung Europas mit dem Meer und der Welt durch zwei Tatsachen noch weiter verstärkt.

Zunächst durch eine wirtschaftliche. Der industrielle Aufschwung des 19. Jahrhunderts, der sich im 20. noch intensiviert hat, vertiefte die Beziehung Europas zur übrigen Welt. Im Gegensatz zu Nordamerika, zur ehemaligen Sowjetunion, zu Südafrika und zu Australien verfügt Europa praktisch über keinerlei Roherze. Die geringen Bodenschätze einiger seiner Länder – Magnesium, Aluminium, Titan und Kobalt in Norwegen, Uran in Frankreich, Kadmium in Belgien, Quecksilber in Spanien und Wolfram in Österreich – sind, wenngleich für diese Länder selbst von Bedeutung, auf gesamteuropäischer Ebene doch mehr als bescheiden; sie können sich keinesfalls mit den amerikanischen oder sibirischen Reserven vergleichen. Was die anderen Bodenschätze betrifft – Bauxit, Kupfer, Blei, Zinn, Zink, Platin, Gold, Silber, Nickel, Mangan, Chrom, Molybdän, Antimon, sogar Diamanten –, so herrscht in Europa daran ein schmerzlicher Mangel, der durch das Fehlen von Energiereserven noch weiter erschwert wird. Europa muß aus Arabien, Afrika, Lateinamerika und Rußland den größten Teil seines Öls, aus Rußland und Afrika sein Erdgas importieren; seine Reserven an Wasserkraft sind mäßig; einige Länder Zentraleuropas verfügen zwar über Kohlenreserven – Italien, die iberischen Länder und Frankreich müssen jedoch ihre Kohle in großen Mengen aus Nordamerika, Australien oder Südafrika einführen. Nicht einmal die Agrarproduktion Europas ist ausreichend: Baumwolle, Kautschuk, Soja, Kaffee, Kakao, Tee und Reis müssen importiert werden. Darum muß Europa unter allen Umständen seine Importe aus der ganzen Welt durch Exporte in die ganze Welt ausgleichen, um seinen Wohlstand zu sichern. Sein wahrer

Reichtum liegt einzig und allein in der Erfindungsgabe und im Unternehmungsgeist seiner Bewohner, mit anderen Worten in seinen intellektuellen und moralischen Kräften.

Wenn man Europa als Ganzes betrachtet, ist es eigentlich wie ein riesiges Holland. Die Niederlande, ein Land mit einer ausgedehnten Meerseite, aber auch mit kontinentalen Verbindungen, haben praktisch keine eigenen Bodenschätze. Ihr ganzer Wohlstand beruht auf einer fortwährenden Import-, Verarbeitungs- und Exportbewegung. Die ständige Aufrechterhaltung der Austauschbeziehungen ist für sie von vitalem Interesse. Genauso ist es mit Europa. Die Sicherung der Land- und Flugverbindungen, vor allem aber der Seewege, ist von höchster Bedeutung. Niemals noch in den vergangenen Jahrhunderten war Europa in derartigem Maße von den Meeren abhängig. Der berühmte, an de Gaulle gerichtete Ausspruch Churchills, zwischen dem Festland und der hohen See würde England immer letztere wählen, gilt zwar nicht mehr für die Britischen Inseln, denn mehr als die Hälfte ihrer Ein- und Ausfuhren wird mit dem Kontinent getätigt. Er gilt aber mehr denn je für Europa. Wie einstmals Venedig mit dem Meer, so ist Europa als Ganzes mit der Hochsee vermählt.

Das zweite Phänomen, das die lebenswichtige Beziehung Europas zum Meer verstärkt hat, ist strategischer Natur. Es handelt sich um die Entwicklung der Wasser-Boden-Raketen. Die auf den U-Booten installierten Lenkwaffen waren bereits bekannt. Der Golfkrieg hat neue Möglichkeiten aufgezeigt, von Kriegsschiffen aus konventionelle oder Nuklearraketen weit ins Innere der Kontinente abzuschießen. Einst, als die Berber vor Nizza erschienen, wurde nur der Hafen beschossen; als die englische Flotte im Sund kreuzte, nahm sie nur Kopenhagen unter Feuer. Heute sind die Flotten imstande, aus einer Entfernung von Hunderten von Kilometern das Innere des Landes mit verblüffender Genauigkeit unter Beschuß zu nehmen. Die Meere trennen die Länder nicht mehr. Sie verlängern und verbinden sie: sie sind ein wesentliches Element der Landkriegsschauplätze geworden.

Nun ist Europa keineswegs so kompakt wie etwa Nordamerika, Rußland und China. Europa ist wie ein eingerissener Lap-

pen. Nach Westen hin bietet sich seine riesige Atlantikküste offen
dar; seine drei Binnenmeere – die Ostsee, das Schwarze Meer
und das Mittelmeer mit seinen klaffenden Einrissen, dem Golfe
du Lion, dem Golf von Genua, der Adria und der Ägäis –
ermöglichen es, von überall her über die Küstengebiete tief ins
Landesinnere einzudringen.

VON DER GEOPOLITIK ZUR GEOSTRATEGIE

Aus diesen allgemeinen Betrachtungen sind allgemeine Schlüsse
zu ziehen. Die Sicherheit der Meere ist nicht nur in wirtschaftlicher Hinsicht für Europa notwendig, um indirekt dessen Überleben zu sichern; sie ist vom strategischen Gesichtspunkt her
auch direkt für sein Überleben im Fall eines Konfliktes nötig.
Mit anderen Worten: Europa wird eine Thalassokratie sein oder
es wird nicht sein.
   Die Herrschaft über die Meere – über seine Meere – setzt die
Herrschaft über den Luftraum voraus. Durch sie allein läßt sich
eine möglichst große Anzahl feindlicher Schiffe orten und ein
präziser und daher wirksamer Einsatz von Schiffsraketen erreichen. Dabei muß aber auch gesagt werden, daß die Herrschaft
über den europäischen Luftraum zum gegenwärtigen Zeitpunkt
nicht in den Händen der Europäer ist. Wenn diese beabsichtigen,
sich von der amerikanischen Vormundschaft zu emanzipieren, so
werden sie sich entschließen müssen, hierfür auch die nötigen
Mittel bereitzustellen. Im übrigen würde sie diese Lufthoheit
sicherlich nicht mehr kosten als das, was die Amerikaner als
Gegenleistung für ihren Schutz verlangen werden.
   Die Europäer müßten sogar noch mehr tun. Da ihr Überleben
von der Sicherheit der Seewege abhängt, werden sie Lenkwaffen
mit großer Reichweite brauchen, um diese Sicherheit zu gewährleisten. Auch hier hat der Golfkrieg gezeigt, daß die Amerikaner
allein über solche verfügen; und auch hier wird der Preis den
– übrigens legitimen – Tribut wohl nicht übersteigen, den die
Vereinigten Staaten als Gegenleistung für die Verteidigung
unserer Interessen einheben würden.

Diese geostrategischen Selbstverständlichkeiten, die die Europäer nicht gern wahrnehmen – vielleicht weil sie schmerzlich sind –, werden früher oder später zwingend sein. Wenn regieren vorsorgen heißt, dann wären die Regierenden gut beraten, sich ehestens danach zu richten, es sei denn, sie glauben, daß im 21. Jahrhundert die Konfliktherde erlöschen werden statt weiterzuwuchern und daß der universelle Friede eines Goldenen Zeitalters anbrechen wird. Vergil verkündete in der IV. Ekloge dessen Wiederkehr ohnehin erst, nachdem Augustus den Frieden mit den bekannten Mitteln wiederhergestellt hatte.

ASIEN

Ebenso wie sein Verhältnis zu den Meeren gehört zur äußeren Definition Europas auch dessen Rolle innerhalb des Festlandes. Europa hat hier zwei Gesichter. Als Vorfeld Asiens ist es der Endpunkt aller Wanderbewegungen aus diesem ungeheuren Kontinent. Aber man kann das Bild ebensogut umkehren: dann wird Asien zur natürlichen Verlängerung Europas. Vom europäischen Gesichtspunkt aus muß man dieser Sicht sogar den Vorzug geben, obwohl sie für das westliche Denken besonders schwer anzunehmen ist, denn fast ein halbes Jahrhundert lang schien die Welt gegen Osten hin verschlossen zu sein. Westeuropa sah sich sozusagen an Nordamerika gebunden, dessen östliches Kap es war. Nach seiner Wiederherstellung als Gesamtheit muß Europa wieder Beziehungen mit Asien aufnehmen, die die geographischen Verbindungen spiegeln. Eines der Hauptprobleme, die Europa lösen muß, ist folgendes: Wie weit nach Osten soll es seine engsten geopolitischen Beziehungen ausdehnen?

DIE AUSLÄUFER EUROPAS

An seiner Ostflanke wird Europa von zwei Großräumen begrenzt: dem ostslawischen Raum, der aus Rußland, Weißrußland und der Ukraine besteht, und dem türkischen Raum. Geographisch sind die östlichen Grenzen Europas nicht deutlich definiert. Die Kette des Uralgebirges gilt als Ende Europas. Sie stellt keineswegs eine natürliche Grenze dar. Ihre Gipfel sind nur in Ausnahmefällen höher als die Vogesen, die meisten sind niedriger. Der Mittelteil des Ural bildet eine weite Senke, durch die Europa und Asien ineinandergehen. Diesseits und jenseits der Kette gleichen einander Flora, Fauna und Landschaft. Zudem bezeichnet diese Kette absolut keine Bruchlinie unter den Menschen: Mongolen und Slawen leben bereits weit westlich vom Ural zusammen. Als Trennungslinie zwischen Europa und Asien ist der Ural nur eine geographische Konvention. Geopolitisch hat er keine Bedeutung. Ebensowenig wie die Grenzen Europas im Nordosten genau bestimmt sind, sind sie es im Südosten. Der Bosporus und die Dardanellen, die als geographische Konvention das Pendant zum Ural darstellen, sind weder eine physische noch eine menschliche Grenze. Weder physisch, weil die beiden Ufer des Marmarameeres, wie übrigens jene der Ägäis, zum gleichen Ostmittelmeerraum gehören. Noch menschlich, denn wenn man den Bosporus und die Dardanellen als Europas Grenze nimmt, so schließt man Ostthrakien und damit auch den türkischen Raum mit ein, der über Ostthrakien hinaus Anatolien umfaßt. Anatolien wiederum unterhält so starke menschliche Beziehungen mit dem übrigen Europa, daß es als dessen Halbinsel betrachtet werden kann.

Der ostslawische und der türkische Raum haben nicht nur die geographische Lage am Rand Europas gemeinsam, sondern auch die kulturelle. Die Ostslawen sind mindestens ebensosehr dem Einfluß Asiens unterworfen wie die Türken jenem Europas. Ihre Kulturen sind die Frucht von Synthesen.

Diese Eigentümlichkeit läßt sie zum Bindeglied zwischen Europa und Asien werden. Denn noch ein anderer Zug ist der ostslawischen und der türkischen Welt gemeinsam: Ihre Verlängerung nach Osten hat keine bestimmten Grenzen. Anatolien ist in Verbindung mit der ganzen Welt der Turk-Mongolen, die sich von Aserbaidschan nach Sinkiang und sogar bis zur Äußeren Mongolei erstreckt. Und Rußland verlängert sich östlich des Ural bis zu den Ufern des Pazifiks.

Europa ist gezwungen, mit beiden Welten Verbindung zu halten. Es muß nur noch die Art der Verbindung festgelegt werden: Von dieser Festlegung, die wiederum ihrerseits einen Einfluß auf Europa hat, wird zum guten Teil die Entwicklung dieser Welten selbst abhängen.

DIE LOGIK DER GEWALT

Nacheinander haben Türken und dann Ostslawen – die einen in der Renaissance, die anderen im 20. Jahrhundert – versucht, Europa ihre Herrschaft aufzuzwingen. Den einen wie den anderen gelang es nur teilweise, diesen Plan zu verwirklichen: Ihr Vormarsch hat nur Zentraleuropa erreicht, und ihre Macht kam vor Wien zum Stehen.

Die Analogie zwischen den beiden Herrschaftssystemen reicht aber viel weiter. Beide beruhten auf dem gleichen Prinzip. Es handelte sich um Militärreiche. Die Errichtung solcher Reiche ist immer noch am leichtesten. Unendlich schwerer jedoch ist ihre Aufrechterhaltung. Da sie weder auf den Gesetzen der Geopolitik noch auf der Zustimmung der Völker beruht, sondern auf der rein materiellen Gewalt, erfordert sie von der Eroberungsmacht unaufhörliche militärische Investitionen, die logischerweise unproduktiv sind. Solche Investitionen hatten bereits das Osmanische Reich in die Erschöpfung getrieben. Auf die Dauer verschlangen sie schließlich die mageren Überschüsse der sowjetischen Wirtschaft, die ohnehin schon durch ein unsinniges Produktionssystem geschwächt war. Denn, wie schon erwähnt, fließt von der Peripherie nur der wirtschaftliche Reichtum ins Zentrum zurück, das auf diese Weise die Früchte seiner Investitionen erntet. Die Erfordernisse der militärischen Macht richteten auf die Dauer die Wirtschaft des Zentrums zugrunde. Um sich aufrechterhalten zu können, zwang dieses zunächst die unterworfenen Staaten der Peripherie, in höherem Maße zu den Militärausgaben beizutragen; aber eine solche wirtschaftliche Ausbeutung ließ die Peripherie nur verarmen und verstärkte deren Drang, sich vom Zentrum zu lösen.

Zum wirtschaftlichen Niedergang kam der politische. Auch in dieser Hinsicht folgte das Sowjetimperium den Spuren des Osmanischen Reiches, das auf den gleichen Prinzipien aufgebaut war. Der Vorgang ist einfach: In einer ersten Phase entwickelt sich ein Staat – der türkische oder der russische –, dessen Struktur ebenso rudimentär wie seine Macht totalitär ist, zu einem Imperium. In einer zweiten Phase beansprucht die Erhaltung dieses Reiches die Lebenskräfte des Landes so sehr, daß sie sich dem inneren Aufbau des Staates nicht widmen können. Zudem ist der Staat gezwungen, seine autokratische und absolute Herrschaftsform aufrechtzuerhalten. Denn würde sie in Frage gestellt, käme das Imperium selbst ins Wanken. Die Notwendigkeit politischer Reformen, die den Zweck haben, den durch die Erhaltung des Imperiums zusehends gelähmten Wirtschaftsapparat wieder in Gang zu setzen, wird zwar eingesehen. Verschiedene Reformversuche entsprechen dieser Notwendigkeit: die *Tanzimat* von Abd ul-Medschid im Jahr 1839, das Staatsgrundgesetz von Abd ul-Hamid im Jahr 1876. Sie sind Vorformen der Reformen Chruschtschows sowie der *perestroika* und der *glasnost* Gorbatschows. Diese politischen Reformen haben aber den Effekt, die autoritäre Ordnung eines Imperiums zu zerstören, wie es die Sultane des 16. Jahrhunderts oder Stalin errichtet hatten: Am Ende bedrohen sie das Imperium, das sie retten sollten. Daraus folgt der ständige Wechsel von notwendigen Reformen und der Rückkehr zur autoritären Staatsform, der für das letzte Jahrhundert des Osmanischen Reiches und für die letzten dreißig Jahre der Sowjetunion kennzeichnend ist. Der unvermeidbare Zusammenbruch der Wirtschaft bewirkt in der Folge den des Imperiums selbst.

In der dritten Phase zieht der Zusammenbruch des Imperiums den Untergang des ursprünglichen Gründerstaates nach sich. So wie bei Ebbe das zurückflutende Meer das von ihm bedeckte Land wieder sichtbar werden läßt, so bringt der Untergang des Reiches den Staat wieder zum Vorschein, der es gründete. Seine Kräfte hat dieser zur Errichtung und Erhaltung des Imperiums statt für seinen eigenen Aufbau verwendet. Der Staat bestand nur im Zusammenhang mit seinem Imperium, mit dem er sich ge-

wissermaßen identifiziert hatte: Das gilt für das Osmanische
Reich vom 15. bis zum Beginn des 20. Jahrhunderts und für das
russische vom 16. bis zum Ende des 20. Jahrhunderts. Die türkische Nation mußte von 1923 an einen modernen Staat errichten. Dies erforderte einerseits politische Strukturen, die den
Rahmen definierten, innerhalb dessen die gesetzgebende, die
vollziehende und die richterliche Gewalt ausgeübt werden sollten, andererseits soziale Strukturen, die auf dem Zivilrecht, dem
Strafrecht und dem Handelsrecht basierten. Diese Formal-
entscheidungen mußten Eingang in die Realität des täglichen
Lebens finden – vor allem durch die Heranbildung eines politischen sowie eines Verwaltungs- und Justizpersonals, das imstande war, diese in die Praxis umzusetzen. Was den Prozeß der
konkreten Errichtung eines modernen Staates angeht, so benö-
tigt er das Durchhaltevermögen mehrerer Generationen. Dazu
kommt der Aufbau oder der Wiederaufbau einer nicht mehr
vorhandenen oder verlotterten Wirtschaft. Vor einer ähnlichen
Aufgabe steht nun am Ende des 20. Jahrhunderts das russische
Volk und seine beiden Schwesternationen, die weißrussische und
die ukrainische.

DIE GESETZMÄSSIGKEIT DER KREISE

Die grundsätzliche Analogie zwischen der russischen und der
türkischen Herrschaft – beide ihrem Wesen nach militärisch –
zieht einen analogen Zusammenbruch von Wirtschaft und Staat
in beiden Reichen nach sich – einen Zusammenbruch, der sozusagen vorprogrammiert war.
    Diese grundsätzliche Analogie hat überdies eine zeitliche und
eine räumliche zur Folge. Die Art und Weise, nach der sich die
Auflösung der beiden Reiche vollzogen hat, entspricht ebenfalls
ein und derselben Gesetzmäßigkeit, nämlich der der Kreise.

DER ZERFALL DES RUSSISCHEN IMPERIUMS

Die Befreiung des vierten Kreises

Das russische Imperium, nach derselben Gesetzmäßigkeit der Kreise erbaut wie das Osmanische Reich, löst sich wie dieses ebenfalls in Kreisen auf.

Diese Auflösung begann beim vierten Kreis. In Asien gelang es Moskau nicht, eine feste Herrschaft über Afghanistan zu errichten. Zunächst entschloß es sich, nur einen Teil zu halten, schließlich aber mußte es seine Truppen aus dem ganzen Land zurückziehen. In Europa befand sich Polen seit fast zehn Jahren im Zustand eines latenten Aufruhrs – Solidarność war 1980 gegründet worden; nur durch die Ausrufung des Kriegsrechtes konnte es Rußland gefügig gehalten werden. In Ungarn hatte das stillschweigende Zusammenspiel des Volkes mit seinen Regierenden noch bedrohlichere Auswirkungen. Als Ungarn im Sommer 1989 seine Grenzen zu Österreich öffnete, erlaubte es die Massenflucht der Ostdeutschen in den Westen. Der Schlag, der scheinbar gegen Ostberlin gerichtet war, war für Moskau bestimmt. Die Bresche, die damit in die Mauer geschlagen wurde, ließ diese einstürzen. In einer Kettenreaktion breitete sich die Auflösungsbewegung über ganz Zentraleuropa aus und griff auf die baltischen Länder innerhalb der Sowjetunion über, die als erste ihren Absprung proklamierten. Die Kontinuität dieser Bewegung zeigte *e contrario* deutlich, daß das wirkliche Imperium sich von der Elbe bis an die Tore Wiens erstreckt hatte.

Der Westen hatte erwartet, daß ein eventueller Zerfall dieses Reiches von Zentralasien ausgehen würde: Der Islam und seine Kultur waren dem Marxismus nicht zugänglich, und die Bevölkerung des alten Turkestan war in beträchtlichem Wachstum begriffen. Der Fehler dieser Einschätzung lag darin, daß sie nur den offiziellen Staat in Betracht zog und nicht das tatsächliche Imperium, das bereits bis zum Herzen Europas vorgedrungen war. Wieder einmal mußte man den Primat des politischen Willens feststellen, der einzig und allein über alle anderen Faktoren siegte. So wie sich Ungarn beim Abschluß des österreichisch-ungarischen Ausgleichs von 1867 durch die Behauptung

seines nationalen Bewußtseins und die Entschlossenheit seines
politischen Handelns stärker erwiesen hatte als das demogra-
phisch und wirtschaftlich bedeutendere Böhmen, so zeigte die
Entschlossenheit der alten europäischen Länder, auch der be-
scheidensten unter ihnen – wie der baltischen – der Masse der
mongolischen Völker den Weg zur Freiheit. Ebensowenig wie
die Deutschen waren die Russen mit den Polen, den Ungarn, den
Tschechen und den Balten fertig geworden.

Die Auflösung des dritten Kreises

Der vierte Kreis des Imperiums war verloren. Dieses versuchte
noch vor seinem offiziellen Zerfall, zwar nicht mehr als Reich,
aber als Föderation wiederzuerstehen, in der offiziellen Sprache ausgedrückt: nicht mehr als „Union", sondern als „Gemeinschaft", im konkreten Fall als eine Gemeinschaft von „unabhängigen Staaten".

Diese Gemeinschaft basierte auf zwei Abkommen. Das eine
wurde bei Minsk am 8. Dezember 1991 zwischen den Präsidenten der drei slawischen Republiken – Rußland, Weißrußland und
Ukraine – geschlossen: Es begründete die „Gemeinschaft Unabhängiger Staaten", die anderen Republiken wurden zum Beitritt
eingeladen. Am 21. Dezember wurde in Alma-Ata das zweite
Abkommen zwischen den drei slawischen Republiken mit allen
übrigen der ehemaligen Union unterzeichnet – mit Ausnahme
Georgiens und natürlich der baltischen Staaten.

Schauplätze und Reihenfolge waren in hohem Grad symbo-
lisch. Von ihren drei Republiken hatten die Slawen die west-
lichste – Weißrußland – als Ort der Wiederherstellung ihres
Bundes gewählt. Wieder einmal war der Anstoß von Rußland
gekommen. Wieder einmal waren es die Slawen, die sich zuerst
zusammenschlossen, um abermals nichtslawische Völker um
sich zu scharen. Damit diese politische Geste gerechtfertigt sei,
berief man sich auf die Schaffung der Union der russischen, der
ukrainischen, der weißrussischen und der transkaukasischen
Sowjetrepubliken am 30. Dezember 1922, welche der Keim
der späteren Sowjetunion war. Es handelte sich tatsächlich um

die Geste einer Neugründung, die in ihrem Wesen der Politik Iwans III., des „Sammlers der russischen Erde", verwandt war. Diese Politik war die Vorbedingung für die Politik Iwans IV., des Schrecklichen, gewesen, nach der die vereinigten russischen Länder ihrerseits die mongolischen Gebiete um sich sammeln konnten. Es war auch kein Zufall, daß das zweite Abkommen, das praktisch das alte russische Reich in seinen Grenzen wiedererrichtete, nicht in Moldawien oder in irgendeiner kaukasischen Republik unterzeichnet wurde, sondern in Alma-Ata, der Hauptstadt Kasachstans, der größten turk-mongolischen Republik: fast an der Grenze Sinkiangs also, im Herzen des historischen Turkestan.

Geschichtlich betrachtet ließen sich diese Ereignisse ziemlich eindeutig interpretieren. Der erste Anstoß war von der russischen Republik gekommen. Geographisch entsprach diese dem ursprünglichen Kern und dem ersten, hauptsächlich sibirischen Kreis, der sich von der Mitte des 16. bis zum Ende des 17. Jahrhunderts gebildet hatte. Durch das Abkommen von Minsk entstand im wesentlichen wieder der im 18. Jahrhundert entstandene zweite Kreis, der die ostslawischen Länder – Rußland, Weißrußland und die Ukraine – enthielt. Das Abkommen von Alma-Ata ließ den im 19. Jahrhundert eroberten dritten Kreis wiedererstehen, dessen wichtigstes Element Westturkestan war. Der vierte Kreis – die zentraleuropäischen Staaten samt den baltischen Ländern und dem endlich vom russischen Einfluß befreiten Finnland – war und blieb verloren.

Weniger selbstverständlich hingegen ist die Festigkeit und auch die Dauerhaftigkeit des neuen Gebäudes. Es war ganz plötzlich, während die zersetzenden Kräfte noch im vollen Ausmaß wirksam waren, wiedererrichtet worden. Die Argumente für eine Abspaltung der muslimischen Republiken des Kaukasus und Zentralasiens behalten ihre volle Gültigkeit. Die Ablehnung der slawischen Kultur durch den Islam der Mongolen, die Verweigerung jeglichen Untertanenverhältnisses gegenüber den Russen, die der stolzen Vergangenheit dieser Nachkommen Tamerlans entspringt, der Abscheu vor denen, die sie für das Sterben des Aralsees und die Verwüstung der Landschaft verantwortlich halten, und schließlich ihre Bevölkerungsexplosion: All das weist darauf hin, daß sie sich als kolonisierte Völker auf dem Weg der Befreiung befinden und dabei nicht auf halbem Weg stehenbleiben werden. Gewiß, die turk-mongolischen Republiken haben auch das Abkommen von Alma-Ata unterzeichnet. Aber die Gründe, die sie dazu bewogen haben, waren rein materielle: Die Verzahnung ihrer Wirtschaft mit der Wirtschaft der anderen Republiken der ehemaligen Sowjetunion und die Unmöglichkeit eines wirtschaftlichen Alleingangs, die noch durch ihre gegenwärtige Notlage verschlimmert wird, ließen ihnen im Augenblick keine andere Wahl. Aber nur im Augenblick: Diese spät kolonisierten Völker, die außer geographischen Zufälligkeiten nichts mit den Russen verbindet, werden nicht ruhen, bis sie sich völlig von ihnen getrennt haben.

Die Frage nach der Aufrechterhaltung des dritten Kreises stellt sich also überhaupt nicht: er ist praktisch bereits verloren. Er wird sich wie der vierte vom Ganzen abspalten. Die Gesetzmäßigkeit der Auflösung des Imperiums in Kreisen wird sich fortsetzen.

Es ist nur die Frage, innerhalb welcher Frist, und vor allem, wie weit. Dies betrifft den zweiten und den ersten Kreis.

Die Schwierigkeiten des zweiten Kreises

Im Inneren des zweiten Kreises stellt Weißrußland kein Problem dar: Es wird mit Rußland, als dessen vollwertiges Glied es sich immer betrachtet hat, vereint bleiben. Die Schwierigkeiten kommen von der Ukraine. Diese Republik, die größer als Frankreich ist, kann sich mit ihren 52 Millionen Einwohnern und ihrem fruchtbaren Boden stark genug für das Wagnis der Unabhängigkeit fühlen. Als Nachbarin Polens, der Slowakei, Ungarns und Rumäniens und durch ihre Lage am Schwarzen Meer, die sie mit dem Mittelmeer verbindet, neigt sie dazu, sich als Randstaat Zentraleuropas zu betrachten. Die wirtschaftlichen Probleme, mit denen die Gemeinschaft Unabhängiger Staaten zu kämpfen hat, wären ein Grund für sie, dem ermutigenden Beispiel der baltischen Staaten zu folgen und die GUS zu verlassen.

Man kann trotzdem daran zweifeln, daß es soweit kommen wird. Erstens, weil die Annäherung an die Europäische Union, die bei den Anhängern der ukrainischen Unabhängigkeit große Hoffnungen weckt, diese enttäuscht hat und weiter enttäuschen wird. Die Europäische Union ist gegenüber der Ukraine noch zurückhaltender als gegenüber den zentraleuropäischen Staaten – und das will einiges heißen. Zweitens, weil die Ukraine sehr enge wirtschaftliche Beziehungen zu Rußland und Weißrußland unterhält: Materiell hängen beide Gebiete voneinander ab. Drittens auf Grund der ethnischen Zusammensetzung der Ukraine: 21 Prozent der ukrainischen Bevölkerung sind russischer Abstammung. Sie leben im Osten des Landes, wo sie 30 bis 50 Prozent und in den Industriegebieten praktisch 100 Prozent der Bevölkerung ausmachen; es sind mehr als 60 Prozent auf der Krim, wo sie den Platz der Tataren eingenommen haben, die in Massen von Stalin nach Zentralasien ausgesiedelt wurden – nur 100.000 von ihnen durften wieder auf die Halbinsel zurück. Dazu kommt noch, daß die Bevölkerung der Ostukraine selbst stark russifiziert ist. In diesem Gebiet bildet sich stellenweise eine Art russischer Korridor, der Rußland mit dem Schwarzen Meer verbindet. Eine wirkliche Unabhängigkeit der Ukraine hätte zumindest die Errichtung einer unabhängigen russischen Republik auf der Krim zur unmittelbaren Folge – mit anderen Worten den Verlust der Hälfte des ukrainischen Küstenlandes und wahrscheinlich auch des größten Teils der Industriegebiete. Und schließlich muß noch erwähnt werden, daß jeder Versuch, den die Ukraine im Lauf ihrer Geschichte unternahm, um sich von der russischen Knute zu befreien, nur ein Strohfeuer war. Es ist nicht unmöglich, daß die Ukraine den Weg zur Unabhängigkeit bis ans Ende geht; wahrscheinlich ist jedoch, daß sie in diesem Fall früher oder später, in irgendeiner Weise, wieder in die Einflußsphäre Moskaus zurückkehren wird. Durch ihre Lage zwischen Zentraleuropa und dem Kaukasus sowie durch ihre gemeinsame Grenze mit Weißrußland und Rußland ist die Ukraine nach der geopolitischen Gesetzmäßigkeit zur Schicksalsgemeinschaft mit ihren beiden ostslawischen Verwandten verurteilt.

Die eigentliche Frage, die die Zukunft Rußlands belastet, ist jene nach dem Los des ersten Kreises, der unter Iwan dem Schrecklichen durch die Eroberung Sibiriens und der Chanate von Kasan und Astrachan entstand.

Im eigentlichen Kern der russischen Republik erwacht eine turk-mongolische Opposition gegen den slawischen Kolonisator. Sie kristallisiert sich um die Gemeinschaft der Tataren von Kasan heraus; da sich dieses Gebiet im Herzen der Sowjetunion befand, unterschied sich sein Status von dem der Republiken, die aus dem ehemaligen Turkestan hervorgegangen waren. Diese – wie Kasachstan, Usbekistan, Turkmenistan – bestanden als vollwertige politische Gebilde, denen Moskau eine geschichtliche Vergangenheit und eigene Beziehungen mit der Außenwelt zubilligte. Dagegen war das Fürstentum Kasan seit 1552 in das russische Reich integriert, seine Eroberung war sogar der Gründungsakt Rußlands gewesen. Daher wurde ihm jegliche eigene Existenz verweigert, und in der Sowjetunion wurde sein Gebiet der Russischen Föderation eingegliedert. Dort verblieb es auch noch nach der Auflösung der Sowjetunion.

Diese Schwäche des ehemaligen Chanats der Tataren von Kasan machte gleichzeitig seine Stärke aus. Hatte seine Eroberung einst das russische Reich begründet, so war die Verteidigung Kasans aber auch für immer zum Symbol des turk-mongolischen Widerstandes gegen die russische Kolonisation geworden. Kasan vergaß es nie, und die Nachkommen der Besiegten ließen nie davon ab, allen Versuchen der Russifizierung hartnäkkigen Widerstand entgegenzusetzen. Als erste Turk-Mongolen, die von den Slawen besiegt wurden, wußten sie auch, wie man am besten die wirtschaftliche und soziale Praxis der Sieger übernimmt. Schon im 19. Jahrhundert war in der Gegend von Kasan die erste moderne turk-mongolische Handelsgesellschaft Rußlands entstanden, die ein Drittel der lokalen Industrie und den gesamten Handel mit Zentralasien kontrollierte. Daher waren die Kasan-Tataren stets an der Spitze aller Aufstandsbewegungen gegen Moskaus Macht zu finden. Nach der Niederlage Rußlands gegen Japan im Jahr 1905 waren sie nicht nur die Seele der reformistischen und der sozialistischen Bewegung, sondern auch einer pantürkischen – oder panturanischen – Bewegung außerhalb des Osmanischen Reiches. Mit der Oktoberrevolution glaubten sie die Stunde für die Wiedererringung ihrer nationalen Identität gekommen. Diese in der Gestalt des Kommunisten Sultan Galjew personifizierten Hoffnungen wurden enttäuscht; Sultan Galjew wurde von Stalin liquidiert, und die zu kleinen Einheiten zerstückelten tatarischen Gebiete verleibte sich Rußland ein. Nie hatte sich Stalin als würdigerer Nachfolger Iwans des Schrecklichen erwiesen.

Der Zerfall des Imperiums weckte in den Kasan-Tataren wieder den alten Traum, alle ehemaligen Vasallenvölker ihres Chanates um sich zu sammeln: die Tscheremissen (oder Mari), die Mordwinen, die Tschuwaschen, die Wotjaken (oder Udmurten) und die Baschkiren. Sie selbst gaben ihrem Land den mit einer schweren historischen Symbolik befrachteten Namen „Tatarstan". In einer Volksbefragung, an der 81,6 Prozent der Wahlberechtigten teilnahmen, erklärten sich am 22. März 1992 61 Prozent dafür, daß „Tatarstan ein souveräner, dem Völkerrecht unterstellter Staat sein soll, der seine Beziehungen mit Rußland ebenso wie mit den anderen Staaten auf Grund von gegenseitigen Verträgen entwickelt". Es handelte sich dabei um eine faktische Abspaltung innerhalb der russischen Föderation.

Hier erleben wir die Auflösung des ersten Kreises. Für das Rußland von 1992 ist ein Problem wieder aufgetaucht, das es im Jahr 1552 für endgültig geregelt hielt. Genau da, wo sein Reich begann, läuft es nun Gefahr zu zerfallen. Die künftigen Ereignisse können verschiedene Wendungen nehmen. Die für Rußland schlimmste wäre die Fortsetzung der Auflösung des ersten Kreises. Rußland müßte in diesem Fall erleben, daß zwischen ihm und dem Ural ein Konglomerat von turk-mongolischen Staaten entsteht, das das bereits unabhängige Kasachstan – mit anderen Worten den dritten Kreis – sehr weit nach Norden verlängert. Auf diese Weise würde sich praktisch eine Barriere von Staaten zwischen Rußland und seine sibirische Verlängerung einschieben und auf die Dauer auch Rußlands sibirischen Besitz in Frage stellen, dessen Reichtümer die Gier seiner zahlreichen Nachbarn wecken würden. Der Verlust des ersten Kreises – dessen zweiter Bestandteil neben den tatarischen Chanaten Sibirien ist – wäre somit besiegelt.

Es sind derzeit nur Gefahren, die den ersten Kreis betreffen. Die sibirischen Gebiete bleiben zum allergrößten Teil in den Händen der Russen. Die Republiken, die einst dem Chanat von Kasan unterstanden, sind schwach bevölkert. Die volkreichste, Baschkirien, hat nur 3,952.000 Einwohner, die am wenigsten besiedelte, die Republik der Mari, hat nur 739.000.[1] Außerdem ist diese Bevölkerung alles andere als homogen. Es gibt in ihr eine beträchtliche Anzahl von Russen: 44 Prozent in Tatarstan, 40 Prozent in Baschkirien, 58 Prozent in Udmurtien, 45 Prozent in Mari, 20 Prozent in Tschuwaschien, 59 Prozent in Mordowien. Desgleichen gibt es keine konfessionelle Homogenität: die Tataren und Baschkiren sind sunnitische – im übrigen miteinander rivalisierende – Moslems, die Mordwinen, Tschuwaschen, Mari und Udmurten wurden jedoch in ihrer Mehrheit zum orthodoxen Glauben bekehrt. Und schließlich ist die Wirtschaft dieser von Rußland umschlossenen Republiken in jeder Beziehung an dessen Wirtschaft gebunden.

Die Vernunft würde sowohl diesen Republiken als auch Rußland gebieten, eine aus freien Stücken vollzogene Föderation zwischen Staaten, die miteinander auf der gleichen Basis verhandeln, zu errichten. Allerdings pflegen verletzte nationale Gefühle sich nicht nach der Vernunft zu richten.

EURASIEN

Die Frage nach dem ehemaligen Chanat von Kasan ist nicht allein für Rußland wichtig. Sie ist durch ihre Folgewirkungen auch von entscheidender Bedeutung für ganz Europa.

Was aus dem ersten Kreis des russischen Imperiums wird, kann Europa tatsächlich nicht gleichgültig lassen, denn seine eigene Zukunft steht hier auf dem Spiel. Wenn die drei großen ostslawischen Länder an seiner östlichen Flanke – Rußland,

Weißrußland und die Ukraine – im Chaos versänken, würden sie einen Unsicherheitsfaktor an seinen Grenzen bilden. Für Europa ist es notwendig, daß diese drei Länder, die sein östliches Glacis und seine Landverbindung mit Asien bilden, ein homogenes und stabiles Ensemble bleiben. Dieses Gebilde ist geographisch zu ausgedehnt und in seiner menschlichen Substanz zu bedeutend, als daß es dem eigentlichen Europa – das heißt West- und Zentraleuropa – eingegliedert werden könnte, ohne dessen Gleichgewicht zu beeinträchtigen. Trotzdem ist es nötig, daß dieses West- und Zentraleuropa mit Osteuropa – also mit den „Russen-Ländern" – möglichst enge Verbindungen auf allen nur möglichen Gebieten knüpft. Eine solche Zusammenarbeit wäre für beide Teile ein gewichtiger Faktor politischer Stabilität, wirtschaftlicher Blüte und strategischer Sicherheit.

Diese Verbindungen müssen sich unbedingt auf das gesamte Gebiet der Russischen Republik – also auch auf Sibirien – ausdehnen. Sibirien wird somit zur großen Kraftprobe des 21. Jahrhunderts. Seine Bodenschätze sind unermeßlich. Alles, was Europa fehlt, findet sich dort im Übermaß: Energieträger wie Steinkohle, Holzkohle, Erdöl, Erdgas, Metalle wie Eisen, Kupfer, Blei, Zink, Bauxit, Nickel, Uran, Wolfram, Molybdän, Kobalt, Titan, Quecksilber, Magnesium, Silber, Gold, Diamanten – alles ist dort in Mengen vorhanden, die mitunter beinahe die Hälfte der Weltreserven ausmachen. Die Reichtümer Sibiriens übertreffen alles, was der Boden Amerikas oder Südafrikas – dessen Zukunft zumindest unsicher ist – zu bieten vermag. Aber die Ostslawen allein haben nicht die Mittel, um diese Reichtümer abzubauen. Menschen, Kapital und technisches Können fehlen ihnen auf schmerzliche Weise. Eine enge Zusammenarbeit mit den Europäern würde ihnen die Möglichkeit geben, aus diesen Reserven vollen Nutzen zu ziehen und damit auf einem stabilen Fundament ihren eigenen Wohlstand und den Europas zu festigen. In einem solchen Großraum könnte Sibirien im 21. Jahrhundert zum *Far East* werden.

Die wirtschaftliche Bedeutung Sibiriens ist von größter Wichtigkeit, und seine strategische Bedeutung ist nicht minder groß. Solange die Welt keine Sicherheit kennt – der Weg dahin scheint noch weit zu sein –, darf dieser Aspekt nicht vernachlässigt werden. Der Besitz Sibiriens ermöglicht die Kontrolle des Luftraums des Planeten und aller Bewegungen von Marine- und Lufteinheiten im Eismeer und im Pazifik. Bereits 1904 hat der britische Geopolitiker Mackinder die Idee geäußert, daß der kontinentale Teil Eurasiens, den er *Heartland* nannte, die Drehscheibe des Erdballs sei und daß dessen Besitzer die Welt beherrschen würde. Seine Ansichten waren natürlich wie die meisten Theorien zu sehr in ein Denkschema gepreßt, und Mackinder hatte sie 1943 schließlich selbst wieder verworfen: Aus dem Besitz Sibiriens würde sich nicht notwendig die Beherrschung des Universums ergeben. Jedoch ist die Definition dieses Gebietes als Drehscheibe der Welt im wesentlichen noch immer richtig. In geostrategischer wie in ökonomischer Hinsicht sollte Europa, dessen Schicksal immer mit der Beherrschung der Meere verbunden war, nicht gegenüber dem zukünftigen Besitzer dieses unendlich weiten Landes gleichgültig bleiben. Eine enge Zusammenarbeit mit ihm ist von vitalem Interesse für Europa.

Denn man darf sich nicht täuschen: Wenn Sibirien für Rußland verlorenginge, würde es nicht lange ohne Herrn bleiben. Seine Reichtümer und seine strategische Lage machen es zum Objekt der Begierde für die turk-mongolischen Länder an seiner Südwestgrenze, für China im Süden und schließlich für Japan, das ihm im Osten gegenüberliegt – und von dem man sicher sein kann, daß es wieder zu einer gewaltigen Militärmacht aufsteigen wird. Vom Besitz Sibiriens hängt die Zukunft der Welt – in erster Linie des benachbarten Europa – ab. Europa wird nur dann ein dauerhaftes wirtschaftliches und strategisches Fundament, mit anderen Worten eine Zukunft haben, wenn es sich seiner eurasischen Verlängerung sicher sein kann.

DIE WELT DER TÜRKEN

Die Definition Europas und die Buchreligionen

Rußland und Sibirien sind nur das erste Element dieser eurasischen Verlängerung. Das zweite ist die Türkei.

Ebensowenig wie im Nordosten sind die Grenzen Europas im Südosten klar erkennbar. Wenn man Europa nach der jüdisch-christlichen Tradition bestimmen will, so kommt man zu einer Definition, die die Amerikaner, die Australier und die Neuseeländer miteinbezieht, aber die Albaner und die Bosnier ausschließt. Es ist historisch absurd und verstößt moralisch gegen den Humanismus, einen Erdteil mit einer bestimmten Kultur gleichzusetzen.

Dieses Vorurteil beruht überdies auf einer dreifachen Fehleinschätzung. Es verkennt zunächst die Geschichte Europas selbst. Die Philosophie und die Naturwissenschaft der Moslems spielten eine gewichtige Rolle in Europas Entwicklung, denn durch sie wurde im Mittelalter das Wesentliche des antiken Erbes, vor allem die Philosophie und die Naturwissenschaft der Griechen, erhalten und an die Christen weitergegeben. Hatten die muslimischen Gelehrten diese kostbare Hinterlassenschaft bewahrt, dann nur deshalb, weil sie sich selbst als Schüler der Antike betrachteten, und zwar früher als das Abendland.

Das eben erwähnte Vorurteil verkennt außerdem das eigentliche Wesen unseres geistigen Erbes. Aus der Bibel sind nicht zwei, sondern drei religiöse Traditionen hervorgegangen: die jüdische, die christliche und die islamische. Es gibt nicht zwei, sondern drei Buchreligionen. Für die Europäer der Renaissance wie Jean Bodin oder Guillaume Postel war dies völlig klar; für den Lessing der Ringparabel ebenfalls. Goethe nahm den persischen Dichter Hafis zum Modell für seinen *West-östlichen Diwan*, in dem er am Schluß seine Leser dazu einlud, die Pracht der islamischen Dichtung zu entdecken; ihre Kenntnis sollte seiner Meinung nach die der griechischen und lateinischen Klassiker in der Kultur des modernen Europa ergänzen, welche nur so alle Seiten einer Tradition kennen würde, an die sie anknüpft.

Und schließlich beruht dieses Vorurteil besonders auf der Unkenntnis des türkischen Islam. Das Wesen der arabischen Welt ist durch den Islam bestimmt: er ist der grundsätzliche Ausdruck ihrer Kultur. Der schiitische Islam, der zutiefst zur iranischen Welt gehört, ist gleichfalls der Ausdruck ihres Wesens. Für die türkische Welt trifft dies jedoch keineswegs zu. Hier ist der Islam eine Religion fremden Ursprungs, die bloß angenommen wurde. Sie gehört nicht zur Definition der kulturellen Identität des Türkentums.

Das ist der Grund, warum dies der einzige muslimische Bereich ist, in dem das profane Leben streng vom religiösen Leben getrennt sein kann. Die Laizität des modernen türkischen Staates ist kein Zufall. Sie ist das Resultat einer langen Tradition, die in den Jahrhunderten des Mittelalters wurzelt, wo die von den Hochebenen der Mongolei gekommenen Türken zum Islam übertraten. Obwohl ihr Sultan im 16. Jahrhundert den Kalifentitel annahm, war er nie fanatisch in der Ausübung der neuen Religion. In der gesamten Geschichte des modernen Europa war das Osmanische Reich der einzige Staat außer den Niederlanden, in dem eine echte Toleranz herrschte. Die Toleranz der Osmanen, die ihr Reich zu einer Zufluchtsstätte zahlreicher Verfolgter werden ließ, war unendlich größer als die eines Königs von Spanien, der die Juden und die Mauren vertrieb, oder eines Königs von Frankreich, der das Edikt von Nantes widerrief. Die Freiheiten, die sich die Sultane gegenüber den Vorschriften des sunnitischen Islam ohne Bedenken herausnahmen, waren aufschlußreich: So zögerten sie nicht, das Verbot der Darstellung lebender Wesen zu mißachten und sich von den türkischen Miniaturisten oder von den an ihren Hof eingeladenen italienischen Künstlern porträtieren zu lassen.

Wenn die politische Kultur Europas eine echte Tradition besitzt, die keimhaft in der Teilung von weltlicher und geistlicher Herrschaft enthalten war und sich seit dem 18. Jahrhundert intensiv weiterentwickelt hat, so ist dies die Trennung von Kirche und Staat. Der Geist der türkischen Zivilisation entspricht genau dieser Tradition.

Die Definition Europas und das griechisch-lateinische Erbe

Manche versuchen, Europa auch nach der griechisch-lateinischen Tradition zu definieren. Sie glauben, auf diese Weise die Türkei ausklammern zu können. Dabei schließen sie sie vielmehr ein.

Die Christen sind der Ansicht, daß die Eroberung Konstantinopels durch die Türken im Jahr 1453 das Ende des Oströmischen Reiches bedeutet. In den Augen der Türken ist dem nicht so. Nach der Einnahme der Stadt nimmt der Sultan sogleich den Titel *kaysar-i-Rum,* „römischer Kaiser", an. Gewiß – der neue Kaiser war ein Moslem. Aber diese Tatsache, die die Christen als ungeheuerlich empfanden, hatte bei näherer Betrachtung nichts Anstößiges an sich. Auch Augustus war kein Christ. Wenn Karl der Große und später Otto der Große im Abendland und der byzantinische *basileus* im Orient sich mit einer von einem Heiden geschaffenen Würde schmücken konnten, obwohl sie Christen waren, so konnte ein Muselman ebensogut das gleiche tun. Dies schien dem Sultan auch ganz im Sinne der Geschichte zu sein, da sich ja der Islam seit Mohammed immer als Erfüllung des Christentums sah. Daß der Kaiser Ostroms Christ sein mußte, war eindeutig ein Vorurteil der Christen. Denn für die Türken ging das Oströmische Reich nicht 1453 unter, sondern am 1. November 1922 mit der Abschaffung des Sultanats und der Abdankung Mehmeds VI., der es als letzter innehatte.

Im übrigen müßte man hier noch weiter differenzieren: Daß der Kaiser Ostroms kein Muslim sein konnte, war ein Vorurteil der Christen Westeuropas. Die Christen Zentral- und Balkaneuropas hatten mehrmals eine andere Ansicht geäußert. Nach der 1402 erfolgten Schlacht von Ankara hatte nur die Loyalität der Serben dem Osmanischen Reich erlaubt, von Europa aus Kleinasien wiederzuerobern. Die Serben waren aber nicht die einzigen, die sich dem Sultan unterwarfen. Im Jahr 1513 huldigte ihm der Fürst von Rumänien, 1526 entschied sich die Mehrheit der Magnaten Ungarns und Siebenbürgens, vor die Wahl zwischen der Herrschaft der Habsburger oder der Osmanen gestellt, für den Sultan. Sie anerkannten so die Nachkommen Osmans als die echten Bewahrer der römischen Kaiserwürde.

Es handelt sich hier nicht um politische Spitzfindigkeiten. Es geht um kulturelle Realitäten. Die osmanische Zivilisation war zwar von ihrer mongolischen Abkunft geprägt, aber nicht weniger richtig ist es auch, daß die Kultur, die sie in Istanbul hervorgebracht hat, zum Großteil die Weiterführung der byzantinischen Kultur war. Es wurde schon erwähnt, wie sehr die osmanische Verwaltung bis in die kleinsten Einzelheiten ein Abbild der griechischen darstellte. Die Übernahme der byzantinischen Tradition durch die Osmanen ging übrigens weit über die Organisation des Reiches hinaus. Sie betraf die ganze Weite seiner Kultur – von der Musik bis zur Kochkunst. Über die Welt von Byzanz fand die osmanische Zivilisation aber auch Anschluß an die gesamte europäische Kultur. In der Architektur ist der Einfluß der Hagia Sophia auf die von den Sultanen erbauten großen Kuppelmoscheen bekannt. Gewöhnlich vergißt man jedoch zu erwähnen, daß diese Werke Zeitgenossen der großen italienischen Kuppelkirchen der Renaissance sind und daß sie die gleiche neuplatonische Weltanschauung ausdrücken. Die von Sinan erbauten Moscheen drücken in einer ähnlichen architektonischen Sprache dieselben Ansichten aus wie Bramantes Entwürfe für die Peterskirche in Rom, die allerdings nie zu Ende geführt wurden. Die vollendetsten Zeugen der neuplatonischen Architektur der europäischen Renaissance sind neben *Santa Maria della Consolazione* in Todi die Soliman-Moschee *(Süleymaniye)* in Istanbul und die Selim-Moschee *(Selimiye)* in Edirne.

Dies ist übrigens der Grund, weshalb so viele italienische Künstler die Reise in die Hauptstadt des neuen Cäsars unternahmen. Bellini ist der berühmteste von ihnen, und selbst Leonardo da Vinci schuf den ersten Entwurf einer Brücke über den Bosporus, diese grandiose Verbindung zwischen Ost und West, das Symbol des Osmanischen Reiches schlechthin.

Die moderne Türkei

Von ihrer Kultur her waren die Türken mindestens ebenso europäisiert wie die Russen asiatisiert waren.

Daher erfolgte ihre Integration in die westliche Zivilisation des 20. Jahrhunderts ohne Probleme. Die im Jahr 1923 ausgerufene Republik konnte bereits 1926 ein Zivilrecht nach Schweizer Vorbild, ein Strafrecht nach italienischem und ein Handelsrecht nach deutschem Muster einführen. Im selben Jahr wurde die Verpflichtung zur Zivilehe eingeführt, bereits im April 1928 die Trennung von Religion und Staat – die übrigens in den meisten Ländern des heutigen Europa immer noch nicht vollzogen ist –, im Dezember 1928 das lateinische Alphabet, 1934 das Frauenstimmrecht – mehr als zehn Jahre vor Frankreich. Damit waren die Grundlagen eines laizistischen und modernen Staates gelegt, was nur möglich war, weil die türkische Zivilisation seit dem 15. Jahrhundert unter ihrem islamischen Schleier zutiefst europäisch war. Turgut Özal, der diese Tatsache erkannte, war der erste Präsident der türkischen Republik, der sich von der offiziellen Ideologie abwandte, die bei deren Gründung Pate gestanden war, und der erklärte, die modernen Türken seien die wahren Erben von Byzanz.

Daher liegt es in der geopolitischen Natur der Dinge, daß dieses Volk, das wie alle Bewohner Anatoliens seit der Antike nach Westen blickt, sich mit Nachdruck seit 1959 um seine Aufnahme in die Europäische Gemeinschaft bewirbt.

Das Bollwerk Europas

Es liegt ebenso in der geopolitischen Natur der Dinge, daß Europa diese Bewerbung annimmt. Bainville nannte die Türkei „einen der wichtigsten Plätze der Welt". Dieser Ausspruch ist keineswegs übertrieben. Eine Aufnahme der Türkei in die Europäische Gemeinschaft ist für den Kontinent von größter Bedeutung.

Zunächst ist die Türkei ein vollwertiger europäischer Staat. Als Besitzerin von Ostthrakien hat sie auf dem Balkan ein

Machtwort zu sprechen. Die bedeutende militärische Präsenz an ihrer Westgrenze dämpft den Eifer derer, die in Bulgarien, in Serbien und sogar in Griechenland die politische Karte der Region umgestalten möchten. Wenn dort noch eine gewisse Ruhe herrscht, so ist sie den Streitkräften Ankaras zu verdanken, deren Rückzug eine Entfesselung von Gewalt bedeuten würde, gegen die der Krieg in Ex-Jugoslawien ein harmloses Vorspiel wäre. Der Schlüssel zum Balkan befindet sich in Ankara.

Aber nicht nur zum Balkan. Durch ihre Lage kontrolliert die Türkei die ganze Südseite des Gebietes, das von den drei ost-slawischen Republiken Weißrußland, Rußland und Ukraine ge-bildet wird. Die politische Zukunft und die mögliche strategische Entwicklung dieser Länder sind noch unklar. Im Augenblick erscheinen ihre Absichten gegenüber Europa nicht übermäßig feindlich. Um sie in dieser günstigen Stimmung zu halten, wäre es wohl notwendig, daß die Türkei ihr Schicksal an Europa bindet. Mit ihrer nördlichen Küste liegt die Türkei der Ukraine gegenüber und überwacht die Bewegung aller Schiffe auf dem Schwarzen Meer. Mit dem Bosporus und den Dardanellen riegelt sie den Zugang zum Mittelmeer ab.

Die Türkei beherrscht aber nicht nur den nordöstlichen Zu-gang zum Mittelmeer. Mit ihrer Südküste kontrolliert sie alle Bewegungen im Ostmittelmeer und kann dort sofort eingreifen. Von ihrer Westküste her gebietet sie gemeinsam mit Griechen-land über die Ägäis. So wie sich die Interessen Griechenlands und der Türkei an einem Frieden auf dem Balkan im allgemeinen und an der Erhaltung des Status quo in Mazedonien im Grunde decken, so stellt auch das Ägäische Meer für beide Länder ein vitales Interesse dar, weil ein Angriff von dort aus schwerwie-gende Folgen für sie hätte. Ihre gemeinsame Sicherheit kann nur durch eine enge Zusammenarbeit gewährleistet werden. Wenn es nur ein Land gäbe, das für die Bindung der Türkei an Europa plädieren sollte, so wäre es Griechenland.

Anatolien schließlich ist der Ausläufer Europas zum Nahen Osten hin. Durch seine Staudämme am Euphrat und am Tigris wird es zum Beherrscher der Gewässer dieser ganzen Region. Syrien und Irak werden von ihm abhängig sein. An seiner Grenze zum Iran werden die Unternehmungen dieses Landes immer durch die türkische Präsenz in Schranken gehalten werden. Mindestens so wie auf dem Balkan ist die Türkei auch im Nahen Osten, dessen Bedeutung und Krisenanfälligkeit nicht ausdrücklich erwähnt werden müssen, ein wichtiger Stabilisierungsfaktor. Das ist einem nicht recht bewußt, weil die Türkei immer dieser ihrer Rolle genügt hat. Sollte dies jedoch einmal nicht der Fall sein, so würde sich zeigen, welches Chaos dann losbrechen würde.

Das Vorfeld des turanischen Raumes

Nicht nur auf dem Balkan und im Nahen Osten spielt die Türkei die Rolle eines Stabilisators. Die Auflösung des sowjetischen Imperiums teilt ihr eine noch weit größere Aufgabe zu. Die turk-mongolischen Republiken – der dritte Kreis des Imperiums also – haben sich unumkehrbar von ihm gelöst. Neben dem sunnitischen Tadschikistan, in dem eine persische Mundart gesprochen wird, und neben dem schiitischen Aserbaidschan, in dem man türkisch spricht, stellen Kasachstan, Usbekistan, Turkmenistan und Kirgisien nur administrative Unterteilungen dar, die Moskau 1924 dem ehemaligen russischen Turkestan aufgezwungen hat. Dieses Land, dessen Großteil im Krieg gegen China erobert worden war, war nur die westliche Hälfte ganz Turkestans[2]; seine östliche Hälfte, die unter dem Namen Sinkiang bekannt ist, war unter der Herrschaft Pekings geblieben. Doch der turk-mongolische Raum endet hier noch nicht: Er erstreckt sich über den Altai hinaus zur Mongolei hin, die sich nach dem Ende des Sowjetreiches ebenfalls auf den Weg in die Unabhängigkeit begab. Diese Länder sind Bruchstücke des ungeheuren Reiches der nomadischen Mongolen, die von ihren chinesischen und russischen Nachbarn nach jahrhundertelangen Kämpfen gewaltsam seßhaft gemacht und zersplittert wurden. Es war das „turanische" Reich, nach dem persischen Begriff „Turan" benannt, der die nördlich vom „Iran" lebenden Völker bezeichnete. Die Träume von einem Wiedererstehen eines panturanischen oder pantürkischen Reiches hatten um die Jahrhundertwende gar manche Köpfe in Begeisterung versetzt. In der vergeblichen Hoffnung, es zum Zeitpunkt der Auflösung des Zarenreiches wieder zu errichten, fand Enver Pascha mit gezogenem Säbel den Tod in den Schneestürmen der turkmenischen Ebene. Sein pragmatisch denkender Rivale Atatürk hatte offenbar derlei Träumen abgeschworen, um sich der Schaffung der eigentlichen Türkei zu widmen. Dennoch hatte er gegen Ende seines Lebens zur Überraschung seiner Zuhörer die Wiedergeburt Turaniens vorausgesagt: „Eines Tages wird die Welt mit Staunen sehen, wie dieses unsichtbare Reich, das noch im Schoße Asiens ruht, aus dem Schlaf erwacht und sich in Bewegung setzt."[3] Die Erfüllung dieser Prophezeiung vollzieht sich vor unseren Augen. Sie wird ein Hauptmerkmal des anbrechenden Jahrtausends sein.

Die pantürkische Welt ist der dritte Islam. Bis jetzt gab es zwei islamische Pole im Nahen und im Mittleren Orient: die sunnitischen arabischen Länder und den schiitischen Iran. Aus den Trümmern des russischen Imperiums kristallisiert sich ein dritter Pol heraus: das sunnitische Turanien. Aber im Gegensatz zu den beiden anderen ist die Religion nicht das Wesen seiner kulturellen Identität. Wegen dieser Besonderheit, die in der Türkei die Trennung von Staat und Religion ermöglichte, konnte Westturkestan mehr als ein halbes Jahrhundert lang zur Sowjetunion gehören, die die strikte Trennung zwischen Geistlichem und Weltlichem verlangte. Wenn man sieht, wie sich die Völker Turkestans dem Islam zuwenden, so ist der Grund dafür derselbe, der die Bevölkerung Osteuropas wieder ihrer kirchlichen – katholischen oder orthodoxen – Hierarchie zuführt: nämlich das Versagen des Sozialismus, der als Ideologie durch den Liberalismus nicht ersetzt werden kann. Dieses Phänomen bedeutet aber keineswegs, daß die turk-mongolische Welt den Islam als Ausdruck ihres innersten Wesens betrachtet. Der Beweis dafür wird von der Äußeren Mongolei geliefert, die den Islam absolut nicht braucht, um ihre nationale Identität zu behaupten.

Aus diesen Gründen ist Westturkestan im Augenblick Gegenstand einer ungeheuren Kraftprobe. Auf der einen Seite steht die Türkei, der sich die zentralasiatischen Turk-Mongolen zuwenden, weil sie Kultur und Sprache mit ihr gemeinsam haben, und auf der anderen Seite sucht der Iran als Vorkämpfer des Islam die Völker Turkestans in seine Einflußsphäre zu ziehen. Der Iran hat in diesem Spiel zwei entscheidende Schwächen. Erstens ist Turkestan außer dem kleinen Tadschikistan fast zur Gänze türksprachig; und zweitens ist es mit Ausnahme von Aserbaidschan einheitlich sunnitisch. Von vornherein also würde sich die Waagschale eindeutig zugunsten der Türkei senken.

Aber damit das westliche Modell, das die Türkei den Völkern Turkestans bietet, auch von diesen angenommen wird, fehlt ihr das letzte und entscheidende Argument: ihre Annahme durch den Westen auf der Basis völliger Gleichheit, konkret, ihre Aufnahme in die Europäische Union. Dies ist die Schwierigkeit, mit der die türkischen Diplomaten in Alma-Ata, in Taschkent oder in Aschchabad zu kämpfen haben. Daher hätte die Abweisung der Türkei durch Europa Auswirkungen von weltweiter Bedeutung. Diese Abweisung würde die Republiken Turkestans davon überzeugen, daß der Weg, den die Türkei seit 1923 eingeschlagen hat, eine schlechte Wahl war, und sie würden sich den Gegnern der westlichen Zivilisation zuwenden. Eine solche Reaktion könnte nur zu leicht erfolgen: In den Augen Turkestans ist der Westen der Slawe, dem es die demütigende Kolonisierung und den Ruin seiner Wirtschaft verdankt. Für Turkestan wäre der Iran übrigens nicht die einzig mögliche Wahl, denn China, dem die Russen den Großteil Turkestans entrissen hatten, hat niemals seine Ansprüche auf diese Region aufgegeben. Sein Ziel war immer und ist immer noch die Wiedervereinigung von West- und Ostturkestan unter seiner Ägide. Das vergißt man leicht, denn seit dem Zerfall des Sowjetreiches schweigt Peking beharrlich. Dieses große, so unendlich östliche Schweigen ist – an der Wende zum nächsten Jahrtausend – ein politischer Akt von höchster Bedeutung.

Wenn man bedenkt, daß die Gesamtheit dieser Völker 57,5 Millionen Menschen umfaßt, deren jährlicher Zuwachs zwischen 1,1 Prozent in Kasachstan und 7,5 Prozent in Turkmenistan beträgt[4], und wenn man in Betracht zieht, daß Kasachstan eine Atommacht ist, so kann man ermessen, um welchen Einsatz hier gespielt wird.

Die Alternative

Die Alternative ist klar. Bisher war die Türkei jedesmal, wenn sie von Europa zurückgewiesen wurde, zwei Versuchungen ausgeliefert: sich an Rußland anzunähern – dies tat sie noch 1990 nach der Ablehnung ihres Beitrittsgesuchs zur Europäischen Gemeinschaft – oder sich wieder auf den Islam auszurichten. Jetzt hat sie zusätzlich noch eine dritte Möglichkeit: zum Vorfeld eines Turanien zu werden, das dem Westen im allgemeinen und Europa im besonderen feindlich gegenüberstünde. Übrigens schließen diese drei politischen Möglichkeiten einander nicht aus: Die Türkei kann sehr wohl ein Bündnis mit einem Rußland eingehen, das sich wieder als Großmacht zu behaupten versucht; es kann sich den arabischen Ländern nähern, die dem Westen nicht besonders gewogen sind, und es kann sich mit der panturanischen Welt vereinigen, die in Zentralasien entsteht. Man wird begreifen, wie teuer ein solcher Umschwung von seiten der Beherrscherin des östlichen Mittelmeeres, die noch dazu eine Balkanmacht ist, Europa kommen könnte. Die Europäische Gemeinschaft hatte 1987 errechnet, daß der Beitritt der Türkei eine Verdoppelung des Strukturfonds erfordern würde. Wenn man diese Berechnung heute anstellte, würde man wahrscheinlich auf geringere Beträge kommen. Aber wie hoch der Preis auch sein möge, er wäre jedenfalls immer noch niedrig im Vergleich zu dem, was früher oder später die Abwehr Turaniens kosten würde. Die derzeitige Ahnungslosigkeit in Europa ist nur mit der zu vergleichen, mit der es gegenüber dem Iran vor dem Sturz des Schahs reagierte.

Die zweite Eventualität der Alternative sieht das genaue Gegenteil vor. Die Bevölkerung der Türkei, die etwas über 35 Millionen im Jahr 1970 betrug, hat 1990 bereits 56 Millionen überschritten. Trotz ihrer spektakulären wirtschaftlichen Entwicklung gelingt es ihr kaum, eine so große Zahl von Menschen zu ernähren. Die Unterstützung, die der Beitritt zur Europäischen Union der Türkei bringen würde, könnte ihr den entscheidenden wirtschaftlichen Fortschritt ermöglichen, der den Lebensstandard bedeutend erhöhen und dadurch die Bevölkerungsexplosion eindämmen würde. Diese beiden Folgen eines Beitritts wären ihrerseits Mittel zur Beilegung der Kurdenfrage – die ja zu einem sehr großen Teil ein dramatisches Problem der Armut ist – und dadurch zur Stabilisierung des inneren politischen Lebens des Landes. Außerdem würde der Einzug der Türkei in die Europäische Union eine Hilfe zur Lösung der Zypernkrise sein, und schließlich würde die Türkei als Vorposten Turkestans das Bindeglied zwischen diesem und Europa bilden und dadurch zur Herstellung einer Art Sicherheitsgürtel zwischen Sibirien im Norden und dem iranischen und chinesischen Raum im Süden beitragen.

Die Türkei liegt am Scheideweg der Alten Welt. Im Westen blickt sie zum europäischen, im Norden zum russischen, im Süden zum arabischen und im Osten zum turanischen Raum. Sie darf nicht zum Kreuzungspunkt dreier feindlicher Welten werden, sozusagen zum Keil, der in Europa hineingetrieben wird. Für Europa ist es wesentlich, daß sie sein Bollwerk und seine Verlängerung nach Zentralasien wird.

Die geopolitischen Erfordernisse haben die Eigentümlichkeit, daß sie konstant bleiben. Wie in der Antike müssen die Grenzen Europas zum Orient hinter Anatolien liegen, da, wo Hadrian in seiner Weisheit die Grenzen des Römischen Reiches festgesetzt hatte. Ebenso wie nach Nordosten kann das Überleben Europas nach Südosten nur durch die Bildung Eurasiens gesichert werden.

SCHLUSSWORT

Unsere Zeit ist vielleicht das einzige,
wofür wir mit Sicherheit Verantwortung
zu tragen haben.

Edmund BURKE

Die Geopolitik ist nichts anderes als eine von den Zwängen der Geographie geforderte Politik. Es bestehen keine Zweifel daran, welche für Europa richtig ist.

Die politische Zersplitterung Zentraleuropas gebietet, daß man es neu strukturiert, um dort ein Gleichgewicht herzustellen, das wiederum das Gleichgewicht Gesamteuropas ermöglicht. Seine Lage an den Meeren verlangt für seine Versorgung wie für seine Sicherheit die Hoheit über seine Küstengebiete und die Kontrolle über die Meere, die es umgeben. Sein kontinentaler Charakter erfordert andererseits seine Verlängerung durch Eurasien: im Nordosten durch Abkommen mit dem ostslawischen Raum als Pforte zu Sibirien, im Südosten durch die Hereinnahme der Türkei als Verbindung zu Westturkestan.

Diese Gebote, die die Geographie Europa auferlegt, sind rein geistiger Natur. Sie haben nichts mit materiellen Zwängen zu tun. Es ist nur die Frage, ob Europa genug Klarsicht besitzt, sie zu erkennen, und über den nötigen Mut verfügt, sie in die Tat umzusetzen. Die Herausforderung, die Europa anzunehmen hat, ist eine geistige und eine moralische.

Die Zivilisationen bestimmen immer selbst über ihr Schicksal. Das Urteil, das über sie gefällt wird, sprechen sie sich selber. Daher ist es immer gerecht. Hegel hat diesem Gedanken die endgültige Formulierung gegeben: *Die Weltgeschichte ist das Weltgericht.*

Um diese Herausforderung zu bestehen, verfügen die Menschen nur über ihren Verstand und ihren Charakter. Wenn die europäischen Politiker in diesem Sinne Staatsmänner sein wollen, die ihrer Aufgabe gewachsen sind, so wären sie gut beraten, die moralischen Gebote zu beachten, von denen die Protagonisten des „Umsturzes der Bündnisse" im Jahr 1756 inspiriert waren; denn der geistige und politische Umbruch von damals ist vergleichbar mit dem, den wir jetzt erleben. Bevor Choiseul nach Wien reiste, wo er die neue politische Linie in die Tat umsetzen sollte, hatte ihm Kardinal de Bernis am Schluß seiner Instruktionen folgenden Rat gegeben: „Man muß mit allem rechnen, darf aber nicht alles befürchten." Dieser Lektion in Klarsicht und Selbstbeherrschung auf französischer Seite entsprach auf österreichischer Seite eine Lektion in geistiger und moralischer Kühnheit, die der Architekt dieses politischen Umbruchs, Staatskanzler Kaunitz, so formulierte: „Vieles wird nicht gewagt, weil es schwer erscheint; vieles erscheint nur darum schwer, weil es nicht gewagt wird."

ANMERKUNGEN

KAPITEL I

1 Vgl. *Le mythe de l'éternel retour. Archétypes et répétition,* Paris 1969, Kap. IV: *„La terreur de l'histoire",* wo Mircea Eliade anmerkt: „Wir möchten außerdem unterstreichen, daß der ‚Historizismus' vor allem von Denkern geschaffen und verkündet wurde, die Völkern angehörten, für die die Geschichte niemals einen *unaufhörlichen Schrecken* darstellte. Diese Denker hätten vielleicht einen anderen Blickwinkel gewählt, wenn sie Völkern angehört hätten, die von der ‚Fatalität der Geschichte' gezeichnet sind. Es wäre jedenfalls interessant zu wissen, ob die Theorie, nach der alles, was geschieht, ‚gut' ist, nur weil es geschehen ist, leichten Herzens von Denkern des Baltikums, des Balkan oder der Kolonien angenommen worden wäre" (S. 176, Anm. 7).

2 Zu einer neueren Aktualisierung vgl. den Artikel von Régis Boyer *Baltes. Mythes et catégories religieuses,* in: Yves Bonnefoy (Hrsg.), *Dictionnaire des mythologies et des religions des sociétés traditionnelles et du monde antique,* Paris 1981, I, S. 121f.

3 *La civilisation de l'Occident médiéval,* Paris 1964 , S. 73. Das Bündnis zwischen Deutschen und Ungarn wird durch das Einschreiten des ostfränkischen Königs im Jahr 892 zur Befreiung eines ungarischen Kontingents, das von Mährern eingeschlossen war, bewiesen.

4 Eutropius bekräftigt das in seinem *Breviarium historiae romanae,* indem er von Trajan schreibt: „Ex toto orbe romano infinitas eo copias hominum transtulerat ad agros et urbes colendos" (VIII,3). Die Epigraphik bestätigt es: „Die in der Gegend vorgefundenen Votivinschriften zu Ehren von Isis, Horus, des Jupiter von Heliopolis zeigen die Anwesenheit von Ägyptern; Afrikaner widmeten Inschriften der *Dea Cælestis* von Carthago; Jupiter von Comagene, Jupiter von Prusias verraten das Vorhandensein von Phrygiern; Jupiter von Tavia jenes von Galatern; Nehalenia das von Galliern oder Germanen. Anderswo finden sich Spuren von Palmyrenern, von Dalmaten und Kariern." Es gab offensichtlich auch Latiner, und alle diese Kolonisten verständigten sich untereinander in „der lateinischen Sprache (natürlich in der *latina rustica)"* (Alfred Rambaud, *L'Europe du Sud-Est pendant la période des croisades [1095–1261]* in: E. Lavisse & A. Rambaud [Hrsg.], *Histoire générale du IVᵉ siècle à nos jours,* II, Paris 1893, Kap. XV, S. 830, Anm. 2). „Was den Namen der *Walachen* betrifft, so geben ihn die Slawen *(Vloch)* und die Deutschen *(Welsche, Wallonen)* den romanischen Völkern: es handelt sich um eine Form des Wortes *Gall,* Gallier" (ebd., Anm. 1).

5 Zu diesem Adel führt Ernest Denis aus: „Die Informationen, die wir über die politischen Institutionen Polens zur Zeit Bolesław haben, sind praktisch gleich null. Indessen kann man sagen, daß er dadurch, daß er Polen und Deutschland zu Gegnern machte, die gesamte künftige verfassungsmäßige Entwicklung des

Landes bestimmte. Es wäre in der Tat ein Irrtum, in der raschen Entwicklung des polnischen Adels einen Beweis für den Einfluß deutscher Institutionen zu sehen; in Wirklichkeit drang das Feudalsystem erst sehr spät in Polen ein und hatte hier nur geringen Erfolg. Der Adel war national und *allodial*, und seine Entfaltung führte zur Entwicklung von Nationalversammlungen, zur Organisation einer parlamentarischen Regierungsform noch früher als in England; sie findet in Europa eine Entsprechung nur im Regierungssystem Ungarns" *(L'Europe orientale: Slaves, Lithuaniens, Hongrois. Depuis les origines jusqu'à la fin du XIᵉ siècle,* in: E. Lavisse & A. Rambaud [Hrsg.], *op. cit.,* I, Paris 1894, Kap. XIV, S. 727).

6 Zum Briefwechsel zwischen Johannitsa und dem Papst, an den dieser sich gewendet hatte, betont Alfred Rambaud, daß dieser „höchst merkwürdig ist. Innozenz III. erklärt, erfahren zu haben, daß Johannitsas Vorfahren ,erhabenem römischem Geschlecht' entstammten. Johannitsa spielt auf diese Abstammung von den Römern an, obwohl er zugleich ,seine Ahnen seligen Angedenkens, die bulgarischen Kaiser Symeon, Petrus, Samuel', rühmt: *in memoriam sanguinis et patriae nostrae, a qua descendimus."* Gegen die Slawisten, welche die Bulgaren zu den Gründern des walacho-bulgarischen Reiches machen möchten, hält Rambaud fest: „Nicetas bringt ein entscheidendes Beispiel; er erzählt, daß ein in Gefangenschaft geratener Priester vor Asen geführt wurde: ,*Da er walachisch sprach,* warf er sich zu seinen Füßen nieder und flehte um Vergebung.' Es scheint also, daß das Rumänische die Muttersprache der Asen-Familie war. In der Folge hat sich die Dynastie *bulgarisiert,* da die Mehrzahl ihrer Untertanen Bulgaren waren" *(op. cit., s. o. Anm. 4,* S. 838).

7 Den treffendsten Kommentar zur Goldenen Bulle von 1222, die bis 1919 die Grundlage des Staatsrechtes in Ungarn darstellte, verdanken wir Ernest Denis: „Die Magyaren rühmen sich gerne, als erste das parlamentarische Regime auf dem europäischen Kontinent eingeführt zu haben, und vergleichen die Goldene Bulle mit der Magna Charta Englands. Nicht ohne Grund: Die Goldene Bulle verkündet ebenso wie die Magna Charta die wesentlichen Grundsätze der modernen Regierungen, Freiheit des Individuums, Entscheidung über Steuern und Truppenstärke, regelmäßiges Zusammentreten der Landtage, Ministerverantwortung,. Recht auf Widerstand gegen den Herrscher, wenn dieser die Verfassung verletzt. Doch das sind nicht die wichtigsten Artikel der Bulle. Mehr noch als gegen die – ziemlich ungefährlichen – Übergriffe des Fürsten zielte sie auf die anmaßenden Forderungen des Hochadels, und der größte Vorteil, den Ungarn aus ihr zog, war eben die Aufrechterhaltung eines sehr zahlreichen Kleinadels, der, eifersüchtig auf seine Rechte bedacht und auch imstande, diese zu verteidigen, gefinkelt im Geschäftsleben, streitbar und prozeßsüchtig, zu einer der wertvollsten menschlichen Ressourcen der Nation wurde und der Tyrannei wie auch den Feindesangriffen unüberwindlichen Widerstand entgegensetzte.
Leider – und hier unterscheidet sich die Geschichte Ungarns von der Englands – verstand es dieser Kleinadel, wenn er seinen Rechten die gebührende Achtung verschaffte, jedoch nicht, die Rechte der Masse des Volkes zu achten. Die Bauern wurden zu härtester Knechtschaft gezwungen. Ungarn kannte keine Gemeinden und kein Bürgertum. Nicht, daß es keine Bürger gegeben hätte, aber das waren Ausländer, deren Herkunft allein schon ihre Einmischung verdächtig erscheinen ließ; sie selbst betrachteten sich nie als Söhne des Landes und kümmerten sich weniger um das Wohl des Königreiches als darum, sich eine privilegierte Stellung zu verschaffen" *(L'Europe de l'Est. Slaves, Lithuaniens, Hongrois. Du milieu du XIᵉ siècle à la fin du XIIIᵉ siècle,* in: E. Lavisse & A. Rambaud, *op. cit.,* II, Paris 1893, Kap. XIV, S. 793 f.).

8 Das letzte Zeugnis vom Überleben einiger baltischer Adeliger in Preußen besteht in der Übersetzung des Luther-Katechismus (1545, 1547 und 1561) und der Evangelien (1579) in ihre Sprache.

9 Wenn man von dem Zwischenspiel mit Heinrich VII. absieht, der 1312 gewählt wurde, aber schon 1313 starb, so dauert es bis 1355, bis die Kaiserwürde wiederhergestellt wird.

10 Nach dem Tod von Friedrich streiten sein Sohn Konrad († 1254) und Wilhelm von Holland († 1256) um die Krone: Keiner von beiden wird tatsächlich von Deutschland anerkannt. Erst 1273 erhält eine Königswahl wieder die allgemeine Zustimmung.

11 Edouard Perroy betont den „nationalen Charakter" der durch Jan Hus verkörperten „spirituellen Erweckung Böhmens. Trotz des Konflikts, der in Deutschland zwischen Papst und Kaiser herrschte, stimmte die katholische Kirche in Böhmen mit der kaiserlichen Macht überein, um dort die deutsche Herrschaft über die Slawen zu sichern. Die Goldene Bulle von 1356 hatte die Unabhängigkeit und die Souveränität Böhmens begründet; aber die allmähliche, von Karl IV. nur für kurze Zeit eingedämmte deutsche Infiltration setzte sich in unaufhörlichem Vormarsch weiter fort in den großen Städten, wo die deutschen Kaufleute große Vermögen besaßen, auf dem Land, in allen Randgebieten des Vierecks [...]; sie verschärfte den Konflikt der Volksgruppen und der Sprachen. Der Haß der Tschechen gegen den Eindringling dehnte sich auf die römische Kirche als dessen Komplizen aus; es ärgerte sie, daß die Deutschen in den Universitätsversammlungen mit einem Stimmenverhältnis von drei zu eins die Mehrheit über sie besaßen" (H. Pirenne, A. Renaudet, E. Perroy, M. Handelsman, L. Halphen, *La fin du Moyen-Age. La désagrégation du monde médiéval [1285–1453]* [Peuples et Civilisations, VII, 1], Paris 1931, S. 333). Das von Jan Hus inspirierte Organisationsedikt der Prager Universität verkündete ohne Umschweife: „Die Böhmen müssen die ersten sein im Königreich Böhmen, wie die Franzosen im Königreich Frankreich oder die Deutschen in Deutschland" (zitiert in: E. Perroy, *Le Moyen-Age. L'expansion de l'Orient et la naissance de la civilisation occidentale* [Histoire générale des civilisations, III], Paris 1967, S. 410).

12 Vgl. zu diesem Thema Ernest Denis, der, nachdem er auf den „manichäischen Glauben [...]" hingewiesen hatte, „der alle materiellen Wesen als Schöpfung des Bösen darstellt", 1894 meint, „man könnte [diesen] auch heute noch in gewissen russischen Sekten wiedererkennen" (*op. cit. [s. o., Anm. 5]*, S. 734).

KAPITEL II

1 René Grousset, George Deniker, *La Face de l'Asie*, Paris 1962, S. 57f.

2 *Avgerii Gislenii Bvsbeqvii D. Legationis Turcicae Epistolae IV [...], Hanoviae, [...] M.DC.XXIX.* Sie sind nicht die einzigen. Im 17. Jahrhundert liefert der englische Botschaftssekretär Ricaut die bewundernswerteste – und bewunderndste – Beschreibung. Die englische Ausgabe von 1668 erscheint bereits 1670 auf französisch unter dem Titel *Histoire de l'Etat Present de l'Empire Ottoman (Geschichte des gegenwärtigen Zustands des Osmanischen Reiches: Enthaltend die politischen Maximen der Türken; Die Hauptpunkte der mahometanischen Religion, ihre Sekten, ihre Irrlehren und die verschiedenen Arten von Orden; Ihre militärische Disziplin, mit einer genauen Berechnung ihrer Land- und Seestreitkräfte und der Staatseinnahmen. Übersetzt aus dem Englischen des Herrn Ricaut, Esquire, Sekretär des Herrn Grafen von Wincelsey,*

außerordentlicher Gesandter des Königs von England Charles II. beim Sultan Mahomet Han. Dem Vierten dieses Namens, welcher derzeit regiert: Durch Monsieur Briot. Amsterdam, bei Abraham Wolfgank. MDCLXX).

3 Λ.-D. Xénopol, *Les Roumains; leurs luttes contre les Turcs (1290–1513),* in: E. Lavisse & A. Rambaud (Hrsg.), *op. cit.,* III, Paris 1894, Kap. XVII, S. 884.

4 Selim hatte sich zwar schon bei seinem Feldzug gegen die Perser mit diesem Titel geschmückt; er deutete damit an, daß er den in seinen Augen wahren muslimischen Glauben, nämlich den sunnitischen, gegen die schiitischen Perser verteidigte.

5 Diese Bezeichnung, die „Kreuzritter" bedeutet, hatten die gegen die Zentralgewalt revoltierenden Ungarn im Bürgerkrieg von 1514 angenommen; die Rebellen gegen Habsburg haben diesen Namen dann übernommen.

6 Jean Bérenger, *Histoire de l'Empire des Habsbourg, 1273–1918,* Paris 1990, S. 175.

7 Henri Hauser & Augustin Renaudet, *Les débuts de l'âge moderne. La Renaissance et la Réforme* (Peuples et civilisations, VIII), Paris 1938, S. 400.

8 Näheres über diese Auslegung und ihren Einfluß siehe P. Béhar, *Silesia Tragica,* Wiesbaden 1988, I, S. 286ff. und 306ff.

9 Mehmed II. hatte die aus dem 14. Jahrhundert stammende Organisation des Reiches systematisch geordnet, indem er das *Gesetzbuch* oder *Kanun Name* herausgab. Soliman hatte dieses überarbeitet und überdies das *Gesetzbuch für die Untertanen* oder *Kanun Re'aya* verfassen lassen. Diese Systematisierung der ursprünglich mongolischen Gesetze läßt deutlich den byzantinischen Einfluß spüren: „Die Türken brauchten dem byzantinischen Vokabular nur die unterwürfigsten Formulierungen zu entnehmen. Der Sultan ist – wie der Basileus – der ‚Herr der Welt'. Für ihn gibt es im ganzen Reich nur Sklaven (*kul*), so wie es für den Basileus nur *duloi* gab. [...] Zweifellos konnten die Türken für die Organisation ihres Reiches viel von den Höfen von Bagdad, von Karakorum, von Peking übernehmen: Mehr Anleihen aber machten sie beim griechischen Kaisertum. Nichts erinnert mehr an die beiden *Domestikoi der Scholen* des Ostens und des Westens als die beiden *Beylerbey* von Anatolien und Rumelien; dem *Megas Domestikos* entspricht der *Großwesir;* dem *Megas Dux* der *Kapudanpascha;* dem *Großlogotheten* der *Re'is efendi;* den anderen *Logotheten* die *Defterdar;* dem *Krites tu phossatu* der *Kadi'asker.* [...] Was war das Antritts-*Bakschisch* für die Janitscharen anderes als das römische *donativum?* Der Sultan stellte *hatti-scherif* und *hatti-humaiun* aus wie sein christlicher Vorgänger *Chrysobulloi* ausgegeben hatte, ebenfalls in Gold-, Purpur- oder azurblauen Lettern. Ebenso wie die römischen Kaiser nach großen Siegen ihren Verbündeten und ihren Vasallen ihre *litterae laureatae* übersandt hatten, so verkündet der Sultan durch *Siegesbriefe* die Eroberung Ägyptens oder die Einnahme von Rhodos. In den Provinzen bestand kein großer Unterschied zwischen dem byzantinischen *Thema* und dem osmanischen *Sandschak,* zwischen dem *Strategos* des Themas und dem *Bey* des Sandschak: unter anderen Namen lassen sich die *Kleisurarchen, Turmarchen,* der *Komes* oder der *Dux* der byzantinischen Ära wiederfinden. Die *timar* und *ze'amet,* Lehen der *sîpahîs,* entsprechen den Lehen der byzantinischen *Stratiotai.*" (A. Rambaud, *L'empire ottoman. L'apogée [1481–1566],* in: E. Lavisse & A. Rambaud, *op. cit.,* IV, Paris 1894, S. 750f.)

10 „Nihil rerum mortalium tam instabile ac fluxum est quam fama potentiae non sua vi nixae" *(Annales, XIII, 19).*

11 Zu dem wichtigen Zusammenhang zwischen Nationalität und Religion im 16. Jahrhundert siehe P. Béhar, *Du Ier au IVe Reich*, Paris 1990, S. 33–58 und S. 179f., Anm. 16.

12 Nicoară Beldiceanu betont, daß „der Sultan kein Interesse an der Bekehrung der christlichen Massen hatte, weil der Übertritt zum Islam die Einstellung der Steuerzahlung von 25 Asper pro christlichem Bauer *(ispence)* sowie der Kopfsteuer bedeutete. Im 15. Jahrhundert betrug die Summe der beiden Steuern zumindest zwei Goldstücke (7,14 g). […] Im Jahr 1500 zählte das Reich 894.432 christliche Haushalte: die Pforte konnte nicht auf etwa 2800 kg Gold jährlich verzichten …" (*L'organisation de l'empire ottoman [XIVe – XVe siècles]*, in: Robert Mantran [Hrsg.], *Histoire de l'empire ottoman*, Paris 1989, Kap. IV, S. 136).

13 Vgl. Pierre Chaunu, *La civilisation de l'Europe classique*, Paris 1966, S. 35, 180f. und Grafik. Zu den Einzelheiten der Verluste vgl. G. Franz, *Der dreißigjährige Krieg und das deutsche Volk,* Stuttgart 1961.

14 Was die verschiedenen Aspekte der Kultur in den Ländern des Hauses Österreich im 16. und 17. Jahrhundert anbelangt, so empfiehlt sich die Lektüre der meisterlichen Studie von Robert J. W. Evans, *The Making of the Habsburg Monarchy, 1550–1700. An Interpretation,* Oxford 1979.

15 Kotschi Bey *(Koçi Beğ)*, gest. gegen 1650, Rat des Sultans Murad IV. (1623 bis 1640), ist der Verfasser einer *Risale,* in der er die Belastungen im Reich beklagt. Er schreibt unter anderem: „Statt 40 oder 50 Asper je Haus werden heute 240 pro Kopf eingehoben; statt 40 Asper indirekter Steuern, 300; statt eines halben Asper pro Schaf, 7 oder 8. […] Mit einem Wort, niemals hat man ein derartiges Maß an Steuerdruck und Ausbeutung erlebt, in keinem Land, in keinem Staat der Welt" (zitiert in: A. Rambaud, *L'Empire ottoman. Premiers symptômes de décadence,* in E. Lavisse & A. Rambaud, *op. cit.,* V, Paris 1895, S. 883).

16 Zur inneren Entwicklung des osmanischen Reiches vom 17. zum 18. Jahrhundert siehe Robert Mantran, *L'Etat ottoman au XVIIe siècle: stabilisation ou déclin?,* und Gilles Veinstein, *Les provinces balkaniques (1606–1774),* bzw. die Kapitel VII und IX in R. Mantran (Hrsg.), *Histoire de l'empire ottoman,* Paris 1989 (S. 227–264 und 287–340).

KAPITEL III

1 *Austriae Est Imperare Orbi Universo* („Alles Erdreich ist Österreich untertan").

2 Die genaue Aufstellung der Truppenkontingente nach den im türkischen Lager gefundenen Truppeninspektionslisten findet sich bei Joseph von Hammer-Purgstall, *Geschichte des osmanischen Reiches,* VI, Nachdruck Graz 1963. Mit den moldo-walachischen Einheiten erhöht sich die Gesamttruppenstärke Kara Mustafas auf 162.600 Mann.

3 S. ebd.

4 Vgl. Richard F. Kreutel und Karl Teply, *Kara Mustafa vor Wien: 1683 aus der Sicht türkischer Quellen* (Osmanische Geschichtsschreiber, Neue Folge, I), Graz–Wien–Köln 1982.

5 Zitiert in: Victor-L. Tapié, *Les Etats de la Maison d'Autriche de 1657 à 1790,* I, 2, Paris 1961, S. 127, und Isabella Ackerl, *Von Türken belagert, von Christen entsetzt,* Wien 1983.

6 Hammer-Purgstall beruft sich auf die *Geschichte des Wachsens und des Verfalls des osmanischen Reiches,* LXIV, von Dimitrie Cantemir, deren lateinisches Original *(Incrementa atque decrementa aulae othomanicae)* Manuskript geblie-

ben war und von J.-L. Schmidt ins Deutsche übersetzt wurde (Hamburg 1745). Cantemir, ein moldawischer Fürst, der Türkisch sprach und das genannte Werk gegen 1700 in Istanbul schrieb, pflegte im diplomatischen Milieu zu verkehren und war gewöhnlich gut informiert.

7   Das Nationalmuseum von Krakau besitzt ein bewundernswertes Exemplar dieser Husarenrüstungen (Inv.-Nr. V.18). Sie waren aus mit Messing überzogenem Eisen, die Flügel aus Adlerfedern in einem Holzgestell waren hinten am Sattel befestigt.
    Der Schädel Kara Mustafas ist im Historischen Museum der Stadt Wien zu sehen (Inv.-Nr. 127.417). Nach der Einnahme Belgrads, wo Kara Mustafa begraben war, bemächtigten sich die Jesuiten des Schädels und schickten ihn dem Kardinal Kollonitz, dessen Enthauptung Kara Mustafa vor der Belagerung geschworen hatte (siehe Hammer-Purgstall, *op. cit.*, VI; R. F. Kreutel und K. Teply, *op. cit.* S. 289ff.). Das ist eines der ergreifendsten barocken Mahnmale an die Vergänglichkeit.

8   Hofburg, Gardesaal (Inv.-Nr. J 77811). Das lothringische Historische Museum in Nancy besitzt ein ähnliches Gemälde, das ebenfalls die Plünderung Budas darstellt.

9   *Op. cit.*, VI.

10 Der Plan des unter der Leitung von Kardinal Kollonitz geschaffenen *Einrichtungswerkes des Königreiches Hungarn in Sachen des status politici-cameralis et bellici* betonte die Notwendigkeit, die Ansiedlung deutscher Kolonisten zu fördern, „damit das Königreich oder wenigstens ein großer Teil dessen nach und nach germanisiert werde, das hungarländische, zu Revolutionen und Unruhen geneigte Geblüt mit dem deutschen temperiert und mithin zu beständiger Treu und Lieb ihres natürlichen Erbkönigs aufgerichtet werden möchte" (zitiert in: Hugo Hantsch, *Die Geschichte Österreichs II*, Graz–Wien–Köln 1968, S. 54). In diesem Werk findet sich eine ausführliche Untersuchung des *Einrichtungswerkes*.

11 Zum Werdegang der Pragmatischen Sanktion, vor allem über ihre Herkunft aus dem *Pactum mutuae successionis* vom 12. September 1703, sowie zu ihrer genauen Analyse, die zahlreiche Irrtümer hierüber korrigiert, vgl. die Richtigstellung durch V.-L. Tapié in: *L'Europe de Marie-Thérèse. Du Baroque aux Lumières*, Paris 1973, S. 27–42. Deutsche Ausgabe: *Maria Theresia. Die Kaiserin und ihr Reich*, Graz–Wien–Köln 1980.

12 Zu diesen vgl. P. Béhar, *Du Ier au IVe Reich*, S. 77.

13 Vor allem die Bekehrung der albanischen Bevölkerung zum Islam dauerte im 17. Jahrhundert weiter an. Aber sie geht nicht gleichförmig vor sich. Wenngleich die Mehrzahl der muslimischen Albaner strenggläubige Sunniten waren, so hat sich doch eine nicht unbeträchtliche Zahl von Anhängern der häretischen Sekte der Bektaschi gehalten. Über das moderne Albanien haben wir keine Statistiken. Hingegen ist sicher, daß sie 1934 12 Prozent der Bevölkerung ausmachten: „Die Sunniten (56 Prozent) sind vorherrschend entlang dem Schwarzen Drin und zwischen Shushica und dem Shkumbini. Die Bektaschi (12 Prozent), die den Koran nicht anerkennen und sich beim Gebet nicht nach Mekka wenden, finden sich in großer Zahl auf den Hügeln und in den Ebenen zwischen Shkumbini und Drin" (Y. Chataigneau et Jules Sion, *Pays balkaniques*, in: P. Vidal de La Blache & L. Gallois [Hrsg.], *Géographie universelle*, VII, 2, Paris 1934, S. 478). Das Vorhandensein dieser Bektaschi an der albanischen Küstenregion steht vielleicht in Beziehung zur Janitscharenansiedlung in diesem Gebiet. Es ist bekannt, daß die Standarte der Janitscharen bei deren Einsetzung durch Murad I. 1361 durch den Mystiker Hadschi Bektasch, genannt „der Heilige" *(Veli)*, geweiht wurde.

Zwischen der Sekte der Bektaschi, die – obwohl ketzerisch – vom Staat geduldet war, und den Janitscharen blieb die Beziehung so eng, daß 1591 die Verbrüderung des militärischen Korps mit dem mystischen Orden offiziell vollzogen wurde. „Vor dem Kampf", betont Gilles Veinstein, „sprechen sie das *gülbank* genannte Gebet und rufen damit Ali und ihren geistlichen Vater, den Hadschi Bektasch Veli an" *(L'empire dans sa grandeur [XVIᵉ siècle];* in: R. Mantran [Hrsg.], *Histoire de l'empire ottoman,* Paris 1989, Kap. VI, S. 193).

14 Der Text von Palackýs Brief wurde in den *Gedenkblättern,* Prag 1874, veröffentlicht. Zitiert aus: F. Palacký, *Österreichs Staatsidee,* Prag 1866, Nachdruck Wien 1974, S. 79ff.

15 Über die Gründe und die Art der selbstmörderischen Politik Frankreichs, das die Fortschritte Preußens bei seinem Vorgehen gegen Österreich noch hätte verhindern können, cf. P. Béhar, *Du Iᵉʳ au IVᵉ Reich,* Kap. IV.

16 Vgl. V.-L. Tapié, *Monarchie et peuples du Danube,* Paris 1969 *(Die Völker unter dem Doppeladler,* Graz–Wien–Köln 1975), S. 309.

17 Der Artikel wurde in *Národ* veröffentlicht und in *Idea státu rakouského,* Prag 1865, aufgenommen. Zitiert aus F. Palacký, *Österreichs Staatsidee,* Prag 1866, Nachdruck Wien 1974, S. 77.

KAPITEL IV

1 Alfred Rambaud, *Histoire de la Russie depuis les origines jusqu'à nos jours,* 7. Aufl., Paris, 1918, S. 145.
2 Fürst Andrej Kurbski, *Geschichte der Herrschaft Iwans IV. [des Schrecklichen].*

KAPITEL V

1 Er konnte es nicht früher tun aus Gründen, die François Fejtö klargestellt hat: „[...] Gemäß der Verfassung mußte der König von Ungarn innerhalb von sechs Monaten nach dem Tod seines Vorgängers gekrönt werden. Nun [...] hatte Franz Ferdinand vorgehabt, während dieses Zeitraums die ungarische Verfassung vor allem in bezug auf den Wahlmodus und die Nationalitätenfrage in Einklang mit der viel liberaleren österreichischen Verfassung zu bringen. Karl wäre gern auf die gleiche Weise vorgegangen: Er wollte vor der Krönung alles aus der Verfassung eliminieren, was ein Hindernis für eventuelle Konzessionen an die Serben oder für die Umgestaltung des Dualismus dargestellt hätte. Er hatte auch vor, den tschechischen Autonomisten entgegenzukommen, die wie die übrigen Slawen und die pazifistischen Kräfte der Monarchie – vor allem die Sozialisten – durch die Vorboten der russischen Revolution vom Februar 1917 ermutigt wurden.
Ottokar Graf Czernin, den Kaiser Karl im Dezember 1916 zum Außenminister ernannt hatte, war einer der Berater von Franz Ferdinand gewesen und teilte dessen Aversion gegen die Ungarn. Wie der frühere Thronfolger fand auch er, daß Österreich die Ungarn notfalls mit militärisch-polizeilichen Maßnahmen zwingen mußte, ihre antislawische Politik aufzugeben, und drängte den Kaiser daher, fest zu bleiben. Tisza, der die Absichten des neuen Kaisers und Königs erriet, warnte ihn jedoch vor Maßnahmen, durch die er sich unter Umständen die Sympathien des Parlaments in Budapest verscherzte. Karl habe nach dem Grundgesetz nicht das Recht, erklärte Tisza, die Verfassung zu ändern, bevor er

gekrönt sei und den Eid geleistet habe. Die von Kaiser Karl zu Rate gezogenen Rechtssachverständigen bestätigten, daß Tiszas Ausführungen juristisch unanfechtbar seien. Um also in einem Augenblick, in dem Karl die politische, militärische und wirtschaftliche Unterstützung der Magyaren mehr denn je brauchte, keinen Konflikt mit ihnen zu provozieren (die Ungarn machten die Erneuerung der die Belieferung Österreichs durch Ungarn betreffenden Klauseln des soeben abgelaufenen Ausgleichs von 1867 von Karls Haltung abhängig), mußte der Kaiser nachgeben. Sehr widerwillig, denn er wußte, daß die Nationalitäten, die von ihm – wie seinerzeit von Franz Ferdinand – die Erfüllung ihrer Autonomiewünsche erwarteten, ihm seinen Eid übelnehmen würden. Die Monarchie und mit ihr Ungarn bezahlten später Tiszas Sieg teuer." Fejtö erinnert dann an die Ausführungen von V.-L. Tapié, der bereits unterstrichen hatte, daß „das erbitterte Festhalten der führenden ungarischen Klasse an ihren Privilegien zur Auflösung der Monarchie beitrug" (François Fejtö, *Requiem pour un Empire défunt. Histoire de la destruction de l'Autriche-Hongrie,* Paris 1988. Zitiert nach der deutschsprachigen Ausgabe *Requiem für eine Monarchie,* Wien 1991, S. 185f.).

2 Vgl. ebd., S. 249.

3 Vgl. ebd., S. 219. Zu diesem Zeitpunkt dachte im Westen noch niemand an die Wiederherstellung Polens: Das Bündnis mit Rußland stand dem grundsätzlich entgegen. Die russische Niederlage sollte sie jedoch ermöglichen. Aber die Wiedergeburt Polens, die ihm nur Galizien und Lodomerien entzog, hätte die Gestalt eines intakten Donaukomplexes nicht spürbar beeinflußt.

4 Der Text dieses Briefes ist wiedergegeben im Anhang V, ebd., S. 419f.

5 Emmanuel de Martonne, *Europe centrale,* in: P. Vidal de La Blache & L. Gallois (Hrsg.), *Géographie universelle,* IV, 2, Paris 1931, Karten-Anhang (S. 540f.).

6 Ebd., S. 704. Die Schätzungen des Geographen beruhten auf der Volkszählung von 1918. Die Zählung von 1930 – die einzige, die seit Kriegsende vorgenommen worden war – gab nicht die geringste Auskunft über ethnische Minderheiten (ebd., S. 703, Anm. 2).

7 Vgl. Y. Chataigneau et J. Sion, *Méditerranée, Péninsules méditerranéennes* (ebd., Kap. III, Anm. 16, S. 414f.).

8 Die „Kleine Entente" wurde durch den Vertrag zwischen der Tschechoslowakei und Jugoslawien gegen Ungarn (14. August 1920) eingeleitet; vervollständigt wurde sie durch die Verträge zwischen der Tschechoslowakei und Rumänien (April 1921), zwischen Rumänien und Jugoslawien (Juni 1921) sowie zwischen Polen und Rumänien (3. März 1921). Frankreich schloß Bündnisse mit Polen (19. Februar 1921), mit der Tschechoslowakei (25. Januar 1924), mit Rumänien (1926) und Jugoslawien (11. November 1927).

KAPITEL VI

1 Friedrich Nietzsche, *Menschliches, allzu Menschliches,* I, § 473.

2 Kostas Papaioannou, *L'Idéologie froide,* Paris 1967, S. 21f.

3 Jacques Bainville, *Les conséquences politiques de la Paix,* Paris 1920, S. 132.

4 Ebd., S. 143f.

5 Zitiert von Jean Györy, in: *La Libre Belgique* vom 20. November 1991, S. 19.

6 Der hier folgende Text ist einem Artikel des Verfassers in deutscher Sprache entnommen, der im *Wiener Journal* Nr. 153 vom Juni 1993 unter dem Titel „Österreich und die ‚deutsche Kulturnation'" erschienen ist.

7 Ende des unter 6. genannten Textes.

KAPITEL VII

1 Die Zahlen der Volkszählung des Jahres 1989 ergaben: Baschkirien: 3,952.000 Einwohner; Tatarstan: 3,640.000; Udmurtien: 1,609.000; Tschuwaschien: 1,336.000; Mordowien: 964.000; Mari: 739.000.

2 Die Form „Turkestan" ist die unverändert ins Deutsche übernommene englische Version der richtigen Bezeichnung „Turkistan". Zur umfassenden Geschichte der Zerreißung Turkestans zwischen Rußland und China vom 18. bis ins 20. Jahrhundert vgl. Baymirza Hayit, *Turkestan zwischen Rußland und China. Eine ethnographische, kulturelle und politische Darstellung zur Geschichte der nationalen Staaten und des nationalen Kampfes Turkestans im Zeitalter der russischen und chinesischen Expansion vom 18. bis ins 20. Jahrhundert,* Amsterdam 1971.

3 Zitiert in: Benoist-Méchin, *Mustapha Kemal ou la mort d'un Empire,* Paris 1954, CIX, S. 403.

4 Mit dem entsprechenden Vorbehalt wegen der Unverläßlichkeit der Zählungen ergäben sich folgende Ziffern:

	Bevölkerung (in Millionen)	Jährliche Zuwachsrate (Jahresdurchschnitt 1985–1989)
Aserbaidschan	7,1	1,5
Kasachstan	16,7	1,1
Kirgisien	4,4	1,8
Tadschikistan	5,1	2,6
Turkmenistan	3,6	7,5
Usbekistan	20,3	2,5

INHALT